Über dieses Buch

Es war 1843, als Heinrich Heine den Schock durch die Eisenbahn so beschrieb: »Welche Veränderungen müssen jetzt eintreten in unsrer Anschauungsweise und in unsren Vorstellungen! Sogar die Elementarbegriffe von Zeit und Raum sind schwankend geworden. Durch die Eisenbahn wird der Raum getötet, und es bleibt nur noch die Zeit übrig.« Paul Virilio zitiert diese berühmte Beobachtung häufig, weil sie eine Schlüsselszene in der modernen Geschichte bezeichnet und weil er die Erfahrung, daß Bewegung, beschleunigter Verkehr, Geschwindigkeit unsere Wahrnehmung und unser Verhalten verändern, zum Zentrum einer faszinierenden, überraschenden Geschichtstheorie macht: die Geschichte der Menschheit, ihrer Politik, ihrer Kultur, ihrer Empfindungen als die Geschichte von Bewegung, von Beschleunigung und von Geschwindigkeit. Das Kind auf dem Rücken der Mutter, Lasttiere, das Reitpferd, Schiffe, das Schießpulver, die Eisenbahn, das Flugzeug, die optische, dann die elektronische Nachrichtenübermittlung und schließlich die Laserwaffe, in der absolute Höchstgeschwindigkeit und Zerstörung zusammenfallen: Stationen auf dem Weg rasender Beschleunigung bis heute, bis zum Triumph der Geschwindigkeit, an der sich der Mensch berauscht und die sich als Gewalt schließlich gegen ihn wendet.

Der Autor

Paul Virilio wurde 1932 in Paris geboren. Er leitet dort die Ecole d'Architecture Spéciale und ist als Architekt tätig. In deutscher Sprache sind von ihm erschienen: *Fahren fahren fahren* (1978), *Geschwindigkeit und Politik* (1980), *Krieg und Fernsehen* (1993). Im Fischer Taschenbuch liegen vor: *Krieg und Kino. Logistik der Wahrnehmung* (Bd. 6645) und *Die Eroberung des Körpers. Vom Übermenschen zum überreizten Menschen* (Bd 12994).

Paul Virilio

Der negative Horizont

Bewegung, Geschwindigkeit, Beschleunigung

Aus dem Französischen
von Brigitte Weidmann

Fischer Taschenbuch Verlag

4.–5. Tausend: September 1996

Ungekürzte Ausgabe
Veröffentlicht im Fischer Taschenbuch Verlag GmbH,
Frankfurt am Main, April 1995

Lizenzausgabe mit freundlicher Genehmigung des
Carl Hanser Verlags, München Wien
Titel der Originalausgabe: *L'horizon négatif*

Druck und Bindung: Clausen & Bosse, Leck
Printed in Germany
ISBN 3-596-12511-1

Gedruckt auf chlor- und säurefreiem Papier

Inhalt

Einleitung

Erster Teil

Zweiter Teil

Dritter Teil

Vierter Teil

Fünfter Teil

Dem Roboter Hilare gewidmet

Einleitung
Das Abenteuer der Erscheinungen

»Die Natur, die über das Unsichtbare die Maske des Sichtbaren legt, ist lediglich eine durch Transparenz korrigierte Erscheinung.«

Victor Hugo

Ich widmete mich damals der Malerei und malte vor allem Stilleben. Gegenüber mathematischen Formeln habe ich immer eine Abneigung gehabt, war aber für geometrische und geographische Darstellungen aufgeschlossen. Schon als Kind zeichnete ich aus dem Gedächtnis irgendeine Karte mit Relief und hydrographischem Netz an die Wandtafel. Dagegen war ich überhaupt nicht imstande, mich an ein Datum zu erinnern, und Geschichte wie Arithmetik erschienen mir beide als fremde Sprachen.

Die Figur hat mir immer etwas gesagt, das Unbelebte macht sich verständlich, der Umfang beschreibt, die Umrisse drücken Umgebung aus. Ich habe diese Sprache immer besser verstanden als die andere; das Geräusch einer Aussage verwirrt für mich den Inhalt der Sätze, die Zeichen bedeuten oft mehr als ihre Anordnung zu Formeln, Sprachen und Diskursen. Ich gehöre wohl eher zu den Fährtensuchern, Spurenlesern, Sprachanalphabeten. Ich fühlte mich vom Unbelebten, von dieser Bewegung an Ort und Stelle, immer angezogen. Das »Unbelebte« ist ein irreführender Ausdruck, der von denjenigen verwendet wird, die nur die Erscheinung wahrnehmen; wer auch die Transparenz einbezieht, weiß dagegen, daß nichts unbeweglich, daß alles in Bewegung ist, daß sich alles ununterbrochen regt, daß in den Dingen, in den Formen des kalten Gegenstandes ein SINN kreist wie Blut in den Adern.

Ich war also damit beschäftigt, oder vielmehr davon besessen, zu malen und zu beschreiben, das heißt, ich versuchte die Linien, die Wertigkeiten, die Farben zu deuten, aber sie erschienen mir weitaus weniger einleuchtend als die Formen. Die erste Zeichnung, die ich nach der Natur anfertigte, war eine auf dem Bürgersteig der Rue Saint-Jacques in Nantes gehende Frau, die zweite eine Brücke über die Loire. Eine Koinzidenz, daß diese beiden ganz banalen Sujets später bedeutsam werden sollten: die Brücke oder vielmehr das Brückenjoch, einer der drei architektonischen Archetypen neben der Krypta und dem Kirchenschiff, und die menschliche Bewegung, denn mein erstes Sujet war weniger die Frau als ihre Gangart, die Übertragung ihres Ganges wie in jenen ersten Filmen, die den Gang des Menschen, eines weißen Gespenstes, das sich vom schwarzen Grund des chronophotographischen Bildes abhob, in Sequenzen übertrugen. Damals wollte ich Trickfilme machen und sah eine Zukunft der Malerei nur über das Inbewegungsetzen von Formen, man denke an die Zeichnungen Leonardo da Vincis, die Katarakte, die Wasserwirbel oder das krampfhafte Lachen seiner in Bewegung befindlichen Karikaturen... das war meiner Meinung nach der Beitrag des photo-kinematographischen Apparates zur alten Zeichenkunst. Émile Cohls Metamorphosen faszinierten mich, diese Personen, die sich durch allmähliche Verformungen in ebensoviele Figuren verwandelten, verführten mich, obwohl ich den Grund solcher Anziehungskraft noch nicht einsah. Die fernöstliche Malerei interessierte mich auch, nicht auf Grund ihres Exotismus, sondern auf Grund ihrer Absicht, das Nicht-Darstellbare darzustellen: den Wind, die Leere, die Strömung, das Verwelken, das Weiche; alles im wesentlichen taktile Dinge, die uns noch jenseits der Möglichkeiten der Zeichenkunst zu liegen scheinen.

Man konnte also mit einer Bleistiftmine, einem Pinsel oder mit Tinte übertragen, was wir nicht nur mit den Augen, sondern mit dem Tastsinn, durch die Haut wahrnehmen. Die Formen setzten uns nicht nur über ihr Wesen, über das, was sie materiell darstellten, in Kenntnis, sondern informierten uns auch über ihre Erfahrungen im Augenblick, innerhalb der Zeit. Durch ihre Bewegungen, von der geringfügigsten bis zur heftigsten, unterrichteten sie über das Wesen der Leere, über die Windstärke, die Strömung eines Flusses... das war für mich eine Entdekkung und zugleich eine Bestätigung: Die Formen, die Dinge, gaben und empfingen Informationen, informierten über ihre fühlbare Realität und die erfahrenen Wirkungen, sie empfingen und spiegelten die Totalität des Sinnes in ihrem Milieu und in ihrer unmittelbaren Umgebung, wie sie es immer schon taten. Es war also überflüssig, sich in Erinnerung zu rufen, daß in Zukunft mit dem »Kohlenstoff 14« die Materie datiert oder durch Abschälen der Baumrinde das Wetter, das ein paar Jahrhunderte früher geherrscht hatte, ausgemacht werden konnte; meiner Meinung nach war bereits aus der stillen Erscheinung der Gegenstände, der Dinge, der Figuren alles zu erfragen, und diese Frage war gerade im Begriff, eine Kunst der Malerei zu werden; das Malerische nicht als Darstellung, sondern als Befragung, wie ja auch Schreiben lange, lange bevor es Diskurs oder Roman wird, Befragung ist.

Die Phänomenologie der Figuren, den Ursprung der Geometrie zu überdenken, da, wie Paul Klee sagte, »die Gegenstände mich wahrnehmen...«, das ist mein eigenstes Gebiet. Es gibt keine Abstraktion; jede Figur, das Formlose ist eine Neuerung des Abendlandes, das Nichtige, die

Leere, das Nichts sind barbarische Wörter, die eine Kultur von Verfolgern, Zerstörern, die *unsere* Kultur geprägt hat.

Was haben wir, wenn man näher hinsieht, Originaleres, Spezifischeres hervorgebracht als diese Idee des Nichts, der Abwesenheit? Letztlich ist das unsere eindeutigste kulturelle Leistung. Genau diese *Abwesenheit* wollte ich befragen, wo befand sich diese Leere? Ich ging also auf die Suche. Es wurde damals viel von *abstrakter* Kunst gesprochen, einer verschwenderischen Fülle von Flecken, rinnenden Farben, Oberflächeneffekten, die man als Gegensatz zu einer sogenannten *geometrischen* Abstraktion begriff. Das galt damals als die neue Wirklichkeit: Die Figur war vom Photoapparat, vom Objektiv, vom Objektiven eingefangen worden, für den Maler blieb offenbar lediglich die Subjektivität der Wirkung übrig; man konnte alle auf diese Typenmuster einer angeblich aktuellen Kunst geeichten Eigenschaften beobachten, und die Kritiker hielten mit Kommentaren darüber nicht hinter dem Berg. Leider trug all das zur Wahrnehmung wenig bei; es handelte sich um Kasten und ikonoklastische Kastensysteme, die ihre Informationen austauschten oder zurückhielten. Die Figur, die Silhouette waren vorhanden, waren unter uns, die Bäume waren nach wie vor Bäume mit sich bewegenden Blättern und einem Stamm, der sich nicht bewegte, mit einem Himmel und einer Sonne, die zwischen den Ästen und dem Zylinder über dem lichtundurchlässigen, unbeweglichen Stamm vibrierten. Man war wie immer dazu gelangt, die Realität zweizuteilen: in eine gegenständliche und in eine abstrakte, und das schloß sich wechselseitig aus, die Figur war veraltet, überholt, während in den Salons und Galerien das Informelle herrschte. Man stellte die Fachausdrücke auf den Kopf, das Problem blieb unverändert, man saß durch Ausschluß des Anderen, durch Ausschluß dessen, was andersartig war, wie immer im

Abendland in der Falle der uralten Dichotomie. Im Verlauf dieser Periode ging meine Aufmerksamkeit in die Richtung, daß das ganz Banale mich befriedigte; meine Stilleben (stillgelegten Leben) stellten bedeutungslose Küchengeräte dar, die auf dem Boden, auf dem Parkett meiner Wohnung lagen. Im Grunde hatte ich den Eindruck, daß jede Anordnung von Objekten auf eine Unterstützung durch die Sensibilität nicht angewiesen war: Strenggenommen beinhaltete die Plazierung der Dinge nichts Interessantes, und ich machte mir zur Regel, eine Verteilung der Stücke nicht mit Absicht vorzunehmen. Eigentlich war es eine Übung in Askese, und Leute, die mich damals besuchten, sahen den Nutzen einer solchen Arbeit überhaupt nicht ein, vor allem, weil es für mich nicht um »Dürftigkeit«, sondern um ihr genaues Gegenteil, die Reichhaltigkeit ging, um den Zufluß dessen, was nicht erscheint, um das Leben dessen, was *abwesend* zu sein scheint.

Es war zwangsläufig recht mühsam, stundenlang einen Plastiksalzstreuer, ein Stahllöffelchen und eine leere Käseglocke zu betrachten... manchmal war es sogar unerträglich. Ich habe seither vom Infraordinären gesprochen, darum handelte es sich nämlich bereits bei meinen Bildern, aber waren es wirklich Bilder? Das wurde in einem Maße in Zweifel gezogen, daß das Endergebnis keinen einzigen Liebhaber fand, was mich davon abhielt auszustellen, das heißt, aufzutreten, in Erscheinung zu treten, und das war gut so.

Ich bin immer überzeugt gewesen, daß alles, was das Neue und Originelle von morgen ausmacht, bereits im Augenblick gegenwärtig ist, aber von jedermanns alltäglicher Anschauung verschleiert wird; deshalb meine unausgesetzte Anstrengung, hinsichtlich meiner Wünsche nach Wechsel und Erneuerung eine besondere Sensibilität auszubilden.

Ich fand immer, daß das Gesichtsfeld mit dem Ausgrabungsplatz des Archäologen vergleichbar ist. Sehen heißt, in Erwartung dessen, was im Hintergrund auftauchen wird und namenlos ist, auf der Lauer zu liegen, in Erwartung dessen, was keinen Reiz darstellt; was schweigt, wird sprechen, was verschlossen ist, wird sich öffnen, beim Pferderennen ist es immer der Außenseiter, der die guten Gewinnquoten bringt, deshalb dieses anhaltende Interesse für Randerscheinungen, für irgendwelche Spielräume, letztlich für Leere und Abwesenheit.

So kam es, daß mein Wahrnehmungsvermögen nach mehreren Jahren malerischer Kontemplation jäh in eine andere Richtung lief. Vom Augenmerk auf den unerheblichen Gegenstand gelangte ich zur Randerscheinung, zum ganz Nebensächlichen. Der banale Gegenstand verwandelte sich nicht in ein ausgewähltes Objekt, eine »Transfiguration« fand nicht statt, sondern etwas Wichtigeres. Plötzlich hatte ich neue Gegenstände vor Augen, seltsame, ausgeschnittene, mit Kerben versehene Figuren; plötzlich wurde ein ganzer Komplex von Artikulationen sichtbar, und diese Gegenstände meiner Beobachtung waren nicht mehr banal, beliebig, bedeutungslos, sondern ganz im Gegenteil überaus abwechslungsreich, sie waren überall, der gesamte Raum, die ganze Welt waren erfüllt von diesen neuen Formen, die sich im Hohlraum kleinster Figurationen einnisteten; um mich herum wucherte gleichsam eine unbekannte Vegetation; wertlose, industriell erzeugte Gegenstände verursachten ein In-Erscheinung-Treten momentaner Gegenstände von großer Komplexität, die Anordnung der Dinge eröffnete neue, exotische Formen, Formen, die uns trotz ihrer Evidenz entgangen waren; da uns die triviale Geometrie vertraut ist, nehmen wir den Kreis, die Kugel, den Würfel oder das Quadrat durchaus wahr, schenken aber den Intervallen, den Zwischenräumen zwischen den Dingen, zwischen den Menschen kaum Beachtung. Diese von den Körpern ausgeschnittenen, von Formen ausgestanzten Konfigurationen entgehen uns... jedenfalls haben solche zufälligen Gebilde nahezu keine wahrnehmbaren Spuren in unserer Weltanschauung hinterlassen; ihr veränderliches, mit einer unmittelbaren Beziehung verbundenes Wesen ist uns nie besonders wichtig vorgekommen. Im Gegenteil, diese Figuren sind für unser analytisches Bewußtsein, für unseren Forschungsdrang viel zu schnell überholt, wir haben diese Bewegung, die Linien verschiebt, immer mehr oder weniger gehaßt. Aber nun befand ich mich plötzlich im Innern eines reich geschmückten Raumes, das Gefühl, in der Wüste zu sein, war verschwunden, von nun an konnte ich immer, wenn ich die Augen öffnete, nach Belieben die Banalität der zeitgenössischen formellen Produktion oder aber daneben, unmittelbar daneben den Reichtum der Antiformen betrachten. Ich mußte mich nur nach links, nach rechts bewegen, um zu erleben, wie sie sich unentwegt in etwas Neues verwandelten. Anders als bei angefertigten Gegenständen, wo die Symmetrie so übermächtig ist, daß ein veränderter Standort des Beobachters seine Wahrnehmung der Dinge – mit Ausnahme der Entfernung, die den Gegenstand verkleinert – kaum modifiziert, verformt sich der Zwischenraum mit dem veränderten Standort der Person ununterbrochen: Was ich von hier aus sehe, ist nur einen kurzen Augenblick lang gültig, ich werde bald etwas anderes sehen, etwas anderes, Unerwartetes, das ich mir noch gar nicht vorstellen kann. Diese Geographie des Ausschneidens bescherte mir in der Tat die Überraschungen und Entdekkungen einer richtigen Reise in verkleinertem Format, irgendeine raumfordernde Pfütze wirkt mit einemmal wie ein Isthmus, eine Halbinsel der Leere. Ich bin mir bewußt, daß die Bewegungen meines Körpers diese Landschaft der Transparenzen hervorbringen und zerstören, etwa so, wie der Reisende im Zug die Bäume, die Häuser jäh hervortreten, die Hügel sich wölben sieht; durch meine Eigengeschwindigkeit, so gering sie auch sein mag, forme und verforme ich diese leeren Parzellen, Lücken und Hohlräume; ich inszeniere ohne Requisiten, einfach indem ich hier oder dort bin, ein Konstruktionsspiel. Diese Formen der Transparenz haben noch einen anderen Vorteil: Sie enthüllen durch die Abfolge verschiedener Ebenen andere Formen, so gibt es Hohlräume in Hohlräumen, Intervalle in Zwischenräumen, diese Abfolgen von Ebenen, Schwellen, bilden einen Komplex, der transparent ist wie ein Spiegel, ein Spiegel jedoch, der kein Rahmen ist, ein Spiegel, den man unter allen Winkeln ununterbrochen betrachten könnte, von vorn, von der Seite, von hinten, eine Kristallkugel, auf der man die Zukunft der Formen zu ahnen vermag.

Ich entschloß mich also zur Jagd auf die Figuren der Zwischenräume, man spricht vom Dazwischen (dem Zwischen-zwei-Meeren zum Beispiel), es ist ein geläufiger Ausdruck, aber diese Zusammensetzung ist nur eine mögliche Kombination: zwischen-drei, zwischen-vier, zwischen-dreißig, zwischen-hundert... sie alle sind, auch wenn sie unserer Beobachtung im allgemeinen entgehen, genauso wirklich. Diesem Entgehen wollte ich gerade auf die Spur kommen, ich wollte die Antiform aufstöbern, war überzeugt, daß es da unbekannte, übersehene Arten, Familien und Rassen gab, und war entschlossen, sie zu entdecken und zu registrieren. Ich wußte jetzt, daß sie sich überall versteckten, wie in den Bilderrätseln, bei denen man den Umriß des Fasans in den Umrissen des Jägers entdecken muß, indem man das Bild in allen seinen Gegebenheiten betrachtet. Ich wollte meine Umgebung in allen ihren Facetten studieren; da die Wirklichkeit mit einemmal kaleidoskopisch geworden war, befand ich mich nicht mehr in dieser Stadtwüste mit identischen, sich wiederholenden und in einer Pseudo-Ewigkeit erstarrten Formen, sondern im verzweigten Wachstum der Negativformen, ich segelte im Hohlraum der Zwischenräume, in der Transparenz, dieser Transparenz, die ich während des Krieges, anläßlich der Zerstörung der Stadtlandschaften, entdeckt hatte; ich merkte jetzt, daß sie fragmentarisch, zersplittert selbst im Wiederaufbau noch zugegen war und daß man sie wahrnehmen konnte, wenn man nur wollte.

Ich hatte die Freiheit erlangt, mich im Universum der Formen zu orientieren, ich hatte nicht mehr nur die Wahl zwischen »negativ« und »positiv«, diesen willkürlichen Ausdrücken, sondern zwischen der Form und ihrer Weiterführung: der Antiform; ich ging auf das Abenteuer und die Entdeckung dieses Erbes ein, das wie Edgar Allan Poes entwendeter Brief im alltäglichen Sehen, in der Evidenz verborgen ist.

Von nun an gab es für mich zwei Evidenzen: die Evidenz des Expliziten und die Evidenz des Impliziten, wobei letztere mich unwiderstehlich anzog; aber etwas ließ mir keine Ruhe: Die Sicht auf die Zwischenwelt war äußerst gefährdet, das Bild der Transparenz überdauerte nur dank angestrengter Wahrnehmung, die Antiform nur für die Zeit dieser Anstrengung, dann trat die Form wieder in ihre Rechte ein und verdunkelte das Feld der Leere, nachdem der Hintergrund einen Augenblick in Erscheinung getreten war. Die Sicht wurde zum Phänomen beabsichtigter Einstellung; ich mußte den Gegenstand der Aufmerksamkeit wie beim Photografieren wählen und mich daran halten, um ihn in aller Deutlichkeit, mit allen seinen Umrissen beobachten zu können; sobald ich dieses Augenmerk auf den Hintergrund, auf die Antiform, auf die Transparenz unterließ, setzte sich die Form auf Kosten der zuvor wahrgenommenen Leere wie von selbst wieder durch.

Dieses subtile Gleichgewicht war als Phänomen recht erstaunlich; ich prüfte seine Dauer, den provisorischen Charakter der Exhumierung der Transparenzen im Schoße der Undurchsichtigkeit der Stoffe und der Dinge.

Die Formen der Transparenz hatten kein Eigenleben, sie glitten, sobald es der Beobachter an Aufmerksamkeit fehlen ließ, in den Mittelgrund zurück. Ihr unstetes Wesen störte mich ungemein, ich war nicht bereit, dieses Versteckspiel mitzumachen, bei dem die Form ständig den Sieg über den Hintergrund davontrug, wo doch für mich gerade die Formen von kümmerlicher Dürftigkeit und der formale Raum der mich umgebenden Stadt unerheblich waren und die Dynamik der architektonischen Silhouetten die in der Stadt verbliebene Mannigfaltigkeit außerdem immer weiter reduzierte. Das Verschwinden der Antiformen erschien mir als Folge einer Art von Imperialismus der Furcht. Die Sicht, meine Sicht, verstieß, wie die abendländische Kultur überhaupt, den Hintergrund, die Ränder, das Andersgeartete. Ich konnte mich noch so sehr bemühen, sobald meine Aufmerksamkeit nachließ, verschwand der von meiner Wahrnehmung ausgewählte Gegenstand zugunsten dessen, was ich ablehnte. Natürlich half mir meine Kenntnis optischer Phänomene, bestärkte mich auf meinem Weg und wies mich darauf hin, daß physiologische und psychologische Ursachen zugrunde lagen; alles wirkte zusammen, um dieser sogenannten optischen Täuschung einen irgendwie gearteten kulturellen Einfluß abzusprechen. Doch ich war von dieser wissenschaftlichen Neutralität nie überzeugt gewesen, für mich ergab zwei mal zwei fünf. In der Tat war ja zwischen vieren Platz für ein Fünftes: die Antiform, die Antichiffre. Mir erschien die Zahl nicht in mathematischem Zusammenhang, sondern in Raum und Zeit, in der üblichen Dimension, der alles unterworfen war, die Menschen, die Dinge, die Begriffe, die Zahlensysteme, die Sprachen; es gab keinen wissenschaftlichen Himmel, wo eins plus eins zwei ergab, dagegen erzeugte die Annäherung von zwei mal eins im Kontinuum mittels dessen, was zwischen den Ziffern lag, zwangsläufig drei. In der Tat nahm ich bei direkter Beobachtung zweier Gegenstände jedesmal einen dritten wahr, der sich aus ihrem Zusammentreffen bildete; die Leere, die Transparenz nahm zwischen ihnen Gestalt an, die Zwischenform hatte unleugbar mindestens ebensoviel zahlenmäßiges Gewicht wie jede Form für sich allein. Warum die Fortpflanzung der Formen bestreiten? Warum die Induktion bestreiten? Die Dynamik der Dinge war meiner Meinung nach zweigeteilt (wirklich, ich sah doppelt...) in eine innere Dynamik, die die materielle *Wirklichkeit* des Gegenstandes (Stein, Tasse, Möbel...) oder, im Fall einer gezeichneten Figur, auf dem Papier die geometrische *Wirklichkeit* des Kreises, der Rundung innerhalb der Peripherie bezeugte, und in eine äußere Dynamik, die die Leere, die Transparenz induzierte und der Abwesenheit Form und Gewicht verlieh. Die Oberfläche des Gegenstandes, die Linie der Zeichnung und der Umrisse lösten zwei Vorgänge aus: denjenigen einer inneren Individuation, der bewirkte, daß es sich tatsächlich um einen Kreis oder ein Viereck handelte, und einen anderen, einen Vorgang äußerer Nicht-Formation, der ein Feld erzeugte. Brachte man eine andere Figur in die Nähe dieser Figur, kamen die Außenfelder einander entgegen, die Antiform wurde sichtbar und wirkte, wie wenn man einen Stein ins Wasser wirft: nach kurzer Zeit vereinigten sich die konzentrischen Kreise, gingen ineinander über und bildeten eine neue Figur.

Übrigens konnte ich beim Zeichnen den Augenblick des

Überganges von der (inneren) Individuation zur (äußeren) Nicht-Formation recht genau unterscheiden, der Strich des Bleistifts auf dem Papier teilte zwei noch offene Zonen, und wenn ich meine Form mit dem Umriß einer Tasse und eines Aschenbechers schloß, gab es plötzlich eine erste und eine zweite Form, gab es das zweidimensionale, durch das Vorhandensein der beiden Figuren hervorgetretene Bild der Antiform.

Wenn ich auf der Oberfläche des Papiers zwei ganz reale Gegenstände wiedergab, kam zwangsläufig der transparente Gegenstand ihrer wechselseitigen Nicht-Formation zum Vorschein.

Mich faszinierte der Tropismus des Punktes, wo Form und Antiform noch in der Schwebe waren; ging ich über diesen bewußten Punkt hinaus, indem ich die Bleistiftmine weiterschob, gewann die Form die Oberhand. Blieb ich diesseits, wurde die Antiform zum einzigen in Erscheinung tretenden Gegenstand, Gegenstand der Zeichnung und meiner Absicht zugleich. Durch Messungen der Linienführung mit einem Kurvimeter konnte ich die Grenze markieren, wo die formale Vorrangigkeit in die formale Zweitrangigkeit überging.

Ich wurde also zum Spezialisten des Tropismus, weil ich mir vorgenommen hatte, das Unsichtbare sichtbar zu machen, und zeichnete nur noch in den engen Grenzen dieser Wendepunkte, die die Abgrenzung zwischen den trivialen Formen der Gegenstände und den nicht trivialen Formen ihrer Wirkung bezeichneten. Auf den ersten Blick konnte dieses Ausschneiden bedeutungslos erscheinen, die Antiformen, die ich hin und wieder augenfällig machte, waren nichts anderes als eine Reihe von Aussparungen... denn wer hat solchen Figuren schon jemals Wert beigemessen? Man spricht zwar von einer *hübschen Bucht*, aber eigentlich ist es eine Seelandschaft, in der Himmel, Wasser und Felsen zusammenwirken... Was die Aussparung, den Ausschnitt eines Mieders angeht, handelt es sich einfach um ein Mittel, etwas zu zeigen, was man für gewöhnlich versteckt... nein, dieser Formentypus hat in Wirklichkeit nie eine gängige Bedeutung erlangt. In den Fachsprachen hingegen ist all das gegenwärtig und hat einen Namen; das Volle und das Leere vereinigen sich und greifen beim Aufbau der Bewegungen ineinander; die Formen haben ihren Ort, der keineswegs als zweitrangig eingestuft wird. Der Mechanismus des *perpetuum mobile* beruhte genaugenommen darauf, den Übergang von einer Form zur anderen, einer Bewegung zur anderen durch eine Reihe von Wiederholungen, die die Einbeziehung von Wirkungen und Induktionen erforderlich machte, zu harmonisieren: Was voll ist, wird leer werden, und umgekehrt, nur der Zyklus, die Abfolge wird in Betracht gezogen, während wir in der üblichen Betrachtungsweise die Welt nur als Lösung von Kontinuität, von Gegenständen, von einzelnen Dingen wahrnehmen. In der Konstruktion vereinigen wir dieses und jenes zu einem Ganzen, das wir Struktur, Fluxus, Maschine usw. nennen.

Diese höchste Hierarchie der Formen in der üblichen Wahrnehmung gab mir wirklich ein Rätsel auf. Hatte es eine solche Hierarchie schon immer gegeben? Oder war sie durch die Erfahrung, die Lebensweise früherer Gruppen und Gesellschaften geduldig aufgebaut worden? War es möglich weiterzuleben, indem man die Welt andersherum wahrnahm: im Vordergrund das Nichts, die Transparenz mit ihren Figuren, im Mittelgrund die Stoffe, und die Gegenstände als Hintergrund und nicht mehr als Form?... Meine ununterbrochenen Bemühungen, auf diese Weise zu leben, bereiteten mir allergrößte Schwierigkeiten und erforderten in jeder Hinsicht ein ungewöhnliches Maß an Willenskraft.

War diese Erscheinung, die auf Kosten der Transparenz die Hierarchie einer Weltanschauung festlegte, den Erfordernissen der Orientierung gemäß legitim, oder handelte es sich im Gegenteil um eine Art von Entfremdung, um eine Halluzination?... Ererbte Entfremdung einer fernen Vergangenheit, ererbt von Menschen, die sich im Unendlichen oder vielmehr Unbestimmten der primordialen Landschaft, in diesem von der Pflanze beherrschten Dschungel verloren, wo es formale Komplexität im Überfluß gab, wo alles chaotisch und namenlos war... diese ursprüngliche, in einem Fluxus lebensvoller Nicht-Formationen der Landschaft und ihrer jahreszeitlich bedingten Erneuerung versunkene Gesellschaft könnte mit der Zeit zu einer Logik, zu einer Konvention des Wahrnehmens geführt haben, könnte so, wie wir den Meter und die Uhr erfunden haben, die Form und den Hintergrund erfunden haben, um sich darin zu spiegeln oder wenigstens nicht zu verlieren.

Vielleicht war das der Zweck der Felsmalereien, die wir zu leichtfertig als Darstellungen betrachten, die den unseren vergleichbar sind; vielleicht ging es für die damaligen Zeichner einzig und allein um einen ersten Versuch, die Formen des Hintergrundes zu orten. Die Anfänge des Schönen, des Guten bedeuteten Orientierung inmitten der umgebenden Landschaft, inmitten dessen, was man gerne sieht und gerne aufnimmt; warum hat man die Erfindung der Eßgewohnheiten, die Auswahl der eßbaren Pflanzen nicht mit diesen Umrissen auf den Höhlenwänden in Zusammenhang gebracht? Es handelte sich dabei möglicherweise um ein anderes Auswahlprinzip, das sich nach der Eßbarkeit der Formen, der Hintergründe richtete, um etwas Austauschbares wie Zeichen, Bezugspunkte in einem vertrackten Wirrwarr von Umrissen. Es gibt nur eine *Perspektive*, die uns die Renaissance beschert hat; der

Eingeborene oder der Eskimo finden sich in den Einöden zurecht, in denen wir umkommen, die Perspektive ist nur eine Hierarchie der Wahrnehmung, und es gibt wahrscheinlich so viele Perspektiven wie Weltanschauungen, Kulturen und Lebensbedingungen.

Eine solche ursprüngliche Ortung mußte der jetzt gültigen Sprache vorausgegangen sein, einer Sprache, die insofern stellvertretend gewesen war, als sie die Markierung des anfänglichen Kontinuums mit den Anfängen dessen, was sich zur Toponymie entwickeln sollte, ermöglichte. Warum auf den Glauben pochen, die Dichotomie Form/Hintergrund habe immer existiert? Ich versuchte ungeschickt, eine solche Nicht-Unterscheidung dingfest zu machen, was aber nur durch eine anstrengende Freilegung der Transparenzen gelang, mußte ich doch die Bedeutung vom Vollen zum Leeren umkehren; sahen wir uns angesichts der Antiform mit dem Restinhalt einer Nicht-Formation konfrontiert, die früher ihrerseits dominiert hatte? War die Wertigkeit der Leere etwa eine Vorstufe der Wertigkeit des Vollen? Meine Zeichnungen und Bilder waren vorwiegend Übungen zur Befragung der Zwischenräume des Sehens, einer Sicht, die für mich nicht mehr selbstverständlich war. Ich traute wirklich meinen Augen nicht mehr und war fest entschlossen, in diesem recht merkwürdigen *Atheismus* zu verharren. Die Privilegien der Wahrnehmung lehnte ich strikt ab, ich befand mich am Rand, am Ufer, und nur dieser extreme Punkt erschien mir von Interesse; abwechslungsreiche Ufer dieser Art waren meine einzige Heimat, und ich kam mir vor wie jener Humorist, der erklärt hatte: »Ich muß am Rande einer Sache meditieren, die Sache selbst ist dabei belanglos, wesentlich ist das Vorhandensein eines Randes...« All das führte mich übrigens folgerichtig an die Schwelle des Küstengebietes und zur Architektur.

Diese Orte, wo etwas ein Ende nimmt und gleichzeitig etwas beginnt, faszinierten mich buchstäblich: Über meiner Fensterbank zog mich der Umriß der Gebäude an, die sich vor dem tiefen Blau des Himmels abhoben; der jeweilige Schärfegrad der Aussparung ließ mir keine Ruhe, denn schließlich war er ausschlaggebend für die mehr oder weniger große Deutlichkeit der Antiform; die verschwommenen Konturen gingen ineinander über, Form und Gegenform verschwanden wie im Impressionismus eines Turner; ich zog Cézanne vor, dessen malerisches Vorgehen die formale Problematik in keiner Weise vernachlässigte. Diese Art, mit dem Auge den Umfang, die Begrenzung der Dinge abzutasten, war gleichsam eine neue Blindenschrift; meine Betrachtungsweise hatte etwas von gewollter Blindheit, war ich doch plötzlich überzeugt, das Sehen mache eigentlich gar nicht sichtbar, sei vor allem ein Vorgang der Verdunkelung, ein uralter Vorgang, bei dem überkommene Gewohnheiten der Ortung das alltägliche Bild prägten; irgend etwas wählte statt meiner die Figur aus, die ich betrachtete: »Man sieht nur, was man bereits im Sinn hat...«, diese Lebensregel bestätigte mir den heimlichen Voluntarismus, der bei einer ganz gewöhnlichen Wahrnehmung einsetzte, und empörte mich entsprechend, mich, für den Sehen gerade ununterbrochenes Entdecken, Entlarven bedeutete... Nicht mehr zu entdecken hieß geblendet, verblendet sein durch Überbelichtung und nicht, wie im Falle der Körperbehinderung, durch Unterbelichtung. Ich kam in der Folge auf zahlreiche Gemeinsamkeiten zwischen der einen und der anderen Blindheit: Im Falle der Behinderung wurden einem die Bilder direkt vorenthalten, im Falle des Sehenden wurde ihm dagegen die Freiheit vorenthalten, wirklich neue Bilder zu entdecken; die üblichen Bilder, die sich in Hülle und Fülle einstellten, waren lediglich Bildschirme, die dazu bestimmt waren, das Erscheinen neuer Formen zu verhüllen, das Leben, den Fluxus der Erneuerungen, den Wechsel der Formen zu verstecken. Institutionelle Figuren hatten sich schon lange festgesetzt, vereinnahmten den Szenenvordergrund visuellen Erfassens und verteidigten diese Stellung erbittert.

Vor meinen Augen tummelten sich alte Gespenster, der Ausschnitt der Realität war der Ausschnitt einer vergessenen Welt, einer Welt formaler Wucherung, formalen Überflusses, in der die Unterscheidung Form/Hintergrund einzige Orientierungsmöglichkeit war. Aber es war bereits ein narzißtisches Laster geworden, sich da zurechtzufinden; der moderne Mensch brauchte nicht so sehr Markierungen oder Bezugspunkte, davon hatte er schon mehr als genug, die ganze Welt war ja ein Ordnungssystem, seit langem war alles aufgelistet, registriert, verzeichnet. Fast verschwunden war indessen das Ungewisse, die Überfülle des Pflanzen- und Tierlebens. Das fruchtbare Wachstum der natürlichen Formen war in zunehmendem Maße durch die Organisation und Normierung des sozialen Feldes ersetzt, der Raum vermessen, kartographiert worden, die Zeit war von nun an die Zeit der Pendeluhren; die Mannigfaltigkeit der Reliefs, die Topographie hatten der Topologie Platz gemacht, es gab riesige Museen, die mit Schöpfungen jeder Art vollgestopft waren; vom Skelett des Dinosauriers bis zur kleinsten Fliege war in den Vitrinen der Naturgeschichte alles hinterlegt, die Erkenntnis hatte die Unkenntnis in den Hintergrund gedrängt, es gab immer jemanden, der die Dinge bezeichnen konnte, Generationen von Spezialisten hatten sich mit der Generalinventur des Lebendigen beschäftigt, das war der letzte Dschungel, ein Gestrüpp aus Etiketts, Ziffern, Datierungen, Karten, die übereinander kopiert die neue Landschaft bildeten, die Landschaft einer geodätischen Zeugung. Die Welt war zur großen Baustelle geworden, man sah nur noch die Ausschachtungen derer, die den Ursprüngen nachgingen, die Gerüste der Strukturalisten; Schilder wiesen auf die schmalste Durchfahrt, auf jeden kleinen Weg nach links, nach rechts, nach oben und nach unten, all das führte den modernen Menschen irre und ruinierte ihn letztlich, Hinweiszeichen verloren durch Überfülle ihre Berechtigung. Heute kann man im Labyrinth der Zeichen umkommen, wie man früher umkam, weil keine Zeichen vorhanden waren. Die Situation unseres Zeitgenossen ist derjenigen des Primaten entgegengesetzt, er muß sich einen Weg mitten durch wuchernde Markierungen, Regeln und Ordnungen bahnen; deshalb schienen mir die Organisationsvorgänge der Wahrnehmung dieser Epoche so wenig zu entsprechen. Bei der Komposition des unmittelbaren Bildes war eine Aktualisierung der Wahrnehmung fällig: Sehen kann nicht ununterbrochen Wieder-Sehen bedeuten. Wir sind heute keine wahrhaft *Sehenden* mehr, sondern bereits *Wiedersehende*, die tautologische Wiederholung des Gleichen, die bei unserer Produktionsweise (der Industrie) Wirkung zeitigt, beeinflußt auch die Weise unserer Wahrnehmung. Wir verbringen unsere Zeit und unser Leben damit, das zu betrachten, was wir bereits betrachtet haben, in dieser ganz besonderes heimtückischen Falle sitzen wir gefangen, die Redundanz gestaltet unsere Wohnstätte, wir bauen Analoges oder Gleichartiges, das ist unsere Architektur; wer auf andere Weise oder anderswo wahrnimmt und baut, ist unser Erbfeind.

Da wir uns zur Zeit den Kopf zerbrechen über unsere Versorgungsquellen, über die Erschöpfung der natürlichen Energien, müßten wir auch den *Empfindungsverlust* in Betracht ziehen, den wir erleiden. Die Phänomene, die uns den Blick auf die Welt verstellen, berauben uns auch der Energiequellen; unsere relative Blindheit verbirgt uns unschätzbare Informationsquellen. Wir müßten den Blick ändern, um überleben zu können; wie wir das Leben verändern mußten, um zu überdauern. Nur negativ vom »Nullwachstum« zu sprechen, reicht nicht mehr, man muß sich positiv bemühen, eine neue Weltanschauung zu erfinden. Solange wir diese brutale Dichotomie, die mißbräuchliche Hierarchie der Form über den Hintergrund im Auge haben, werden wir unserer Veranlagung gemäß unsere Umwelt ausplündern und verschandeln und das Andere, Andersgeartete zurückweisen.

Unser Sehen ist ein Schlachtfeld, auf dem sich der Hang unserer Kultur zum Nichts, zum Tod hin in aller Offenheit verbirgt. »Weniger ist mehr«, sagte Mies van der Rohe; wir haben die Begriffe entstellt, die Pole umgepolt und arbeiten an einer Kultur der Versteppung.

Wie alte Lords beobachten wir die Gespenster der Vergangenheit. Gegenstand unserer Aufmerksamkeit, die Landschaften, die wir betrachten, sind lediglich museographische Formen, wir brauchen die National Gallery und den Louvre nicht mehr, um Szenen aus dem 18. Jahrhundert, Figuren aus der Vergangenheit zu betrachten, wir müssen nur am Morgen die Augen aufschlagen und schlendern schon in einem Museum überholter Beobachtungsarten und Beobachtungsstile herum. Wir wiederholen unbewußt Typologien des Erfassens: von der anfänglichen Trennung von Figur und Hintergrund und der Loslösung der Linie zwischen Himmel und Erde, zwischen Ufer und ursprünglichem Ozean bis hin zur Entwicklung der wissenschaftlichen Perspektive.

Wer den Einsturz des Himmels fürchtete, wer Angst hatte vor der flüssigen Masse und dem Wogen des Ozeans, hat für uns einen lebensnotwendigen Zusammenhang zerrissen, eine wesentliche Kontinuität zwischen dem Festen und dem Flüssigen, dem Gasförmigen und dem Mineralischen, zwischen Anwesenheit und Abwesenheit, hat die Relativität des Augenblicks der Wahrnehmung zerstört.

Erster Teil

Metempsychose des Passagiers

»Wenn du keine Frau hast, so geh ins Gebüsch, folg einer Stute und mach sie zu deiner Frau.«
Spruchweisheit der Dogon

Der Mann ist Passagier der Frau, nicht nur bei der Geburt, sondern auch bei ihren sexuellen Beziehungen, deshalb ist der Inzest als Teufelskreis oder vielmehr als Teufelsfahrt tabu. In freier Wiedergabe eines Satzes von Samuel Butler könnte man sagen, das Weibchen sei das Mittel, das das Männchen zu seiner Fortpflanzung gefunden hat, das heißt, um auf die Welt zu *kommen*. In diesem Sinne ist die Frau das erste Transportmittel der Gattung, ihr allererstes Vehikel, das zweite wäre das Reittier, die rätselhafte Paarung ungleicher Körper, die für die Wanderung, für die gemeinsame Fahrt gerüstet sind. Die Last-, Reit- und Zugtiere, metabolische Vehikel, waren typische Resultate einer mißachteten Zoophilie, die mit der Ablehnung der tierischen Roheit in Vergessenheit geriet. Noch vor dem gehegten und gepflegten Haustier steht am Anfang der Domestizierung die Frau, sie ist die erste Form der Ökonomie, noch lange vor der Sklaverei und der Tierzucht; sie deutet eine Bewegung an, die in Hirtenkulturen und patriarchalische Gesellschaften mündet, die über das ursprüngliche Jagen hinaus auf den Krieg ausgerichtet sind. Tatsächlich zeichnet sich nach den letzten Gemetzeln das ab, was später Krieg heißen wird. Von der *Jagd auf das Tier* zur unmittelbaren Nahrungsbeschaffung geht man zur *Jagd auf die Frau* in Erwartung der *Jagd auf den Mann* über. Doch diese Jagd ist bereits kein Abschlachten mehr, kein Töten, es ist eine Gefangennahme, das Einfangen weiblichen Viehbestandes; damit wird die Energieverschwendung beim weiblichen Geschlecht abgeblockt, während die Männer praktisch bis zur Ackerbaustufe weiterhin getötet und verzehrt werden, worauf dann durch die Jagd auf Männer und durch ihre Gefangennahme die Sklaverei zur offiziellen Einrichtung wird.

Diese Übertragung der Gewalt ist bedeutungsvoll, denn der Krieg, der aus Konflikten zwischen Mitgliedern derselben Gattung entstanden ist und nicht durch Zusammenstöße mit der Tierwelt, hat sich folgerichtig auch auf Grund innerer Auseinandersetzungen und nicht durch den Kampf gegen Fremde perfektioniert.

Mit dem Frauenraub kommt das Patriarchat auf und wird dank der Haltung von Vieh zur Institution. Bei dieser Ökonomie der Gewalt, die sich in der Hirtenkultur bereits abzeichnet, bahnt die Schöne dem Ungeheuer den Weg, wobei das Nebeneinander dieser beiden Viehhaltungen zur Inthronisierung des herrschenden Geschlechtes führt. Überdenken wir jedoch diese Metamorphosen des Jägers, erweist sich die Domestizierung als Abschluß und Perfektionierung des Raubes. Das Blutvergießen, die sofortige Tötung schränken den unbegrenzten Gebrauch von Gewalt und somit ihre Ökonomie ein. Es ist eine Entwicklung zu beobachten, die von einer direkten Konfrontation, welche in der Frühzeit in ein Gemetzel mündete, über die simple Kontrolle der Wanderungen bestimmter Arten durch den Jäger und dann mit Hilfe des Hundes, des ersten »Domestiken«, über eine Bewachung halbwilder Herden schließlich zur Züchtung, Vermehrung und Abrichtung gelangt. Die Domestizierung des Weiberviehs hat an diesem Vorgang teil; lange vor dem Lasttier dient die Frau als solches und arbeitet auf dem Feld, vom Mann kontrolliert und überwacht wie die Haustiere. Bei Ortsveränderungen, bei Konfrontationen schleppt sie die Lasten;

lange vor dem Einsatz des zahmen Esels ist sie das einzige »Transportmittel«. Da die Frau somit für die Gepäckbeförderung sorgt, kann sich der Jäger nach Bedarf dem homosexuellen Duell widmen, er kann sich also zum *Männerjäger*, zum Krieger entwickeln.

Die erste Freiheit ist die Bewegungsfreiheit, die die Last-Frau dem Jagd-Mann verschafft, aber diese Freiheit ist keine »Muße«, sondern, über das ursprüngliche Jagen hinaus, eine Befähigung zur Bewegung, zum Krieg. Das domestizierte Weibchen ist als *erste logistische Stütze* Vorbedingung des Krieges, weil es dem Jäger die Sorge um den Nachschub abnimmt. Der Eindringling, der das Gebiet, in das er vorgestoßen ist und das er erobert hat, im Hinblick auf bessere Organisation seiner Kräfte und Ortsveränderungen manipuliert, funktioniert die verheiratete, gefangene Frau nach dem gleichen System sofort zum Transportmittel um. Ihr Rücken, ihre Hüften werden zum Modell für Reiseausrüstungen, die ganze Auto-Mobilität ist von dieser Infrastruktur abhängig, von dieser gestreichelten, geschlagenen Kruppe; alle Eroberungswünsche, alle Wünsche des Eindringens konzentrieren sich auf diese zahme Reisemaschine. Diese Last-Frau, die nach wie vor an der Schwangerschaft und an der Säuglingspflege zu tragen hat, verschafft dem Krieger Zeit, *eine angenehme Zeit* manchmal, vor allem aber *freigesetzte Zeit*.

Auf dieser Ebene ist die heterosexuelle Gruppe im Überlebenskampf weit furchtbarer als die homosexuelle, und die rein logistische Dimension des schwachen Geschlechts ist für die Entwicklung des Patriarchates ausschlaggebend. Die Bisexualität setzt sich, von der Fortpflanzung und sexuellen Gewohnheiten abgesehen, als echte »Haushaltsstrategie« durch. Bei den Nomaden fällt das Überleben mit der Verfolgung der Beute, des Feindes, mit der Wahrung von Weideplätzen zusammen. Der Lebensstandard einer Gruppe ist von ihrer Beweglichkeit abhängig. Ihr »Schutzwall« ist einzig und allein die dem Wild, dem Gegner »abgewonnene Zeit«; noch handelt es sich nicht um die »Behinderung« des seßhaften Ackerbauers, sondern um die Fortbewegung und ihre Mittel: die Last-Frau, die Stute, später dann die Fahrzeuge. Weil die Frau dem Mann ihren Rücken zur Verfügung stellt, gewinnt er Zeit; so wird die Frau zur »Zukunft des Mannes«*, ist sein Geschick und sein Zweck. Diesem ersten Viehbestand verdankt der Viehzüchter und Jäger, was man in der Militärsprache »eine gute Nutzlast« nennt, und diese gestattet ihm, die Konfrontationen in die Länge ziehen und davon zu profitieren, daß die Verpflegung nicht unbedingt an Ort und Stelle beschafft werden muß.

Die bisher durch geringe Beweglichkeit der Gruppen begrenzten Konflikte ziehen sich nun in die Länge, da die Frau dem Krieger die Wurfwaffen zuträgt und die militärische Organisation übernimmt. Mit der Züchtung des Reittiers, dessen Ausdauer und Geschwindigkeit derjenigen des metabolischen menschlichen Vehikels überlegen ist, wird der Krieg von noch längerer Dauer und breitet sich über größere Flächen aus.

Nehmen wir das Beispiel der Maya: Vor Ankunft der Spanier sind die Kriege im Yucatan immer von kurzer Dauer, weil auf diesem Kontinent die Frauen noch als einzige Transportvektoren eingesetzt werden... dafür erfolgt anläßlich der Eroberung durch einen lächerlichen Haufen berittener Eindringlinge eine beispiellose Katastrophe, die weder durch die Waffen aus Metall noch durch die Mentalität der Eingeborenen erklärbar ist. Ein Zeit- und Geschwindigkeitsvorsprung der Eroberer hat die Vernichtung einer Zivilisation durch ein paar Dutzend Be-

* Aragon.

rittene zur Folge. Der Einführung des Pferdes auf dem amerikanischen Kontinent ist wahrscheinlich die Auslöschung eines Volkes und einer Kultur zuzuschreiben, die sich den Eroberern zwar am selben Ort, aber mit einem anderen Zeitverständnis stellten; die Spanier verfügten über jene »dromokratische« Überlegenheit, die die demographische Unterlegenheit immer ausgleicht.

Kurz, die Frau war Ursprung der ersten Verlängerung des Kampfes; als erste »Revolution des Transportwesens« ermöglichte sie dem Jäger eine Spezialisierung auf die Obszönität des narzißtischen, homosexuellen Duells, das unendlich viel schrecklicher ist als der Kampf mit wilden Tieren, weil es einen ständigen Wechsel der Taktiken und Strategien erforderlich macht. Das schwache Geschlecht förderte durch seine Domestizierung die Erfindung eines Feindes, der weit mehr ist als eine Beute; später setzte sich diese Ausdehnung des Angriffs mit Hilfe des Lasttieres, mit der *Erfindung des Reittieres*, der Reiterei, des Wagenwesens und seiner infrastrukturellen Zwänge fort, welche dann in Mesopotamien zur *Erfindung der Landstraße* führen, wobei die Erfindung des Eisenbahnnetzes noch bevorsteht... aber das ist etwas anderes, es ist die Geschichte der Revolution der technologischen, nicht mehr nur metabolischen Beförderungsmittel. Wir haben im 19. Jahrhundert erlebt, wie der Mensch *vom Pferd stieg* und in den Zug *einstieg*, und zwar zu einem Zeitpunkt, als er zu seiner Verwunderung entdeckte, daß er Abkömmling eines affenähnlichen Anthropoiden sei... Ich möchte hier umgekehrt vorgehen und zu analysieren versuchen, wie der Mann auf das *Reittier* aufstieg, indem er sich den Armen der Frau entzog und von ihrem Rücken herabstieg.

Aufbrechen heißt auch, sich fortbewegen, den Bahnsteig, den Hafen hinter sich lassen und losfahren, heißt darüber hinaus, auf seine Ruhe verzichten, *sich der Gewalt der Geschwindigkeit hingeben*, dieser unvermuteten Gewalt, der wir uns im Verkehr tagtäglich anvertrauen und die uns so jäh von Orten trennt, durch die wir fahren.

Jeder Aufbruch ist ein Abbruch unserer Kontakte, unserer unmittelbaren Erfahrung; die von einem Fahrzeug geleistete Vermittlung ist lediglich ein Hin-und-Hergerissen-Werden, eine Folter des lokomotorischen Körpers, ein sensorieller Entzug für den Passagier. Mitgerissen, eingefangen von der Gewalt der Fahrt, können wir die Beschleunigung, das heißt den Verlust des Unmittelbaren, nur noch bejahen. Die Geschwindigkeit wird durch ihre Gewalt gleichzeitig *Geschick* und *Zweck*. Wir fahren nirgendwohin, begnügen uns schon mit dem Aufbruch und der Trennung vom Lebendigen zugunsten wesenloser Schnelligkeit.

Der Ausdruck »steigen« zeigt das deutlich: Wir steigen aufs Pferd, steigen ins Auto ein, wir erheben uns, entzückt von der Krücke, die unsere Beweglichkeit erhöht, um fortgetragen zu werden; *Menschenraub und Entführung sind die eigentlichen Motive für beschleunigte Fortbewegung*, die der Gewalt, der Geschwindigkeit ausgelieferten Reisenden sind »Verschleppte«, sind im wahrsten Sinne des Wortes Deportierte... Allerdings scheint diese moderne Form der Auswanderung verkannt zu werden, stuft man doch die beschleunigte Ortsveränderung, diese merkwürdige Sackgasse innerhalb einer Geschichte der Bewegung, als Vorankommen, als Fortschritt ein... Das Reittier wäre demnach unabdingbar für eine Himmelfahrt des Passagiers, dieses in Levitation über dem Boden schwebenden, seiner Eigenmotorik beraubten Reiters, der auf schnelles Vorankommen angewiesen ist. Da das Reittier einer Ermüdung der lokomotorischen Glieder seines Passagiers entgegenwirkt, hat es durch den Sattel Ähnlichkeit mit einem sich fortbewegenden Sitz, mit einem Möbel, einem hippomobilen Möbelstück, das im Gegensatz zum Stuhl nicht bloß den stationären, in Ruhestellung befindlichen, sondern auch den in Ortsveränderungen begriffenen Körper stützt.

Die Erfindung des Reittiers wäre demnach in gewisser Weise eine Kriegslist des lokomotorischen Körpers: In der Art, wie wir unsere Gliedmaßen zur Vermeidung der Nachteile allzu langer Reglosigkeit (des Druckes, dem das Fleisch auf dem Sessel ausgesetzt ist, usw.) verlagern, ersparen wir uns durch die Bewegung des gesattelten Tieres die Unbequemlichkeit einer Reise zu Fuß und erhöhen durch eine List die Geschwindigkeit unserer Fortbewegung. Mittels einer Abfolge von Verschiebungen, Verlagerungen, von den winzigsten bis zu den größten, spielen wir mit unserem Körper dieses Versteckspiel, das sich Hilfe, Komfort, Unterstützung, Wohlbefinden nennt..., *um unseren animalischen Körper weniger zu spüren, bewegen wir uns ununterbrochen* (Motilität); *um die Ausdehnung des territorialen Körpers zu vergessen, reisen wir schnell und brutal.*

Diese unausgesetzte Suche nach idealer Schwerelosigkeit ist ein zentrales Problem der Machtausübung. Die in alten Zeiten festlich begangene Epiphanie des Pferdes belegt das zur Genüge; das heroisierte Pferd trägt den Toten und schützt den Lebenden, aber ist letztere Funktion, fragt Fernand Benoit*, nicht von der erstgenannten abhängig? Dieses Motiv taucht beim heiligen Christophorus (dem Schutzheiligen der Autofahrer), der Christus trägt, wieder auf. Die Schnelligkeit des Streitrosses entzieht den Ritter seinen Verfolgern, aber auch seiner eigenen Schwäche; *das Reittier schützt seinen Passagier vor dessen konstitutionell bedingter Schwäche*, stellt sie dadurch aber gleichzeitig

* F. Benoit, *L'héroisation équestre*, 1954.

heraus, was erklären dürfte, daß Pferd und Vogel* sowohl Vorzeichen des Todes wie auch der Macht, der Herrschaft sind: Um zur Macht zu gelangen, ist eine Verschmelzung mit der göttlichen Schnelligkeit des Streitrosses, ist mittels spontaner Seelenwanderung ein Verzicht auf die eigene Seele erforderlich. Der »Aufgestiegene« beherrscht die Untengebliebenen, beherrscht sie an Höhe durch seine Erhebung aufs Pferd, aber auch, ja vor allem, durch die motorische Kraft seines Reittieres. Für seine Gegner gibt es kein Entkommen mehr, er treibt sie vor sich her in alle Winde, *die Kriegsfunktion des Pferdes besteht darin, den fliehenden Feind zu zerstreuen und zu vernichten,* ein Angriff der Kavallerie bezweckt analog zu einer Sprengladung, die den Zusammenbruch von Mauern und Bollwerken bewirkt, die Auflösung formierter Infanteristen.

Die Diskrepanz an Geschwindigkeit und Stoßkraft zwischen Fußvolk und Kavallerie führt zur Abwertung des ersteren (wie das Lasttier eine Abwertung der Last-Frau zur Folge hatte), bevor dann ein weit wirksamerer Unterschied sämtliche metabolischen Vektoren zugunsten technologischer Transportmittel ausschaltet.

Die Gewalt der Geschwindigkeit kommt einer Vernichtung gleich. Der auf sein Reittier gestiegene, von seiner Schnelligkeit mitgerissene Passagier ist ein gleichzeitig erhabener und entführter Toter zu Pferd**; ein Berittener ist nicht mehr wirklich sein eigener Herr, muß er sich doch ganz der Gewalt seine Streitrosses anvertrauen. Und wie man im militärischen Bereich »eine Stellung erstürmt«, indem man sie überrennt, »schlägt der Reiter Galopp an«, verläßt

* Vgl. die politischen und ökonomischen Funktionen des Taubenschlags im Mittelalter.

** »Und ich sah, und siehe, ein fahles Pferd; und der darauf saß, des Name hieß Tod, und die Hölle folgte ihm nach.« *Apokalypse*, 6. Kapitel, Vers. 8.

er die Erde, verliert zugunsten einer beschleunigten Irrfahrt den Boden unter den Füßen.

Die Geschwindigkeit ähnelt dem Alter, dem Tod, diesem Tod, der mit einer Krankheit einhergeht, einen dahinrafft und zu den Seinen entführt; aufs Pferd oder in ein Fahrzeug steigen will besagen, daß man sich darauf einstellt, im Augenblick des Aufbruchs zu sterben, um bei der Ankunft wiedergeboren zu werden (ein bißchen sterben...). Für den Reisenden wird Warten zum vorzeitigen Altern; je beschleunigter die Bewegung, desto schneller vergeht die Zeit und um so bedeutungsloser wird die Umwelt; eine Ortsveränderung ist nur noch ein schlechter Scherz, deshalb der Spruch: »Die kürzesten Reisen sind die besten!« Der Passagier ist, wie der Abgeschiedene, nicht mehr von dieser Welt, und sofern man die *Freiheit der Bewegung (das habeas corpus)* als erste, vorrangige Freiheit einstuft, kann die Freisetzung der Geschwindigkeit, die *Freiheit, die die Geschwindigkeit verschafft*, auch als Ende aller Freiheiten gelten.* Die Fahrt erscheint, historisch betrachtet, tatsächlich als Sublimierung der Jagd; Geschwindigkeit bedeutet Fortsetzung der Jagd, der Mobilmachung und der Vernichtung. Die dromokratische Hierarchie der Geschwindigkeit bringt einen neuen Adel hervor: Man könnte sagen: *Geschwindigkeit verpflichtet!* Die Dromokratie, Fahrgesellschaft, Jagdgesellschaft, ist im Grunde die verkappte Organisation einer (gesellschaftlichen und politischen) Jagd, wobei die Geschwindigkeit der Gewalt in die Hände arbeitet, eine Gesellschaft, in der die Vermögensklassen lediglich Tarnung von Geschwindigkeitsklassen sind. Eine letzte »Ökonomie der Gewalt«, die anläßlich der »Revolution des Transportwesens« über das Tragen hinaus an der

* Man braucht sich nur die zahllosen Verkehrsregeln und Kontrollen auf den Autobahnen in Erinnerung zu rufen.

Wanderung der Arten festhält; die Reiterei, Metempsychose der Ursprünge, findet dabei sowohl im Mythos des Kentauren* als auch in demjenigen des Autofahrers Ausdruck.

Die Erhöhung der Geschwindigkeit ist im Grunde Freisetzung von Gewalt; wir haben gesehen, daß Viehzucht und Abrichtung ökonomische Formen der Gewalt waren oder, wenn man so will, Mittel, ihr Dauer und unbegrenzte Reichweite zu verleihen. Die Erhaltung metabolischer Energie war deshalb nicht das Ziel, sondern eine Tendenz der Gewalt: Das Mittel, sie zeiträumlich weiterzuentwikkeln, der technologische Motor, Ergebnis einer langen Suche nach dem *perpetuum mobile*, setzt diese Gewalt dann letztlich frei. Das wirft zweierlei Fragen auf: Wie hat man im Tier das Vehikel, in seinem Fleisch den Motor vermuten können?

Wieso hat der Primat das Verlangen empfunden, sich mit dem Reittier zu paaren? Welche Verführung war da am Werk?

Dieses Verlangen nach einem *fremden*, nicht nur nach einem *heterosexuellen Körper* erscheint mir in mehrfacher Hinsicht als hochwichtiges, der Erfindung des Feuers vergleichbares Ereignis, als eine Erneuerung allerdings, die wie alles Animalische der Vergessenheit anheimgefallen ist.

Von der Zoophobie urzeitlicher Jagden, die den sofortigen Verzehr der Beute zum Ziel hatten, gelangt man zur Zoophilie der Abrichtung eines Tieres, das dann als Vehikel dient...

Wie ist man darauf verfallen, über die Notwendigkeiten des unmittelbaren Lebensunterhaltes hinaus zu planen? Wieso hat man, von der Verpflegung abgesehen, in der

* G. Dumezil, *Le problème des centaures*, 1929.

Fleischreserve auf vier Beinen ein Fortbewegungsmittel erahnt?

Welche Ökonomie, welcher Modus der Fütterung wird bei der kostspieligen Haltung eines *großen Lauftieres* aktuell?

Die Domestizierung ist gewissermaßen das funktionale Ergebnis des Beutemachens, während das Blutvergießen eine Verschwendung der Gewalt war; die Haltung halbwilder Tiere, vor allem aber die dann einsetzende Viehzucht verwirklichen einen ersten Typus der Ökonomie. Die Domestizierung ist eine Form lebensnotwendiger *Energiespeicherung*, die mit der Abrichtung des Reittiers einer Veränderung unterliegt: Die Ökonomie der Gewalt ist nicht mehr die des Jägers, der sich im Züchter verbirgt, sondern diejenige des gejagten Tieres; im Reittier speichert man kinetische Energie, die Geschwindigkeit des Pferdes und nicht mehr bloß Proteine. Die unmittelbare, dann mittelbare Ökonomie der Lebenshaltung entwickelt sich zur *Ökonomie des Überlebens*; da das Tier als Fortbewegungsmittel fast ausschließlich dem Kampf dient, ist sein Passagier lediglich ein *Parasit*, wobei der Körper des Lauftieres einfach eine erste *Geschwindigkeitsmaschine*, ein Motor ist, dieser *Dampfmotor*, dessen »Pferdestärke« noch heute die Leistung anzeigt.

Während der *Jäger* die Bewegung des Wildbestandes durch systematisches Erlegen zu bremsen suchte, beschränkt sich der *Züchter* bei der Domestizierung auf eine Erhaltung dieser Bewegung; der *Reiter* seinerseits macht sie sich dank der Abrichtung zu eigen und lenkt und beschleunigt sie. Offenbar kann man also das Phänomen einer *Metempsychose des Lebendigen* vom Todeswunsch bis zum Wunsch nach Einverleibung hin verfolgen; das ursprünglich feindliche Paar bildet, wie in der Ehe, schließlich einen einzigen Körper: Das erotische Verlangen nach Koppelung reizt zum Ausritt.

In diesem Augenblick entwickelt sich jedoch die Fortbewegung zu einer höheren Form der Jagd, wird *Entfesselung des Jenseitigen*, einer Befindlichkeit jenseits physischer, territorialer und animalischer Körper, wird Bild des Wahnsinns und der Besessenheit, das sich mittelalterlichen Glaubensvorstellungen gemäß zu jener «Höllenjagd« verdichtet, die dem Pferd eine apokalyptische Dimension verleiht, wobei die vier Reiter das Endzeitliche, die Auslöschung der Geschichte symbolisieren.

Die Entfesselung des Jenseitigen, die durch die Geschwindigkeit der Fortbewegung eine Schrumpfung der Entfernungen eingeleitet hat, führt dann zu einer Aufhebung der Zeit. Die Geschwindigkeit des Streitrosses symbolisiert das Entsetzen vor dem Ende, wobei man nicht außer acht lassen darf, daß Furcht und Geschwindigkeit ursächlich zusammenhängen: In der Tierwelt ist Schnelligkeit eine Folge des Schreckens, der Gefahr. In der Tat ist die Verringerung der Distanzen mittels beschleunigter Bewegung dem Selbsterhaltungstrieb zuzuschreiben. *Da die Geschwindigkeit aus der Angst resultiert*, ist nicht der Angriff, sondern die Flucht Grund für jähes Aufspringen und Losstürzen. Die anhaltende Erhöhung der Geschwindigkeiten ist somit nichts weiter als die Wachstumskurve der Angst; insofern industrialisiert die »Revolution des Transportwesens«, die im 19. Jahrhundert die Geschwindigkeitsmaschine hervorbringt, den Schrecken: der Motor erzeugt die Angst. Die Geschwindigkeit der Ortsveränderung ist eine perfektionierte Form der Flucht, nicht aber, wie es die faschistische Philosophie der dreißiger Jahre sah, des Angriffs (»Die wahre Größe besteht im Angriff«, mit anderen Worten, in der Entfesselung dessen, was sich jenseits der Körper und insbesondere des territorialen Körpers befindet...). Zum Unglück für die »Futuristen« ist dieses Manöver im Felde immer nur eine *Flucht nach vorn*, eine Verhütung des Endes, nicht aber eine Projektion in die Zukunft!

Ist die Entfernung der Ort, ist sie auch der Körper. In allergrößter Hast losstürzen besagt auch auseinanderlaufen, sich auflösen... wir stoßen hier erneut auf die Fahrzeugfunktion des Streitrosses *(skedasos)*, das den Feind auseinandertreiben, in alle Winde jagen, sich aber auch über den vertrauten Horizont hinauswagen soll.

»Die Angst ist grausam«, sagt ein nordisches Sprichwort, »sie tötet nie, beeinträchtigt aber das Leben.« Die zur Fortbewegung sublimierte Jagd führt unter anderem zu diesem Verbot eines Verweilens...

Kehren wir zur Erfindung des Vektors zurück. Sehr früh schon hat offenbar die Flinkheit des Tieres den Jäger gereizt, haben ihn die blitzschnellen Reflexe des Wildes fasziniert. Andererseits hat der von einem Raubtier oder einem Feind verfolgte Jäger durch plötzliche Leistungssteigerung seinerseits eine tiefgreifende Wandlung erfahren. Im Schrecken hat er Macht und in seinen durch Angst gesteigerten Kräften eine im Bedarfsfall furchtbare »Bewaffnung« geahnt. Die Fähigkeit schnellerer Fortbewegung entwickelte sich zur Überlebensfähigkeit; vor der Erfindung spezieller Mordwaffen nahm Bewegung für den kämpfenden Körper eine Bedeutung an, wie sie später der Reichweite der Wurfwaffen hinsichtlich ihrer Wirksamkeit zukommen sollte: eine Frage der kritischen Distanz, ein Problem nicht nur des Vordringens, sondern auch des Zurückweichens.

Es ist übrigens bezeichnend, daß die Verlängerung der Handwaffen von der Entwicklung der Kavallerie abhängig war. Die Werkzeuge *verlängern* den Körper des Menschen, verlängern ihn mittels der Geschosse erheblich, aber seine größte Ausdehnung erreicht er durch die Erfindung des Reittieres und des Fahrzeugs; das Reittier ist der erste »Projektor« des Kriegers, sein erstes Waffensystem. »Zu Beginn des zweiten Jahrtausends vor unserer Zeitrechnung wandelte sich das damals in der Ägäis verwendete kupferne Jagdmesser zum Langdolch, einer weiter reichenden Waffe, die in ganz Mitteleuropa Verbreitung fand. Der Langdolch war für den Fußsoldaten von entscheidender Bedeutung; die Reiter hingegen sahen sich auf eine wirksamere Waffe angewiesen, weshalb sich bei ihnen im letzten Bronzezeitalter der Langdolch zum Schwert entwickelte«; weiter unten führt General Fuller dann aus: »Die wachsende Anzahl von mit Lanzen und Schwertern bewaffneten Reitern hatte die Abschaffung des Hammers und des Kriegsbeils des Steppenbewohners zur Folge.« Im Grunde handelt es sich bei den letztgenannten Kategorien eher um Werkzeuge als um Waffen. Eigentlich macht erst die *Verlängerung* das Jagdmesser zur Waffe und den Jagdspieß zur »Lanze«... Über eine Reihe vielseitig verwendbarer Prothesen entwickelt sich die »Bewaffnung«, die Sun Tse zufolge »ein unheilschwangeres Werkzeug«, eine im buchstäblichen Sinne obszöne Prothese ist!... und zwar, um durch Abstand Geschwindigkeit und Höhe des Reittiers wettzumachen... Wir haben bereits ausgeführt, daß vor der Domestizierung und der Abrichtung des Streitrosses die Frau zur Verlängerung des Kampfes über das Duell hinaus beigetragen hatte; mit dem Pferd erstreckt sich diese Verlängerung nicht mehr nur auf den Krieg und seine Dauer, sondern auch auf alle seine Begleiterscheinungen: Bewaffnung, Logistik, Infrastrukturen usw.

Die zeitliche und räumliche Verlängerung geht mit Schutz und Verteidigung einher; der »zähe Krieg« der Bauern, den es auch heute noch gibt, kündigt sich in diesem Wechsel von der Frau zum Pferd, dann zum Wagen und zur Straße an, der militärische Raum entwickelt sich, der Reiter, dieser

Parasit des Reittieres, macht der Verkehrsmaschine Platz, das Gespann ersetzt die Koppelung von Mensch und Tier und führt zum Straßenbau, das heißt, zur Leere, Verödung und Begradigung des Weges. Die Landstraße, dieses erste »militärische Vorfeld«, ist im Grunde eine der »göttlichen Schnelligkeit« des Streitwagens dargebrachte lineare Rodung, ist von Vehikeln verbrannte Erde, zerschundene Oberfläche. Die in Mesopotamien angelegte, rein zweckorientierte Straße will von der Landschaft, die sie durchquert, unabhängig, will geometrische Abstraktion, Einförmigkeit, Ausrichtung und nichts weiter sein; *Geschwindigkeit ruft Leere hervor, Leere ihrerseits Schnelligkeit*...

Nach dem Lasttier das Zugtier, der sich durch die Windungen des Weges schlängelnde Strich, diese Gerade, die sich hinzieht und Ortsveränderungen erzwingt, indem sie Bewegung, also Gewalt beschwört, eine Infrastruktur, das »statische Vehikel« – letztlich ist es ein Denkmal beschleunigter Angst. Im Stahl, der mit dem Schwert, mit der Lanze vorprescht, in der Waffe, so blank wie Schiene und Landstraße, die stoßweise, verfremdend dem Horizont entgegenfliehen, lauern die gleiche Gewalt, der nämliche Schrecken.

In Mesopotamien existiert auch ein mit den Techniken des »Fahrkrieges« verschwisterter Grundbesitz; der Herrscher überläßt das Territorium einer Bewegungselite: *Dem Schnellen das Land.* Dafür übernehmen die Wagenhalter wichtige verwaltungstechnische Aufgaben, übt doch ihr Wagenpark eine weitreichende Kontrolle zugunsten der Zentralmacht aus. In Rom findet sich dann bei den adligen Viehzüchtern der ursprünglichen Gemeinde der *Zuchthengst als Währung*, später, mit dem römischen *ordo equester* und der offiziellen Einrichtung des »Staatspferdes« kann man beobachten, daß diese Elite der Geschwindigkeit in der Tat militärisch-ökonomischer Natur ist. Die *Equites Romani* sind zum Teil Präfekte, Tribune, aber auch, Nicolet zufolge, »Militärgewinnler«: »Diese aufkommende, einflußreiche Aristokratie, die in den *publica* und bei den Gerichten eine überaus wichtige finanzielle und politische Rolle spielte, hat ihre militärische Herkunft nie verleugnet.«* Der »Bankiersritter« verwaltet bewegliche, transportable Güter. Sein Reichtum beruht auf schnellem Transport, der Kriegsgewinn ist von der Transportfähigkeit der Güter abhängig; ohne Verlegung der Beute wird der Krieg zwecklos, denn wenn es nichts zu transportieren gibt, ist auch nichts zu gewinnen.

Kurz, von den »Jäger-Züchtern« über die Reiter und Wagenhalter bis zu den »Seefahrer-Piraten« stellt die Elite der Bewegung eine verkannte, unterschätzte Schicht dar, ohne die eine Akkumulation unmöglich gewesen wäre. Die Akkumulation der Energie und der Geschwindigkeit in den Transportvektoren (Lasttiere und Schiffe) ist für die Kapitalisierung der Güter und des Reichtums unabdingbar; das heimliche Treiben dieser dromokratischen »Fahrgesellschaft« kann als Hinweis auf die strategische Dimension der im Laufe der Zeiten wechselnden Vektorpolitik gelten.

Der in eine automobile Kiste verfrachtete Passagier vollzieht, begierig nach einem metallischen Körper und von ihm begehrt, die Urpaarung nach. Das materialistische Abendland hat mit der Revolution der Transportmittel seine Metempsychose gleichsam in seiende Körper verlagert; ohne Rücksicht auf die Übergänge, die Geburt und Tod darstellen, heizt die Bewegungsindustrie die Transfers an, von da bis dort, von dem zu jenem »funktionieren« wir; eingesperrt in die Spannen der Geschwindigkei-

* Nicolet, »A propos de l'Ordre équestre«, in: *Problèmes de la guerre à Rome*, 1969.

ten, eingemauert in die Energie des Reisens, sind wir nicht einmal mehr Kerle oder Huren, eher schon Bahnhöfe.

Nicht mehr Ort der Wahl, sondern der Ausscheidung, wird das Territorium Rand einer regen Küstenschiffahrt: Ausschiffung, Einschiffung, *Umladen von Lasten* – wir werden von den Rhythmen der Technik ununterbrochen zusammengesetzt und wieder zersetzt. Der Geschwindigkeitsexzeß ist eine Fahrschule, die uns auf den Reflex, auf die Reaktion hin trimmt, wie es seinerzeit der Faschist Marinetti formulierte:

> »Unser Herz ist nicht müde, nein!
> Zehrt's doch von Feuer, von Haß
> und Geschwindigkeit.«

»Wenn wir alle dahin gelangen, in unseren Beziehungsnetzen die Zeit bis auf die Sekunde genau zu respektieren, haben wir der Menschheit das wirksamste Instrument zum Aufbau einer neuen Welt beschert.«

Audibert,
Eisenbahningenieur

Mit der Erfindung des Tier-Vehikels erreicht der Mensch eine der ersten Formen von Relativität; sein Territorium ist überholt, dank der Schnelligkeit des Streitrosses wird er immer unabhängiger. Orte werden zu Ausgangs- und Ankunftspunkten, zu Ufern, die man hinter sich läßt oder anläuft; der Flächenraum ist nur noch Saum einer Küstenschiffahrt zu Pferd. Im Sattel oder zu Lande verwandeln die Reiter den territorialen Körper in Anlegestellen und Landungsbrücken, Schwellen der »Umladung«, die von der Revolution des Transports durch Frauen bereits angekündigt worden war.*

Der Tierkörper, der die Durchquerung weiterer Flächen in größerer Höhe ermöglicht, entwickelt sich zum *Brückenkörper*, zur mobilen Brücke; während der Frauenkörper lediglich ein unsicherer Steg-Körper war, wird der Pferdekörper Attribut des Hipparchen und durch diesen auch des Monarchen, dieses *Pontifex*, der die tierischen Energien einfängt und steuert. Lange vor dem Brückenjoch der Seßhaften deutet der Körper des Reittieres die

* *Umladung:* Fachausdruck für den Wechsel des Vehikels.

Konstruktion der Brücke an, welche die Distanz des Grabens, den Fluß überwindet; die symbolische Funktion des Pferdes, das den Feind in alle Winde zerstreut *(skedasos)*, wird durch diese Austauschfunktion noch betont; das Reittier entwickelt sich buchstäblich zum »Kreuzweg auf Stelzen«, zum *Verkehrskreuz*, was ihm übrigens auch die kabbalistische Tradition bescheinigt... Kurz, diese Punkte, diese Brücken bringen später den *Hafen* hervor; der Ort, wo das Tier entladen wird, versteinert, architektonisch gesehen, zur *Pforte*, wird zum eigentlichen »Landhafen« des Karawanenwesens und Umschlagplatz von Geschwindigkeiten, auf dem der Bewegungswert gegen einen für das Eindringen erhobenen Zoll eingetauscht wird, was, auf die ökonomische Ebene übersetzt, wiederum die Fähigkeit darstellt, einen Reiterangriff zum Stehen zu bringen, zu brechen, ihn gewissermaßen zu jener »Bruchlast« zu machen, welche die allmähliche Entwicklung von Stadtwällen bewirkt, die gegen den Ansturm tierischer Wogen errichtet werden wie der Kai gegen die Wogen des Ozeans. Im Grunde ist der durch Schranken verrammelte unterirdische Festungsgang, der nur beschränkten Verkehr zuläßt, mit der befestigten Hafeneinfahrt vergleichbar; *zwischen den Verteidigungstürmen der Stadtmauer und denen der Hafenzitadelle findet die nämliche »Liquidation« statt:* Im Falle der »Pforte« handelt es sich um die turbulente Trockenflut der Passagiere, die mittels raffinierter Zugänge unter Kontrolle gehalten wird, im Falle des »Hafens« um die von Kähnen bevölkerte Flut, was eine Verteidigung an zwei Fronten erforderlich macht, muß man sich doch durch Errichtung einer Mole sowohl vor den Bewegungen der Wassermassen und Gezeiten als auch vor den manövrierenden Schiffen schützen. Bei der Stadt im Landesinnern ist der Eingang einfach ein »Trockenhafen«, dessen Verteidigung um den Zugang herum auf dem

Rahmen des Stadtrandes ruht, wo zur wirksameren Kontrolle der verschiedenen Bewegungen Unebenheiten ausgemerzt, planiert worden sind. Diese Möglichkeit des Hafens und des Zolls, innere und äußere Bewegungen ein- beziehungsweise auszuschalten, stellt den Kern der abendländischen Befestigungskunst dar, die im Bahnhof und im Flughafen weiterlebt.

Die Poliorketik der Eisenbahn mündet schließlich in diese Netztheorie, die für den Weg übers Land erst später, durch die Autobahninstrumentierung, zutreffen wird; die Projektion der Schiene, dieser Blankwaffe, trägt zur Perfektionierung der vektoriellen Angriffspolitik bei.

Die Umladung des Stadtwalles, wie übrigens aller dauerhaften Bauwerke, hat den Blick auf die Bruchlast, die ja ihre Voraussetzung bildete, verstellt. Die in allen Punkten mit der Dialektik von Waffe und Panzerung vergleichbare Dialektik von Transport und Hafen ist nie richtig erkannt worden; trotz der Zollproblematik ist die Frage der Grenzen keine Frage einer Front der Bewegung und ihrer Geschwindigkeit, sondern nach wie vor eine »Frage der Unterbringung«.

Kurzum, das Verlangen des Passagiers nach Verpaarung mit seinem Reittier ist mit dem Übergangsritus der Heirat vergleichbar; auch hier sind Durchschaltung und Aufbruch gekoppelt, was beim Tanzen noch in den Begriffen *Kavalier* und *Tanzpartnerin* zum Ausdruck kommt... Suggerierte indessen früher das heroisierte Pferd die Anwesenheit des abwesenden Reiters, suggeriert heute das tanzende Paar die Abwesenheit des Reittieres. Diese Aussparung des tierischen Vektors in den choreographischen Rhythmen sollte uns nachdenklich stimmen; die sexuelle Paarung hat den Akt des Taktes, die einer Vereinigung der Körper vorangehende körperliche Berührung – vom Händedruck, dem um die Schulter oder die Hüfte gelegten Arm über die verschiedenen gemeinschaftlichen, spielerischen Bemühungen bis zum »Galopp« und zur »Quadrille«, diesen zoochoreographischen Paarungen des neunzehnten Jahrhunderts – zu sehr in den Hintergrund gedrängt. Jedes einzelne dieser Gespanne deutet eine Paarung, die Inszenierung einer gleichzeitig effektiven und affektiven Umladung an, in deren Verlauf körperliche Nähe ununterbrochen statthat und gleichzeitig in Frage gestellt wird. In diesem Sinne *erscheint mir die Erfindung eines unmittelbar auf den menschlichen Körper durchgeschalteten Tierpartners als ein mit der Exogamie vergleichbares, ja von ihr nicht zu trennendes Ereignis.*

Die Paarung des Passagiers mit dem Reittier ist Teil einer Ökonomie der Mutation, ist eine die Leistung des in Bewegung befindlichen Paares steigernde Pfropfung, wobei der Reiter die Gangart bestimmt. Wer geistig, antizipatorisch das Tempo angibt, ist dank der abendländischen Erfindung der Sporen, diesem wichtigen Symbol des feudalen Rittertums, auch der Beschleuniger.

Die exogene Einheit des heterosexuellen Paares gipfelt in der Maschine, die aus der Überblendung des auf sein Reittier gestiegenen Mannes zusammengesetzt ist.

Das exogame Gespann des reitenden und des zu Fuß gehenden Körpers unterliegt der gleichen äußeren Regulierung: Die Frau kommt von anderswoher, sie wird entführt, wobei zuweilen der tierische Vektor als Mittel solcher Übereignung dient; im alten China beispielsweise stellte der Transport der Verlobten im rituellen Wagen juristisch gesehen den eigentlichen Heiratsakt dar, was ein Hinweis darauf ist, in welchem Maße *Reise und Hochzeit zusammengehören*, als ob eine exogame Heirat lediglich Emblem einer gemeinsamen Reise von Fremden wäre.

Es liegt nahe, drei Paare zu unterscheiden, wobei das dritte selten Erwähnung findet:

– das homosexuelle Paar des Duells;
– das heterosexuelle Paar der Ehe;
– das transsexuelle Paar der Reise.

Die Institutionalisierung des Brautraubs gehört zur Logik der Entführung, die der beschleunigten Fortbewegung in ihrer Eigenschaft als Ersatz für die Jagd innewohnt. Die Loslösung des geographisch und territorial bestimmten Körpers ist dank der Domestizierung des Tierkörpers zum Transportvektor auch Auftakt einer Desozialisation. Während früher der andere innerhalb einer nachbarlichen Gemeinschaft sogleich erkannt und anläßlich täglicher Begegnungen wiedererkannt wurde, wird mit der Revolution des Transportwesens dieser Nachbar zum »Gespenst«, das man nur zufällig wieder trifft, der Fremde lebt verborgen unter uns... Die Auflösung der Institution der Enklaven begünstigt nicht nur eine bessere Kommunikation der Gruppen und die Perfektionierung des Austausches, sondern führt auch zu dieser *vorübergehenden Anwesenheit* des anderen: Ein Mensch, dem man für kurze Zeit begegnet war, verschwindet auf immer; diese kinetische Gewöhnung an ein plötzliches Verschwinden des Artgenossen hat etwas von der Tragik einer gesellschaftlichen Scheidung, die körperliche Anwesenheit des Mitmenschen wird immer unwirklicher. In seiner Eigenschaft als Vorbeiziehender, als Passagier wird der andere Jahrtausende vor Erfindung des Kinos mit seinem kinematischen Bild gleichgesetzt, das mit dem Reiter verbundene Fluchtmoment ist gleichzeitig Teil eines Phänomens der Beständigkeit eines Netzes, wobei das Unwirkliche der Fahrt diesmal die leibliche Wirklichkeit der Körper zugunsten der schrecklichen Beständigkeit der Zeichen verdrängt.

Wir leben heute mit dieser dramatischen Gewöhnung an die städtische Metastabilität, und offenbar hat niemand Bedenken, ständig mit Schemen Umgang zu pflegen: Die

Frau da, die man auf der Straße gesehen hat, wird man wahrscheinlich nie wiedersehen, was eigentlich für fast alle Menschen um uns herum zutrifft; die Begegnung, die nachbarliche Beziehung ist von kurzer Dauer...

Stellt man sich umgekehrt dieses stabile Universum vor, wo Fremdheit die Ausnahme und die Beziehung der Körper die Regel war? Die Revolution des Transportes durch das Tier, die Erfindung des Reittieres, das gleichzeitig »Geschwindigkeitsfabrik« und eine zum gezielten Verschwinden führende Maschine ist, bewirkt jedoch eine solche Umsteuerung... bis zu dieser Dampfmaschine, die eines Tages in den Bahnhof von La Ciotat einfährt, bis zu dieser Kamera, die Fromiaut, der Erfinder des Travellings, an einem Zug anbringt, bis zum Aufzug im Eiffelturm.

Das Gerät zur Bildaufzeichnung profitiert seinerseits von der Gewalt der ersten »Aufnahmemaschinen«, diesen schnellen Vehikeln, mit deren Hilfe man wie bei einer Parade die Ebenen und Reliefs der Gebiete, durch die man fährt, »vorbeidefilieren« sah. Leider bewirkt diese durch Geschwindigkeit hervorgerufene optische Täuschung ein Doppelphänomen: Während der Passagier, mit fortgerissen von der beschleunigten Bewegung, die Dinge betrachtet und den Eindruck hat, daß sie sich bewegen, wo doch *sie* an Ort und Stelle verbleiben und *er* vorbeifährt, erwekken umgekehrt im derzeitigen städtischen Getriebe die uns umgebenden Menschen den Eindruck, sie verblieben an Ort und Stelle und seien uns nahe, obwohl sie dann für immer verschwinden.

Wir können also beobachten, daß die *Liquidation* der Menschheit weitergeht und die Liquefaktion des Hafens (des Bahnhofs, des Flughafens) von einer Auslöschung des Reisenden beim Transport begleitet ist. Der Andere, das *alter ego*, wird nur noch je nach der mehr oder weniger großen Beständigkeit seines Images zur Kenntnis genommen; der Sozialpartner ist kein mit allen Rechten ausgestatteter »Gesellschafter« mehr, sondern ein »Mensch auf Zeit«, dessen vorübergehende (politische oder kulturelle) Anwesenheit immer mehr schrumpft.

Halten wir nebenbei fest, daß die Revolution der Schiene von einer *Seemacht* ausgegangen ist, die den »Sport des Transportwesens« in einem Maße perfektionierte, daß sich daraus eine Politik entwickelte. Der für die Bewohner des europäischen Festlandes neue Anspruch auf einen *Komfort der Ortsveränderung* ist durch die britische Insellage zu erklären. Die angelsächsische Ideologie des »Wohlbefindens« drückt sich gleichzeitig im bürgerlichen Mobiliar des 18. Jahrhunderts und in der Beweglichkeit auf See, dann im Eisenbahnwesen aus; *der vom Komfort verwöhnte Körper des Reisenden ist ein Pendant zum behüteten Körper des Seßhaften.* Der Schotte Mac Adam erfindet im Jahre 1815 einen Straßenbelag, der die Schnellstraße geschmeidiger macht. Aus derselben Gegend stammt auch jenes Wohnungsmobiliar, das die Ausstattung einer Schiffskabine suggeriert. Das maritime Element mit seinem einschläfernden Schaukeln wird zur Norm angelsächsischen Komforts. Der Sinnspruch der östlichen Metempsychose, demzufolge *»jeder Körper Barmherzigkeit verdient«*, findet bei einer gewissen Gentry und später im ganzen Abendland Anklang. In der Tat zieht die Erzeugung technischer Geschwindigkeiten die Disqualifizierung metabolischer Geschwindigkeiten nach sich: *Der lokomotorische Körper des Menschen verdient eine solche barmherzige Hilfe nur zu sehr*; was früher einmal sein Prestige wie auch das Prestige des Reittiers ausmachte, nämlich seine Muskulatur, ist jetzt auf Schutz vor der aggressiven Schnelligkeit der Vektoren angewiesen. Sowohl die Landstraße als auch die Karosserie des Vehikels und die Sitzplätze müssen abgefedert werden. Zu diesem Zeitpunkt entwickelt sich eine umfassende *Politik der Erleichterung*. Da die Kraftmaschine durchdreht, muß die körperliche Verpackung des Passagiers, dieses in seinen wattierten Überrock, in die Lehnen seines Sitzes gezwängten Reisenden, aufgewertet werden, dieses Bild eines *mumifizierten, in Bewegung befindlichen Leichnams*, den das britische »Sportwesen« wiederaufwecken beziehungsweise zu neuem Leben erwecken möchte, sobald er sein Ziel erreicht hat... Der Komfort, ob es sich nun um denjenigen eines Möbelstückes oder eines Gebäudes handelt, täuscht uns, führt uns hinsichtlich der Befindlichkeit unseres Körpers irre. Der Komfort ist nichts weiter als eine raffinierte Falle, in die wir mit voller Wucht stürzen; die Gewöhnung an hilfreiche Annehmlichkeiten ist der Gewöhnung an ein Narkotikum vergleichbar, beraubt sie uns doch der physischen Wirklichkeit des eigenen Körpers wie auch der Wirklichkeit der Örtlichkeiten, durch die wir fahren. Die hohen Geschwindigkeiten, die nur *ein* Ergebnis des Komforts darstellen, täuschen uns in bezug auf die Dauer der Reise. Wir werden mit Kissen, mit Sesseln, in denen wir versinken, gedopt, wir werden von der Schnelligkeit der Fahrt betrogen, unsere Tage sind lauter »Tage der Geprellten«*; durch Gewöhnung an den Komfort kommen uns sowohl Tastsinn als auch Muskelkontakte mit Stoffen und Volumen zugunsten eines Vorbeistreifens, eines Vorübergleitens, zugunsten einer Reihe flüchtiger Berührungen abhanden.

Die Oberflächenwirkung der Dinge, unser Gefühl für den Boden werden durch gesteigertes »Wohlbefinden« mit Hilfe vermittelnder Elemente, die unseren Kontakt mit den Rohstoffen völlig unterbinden sollen, endgültig ausgeschaltet.

* Anspielung auf »journée des dupes«, »Tag der Geprellten«, d.h. auf den 11. Nov. 1630, als Richelieu die Anschläge der Marie von Medici vereitelte. *Anm. d. Übers.*

In der Art, wie die beschleunigte Automobilität das Bild der Landschaften, durch die man fährt, verwischt, verhindern Sitzpolster und Kleiderfutter in ihrer Eigenschaft als Verpackungen, als Schutzhüllen, die die harte Wirklichkeit kaschieren, jede Lokalisierung, jede Orientierungsmöglichkeit.

Kurzum, der Komfort ist weiter nichts als eine Summe von Listen, die darauf abzielen, jene winzigen Unbequemlichkeiten zu beseitigen, die indessen einfach Beweis vorhandenen Gewichtes und einer natürlichen Spannweite und Motorik sind.

Zwecks Überlistung unseres Gegners, aber auch unserer eigenen Ermüdbarkeit, haben wir dieses Vehikel, das uns transportiert, wobei wir unsere unteren Extremitäten ausruhen können, ununterbrochen vervollkommnet. Eine Sitzgelegenheit entlastet immerhin schon die Beine von der Abstützung unseres Rumpfes, der Wagen oder das Reittier bewahren uns jedoch auf Reisen noch viel wirksamer vor Ermüdung. Aber diese *Ökonomie der Erschöpfung* verunklärt den Blick auf die Ökonomie der Gewalt; Ausflüchte, die sich auf Hilfsmittel beziehen, verheimlichen geschickt, daß es sich beim Komfort des unterstützten Körpers einfach um eine *künstliche Domestizierung* handelt, um die fortschreitende Unbeweglichkeit der ins bewegliche Möbel, in den Rahmen des Gebäudes gezwängten physischen Körper, und machen die »demokratische« Illusion der (sozialen und räumlichen) Integration augenfällig, diese Illusion eines konzentrierenden Systems, das letztlich einfach das Beförderungssystem der Transhumanz einer im Grunde dromokratischen Gesellschaft ist.

Unmerklich formiert die Straße den Konvoi, sie richtet die Truppe aus; ihre Laufdecke, Marschordnung im wörtlichen Sinne, versammelt uns zur Kolonne mit dem Ziel eines Defilees der beschleunigten Reise. Diese Begradigung der in Bewegung befindlichen Körper wiederholt die Bewegung des abgerichteten Tierkörpers; der eilige Mensch ist ein aufgerichteter Mensch in Zweier- und Dreierreihe, die eroberten Gebiete sind vom Defilee der Konvois auf der mehrspurigen Landstraße, sind von der Durchquerung geprägt. Die Schnellstraße, Sieg des Defilees oder Defilee des Sieges, führt zur Invasion und zur Kolonialparzellierung, zur Besetzung... die Straße formiert ihre vorderste Linie, ihre Front, wo Zeit erobert wird, hier wie anderswo ist Siegen gleichbedeutend mit Vorrücken, und die Parzellenbildung auf dem Endlosband der Einbruchstraße ist lediglich eine dynamische Form der Kolonisation; die instrumentale, für die Beschleunigung begradigte Straße ist im Grunde ein »Deportationslager«, wobei die Strafe der modernen Obdachlosen nicht mehr bloß in ihrer Einkerkerung, sondern in der Linearität und Beständigkeit der Bewegung besteht. Die Landstraße, die die Kolonnenbildung der Vehikel verursacht, verursacht auch die Kolonisation der Passagiere, der Deportierten der Arbeit, Deportierten der Freizeit, egal wie man sie nennt! Transitstadt eines letzten Krieges, wo Domestizierung und Normierung der Benutzer endlos vervollkommnet werden.

Der Transfer, Ort der Ausscheidung, nicht mehr Ort der Wahl, wo eine in beiden Richtungen erfolgende Wanderung die klassische territoriale Umsiedlung ersetzt, ist für den Staat offenbar unentbehrlich. Der Staatsapparat ist im Grunde ein Apparat der Ortsveränderung, seine Stabilität erscheint durch eine Folge gyroskopischer Prozesse momentaner Delokalisation und Relokalisation gesichert. Werfen wir einen Blick auf die peruanische Welt; trotz ihrer auf das Fehlen des Pferdes zurückzuführenden motorischen Schwäche schafft sie Abstände, jene Abstände, die ihr beim Auftauchen der abendländischen Reiter zum Verhängnis werden sollten: »Im Lande der Inkas wurden die Grenzen und unterjochten Provinzen von Garnisonen verteidigt, strategische Punkte durch Festungen geschützt, *die Befriedung erfolgte durch Umsiedlungen:* Die Kolonien der unterworfenen Stämme wurden in sichere Gebiete verlegt, während man in den eroberten Provinzen Kolonien der herrschenden Rasse gründete.«* Man kann somit beobachten, daß die »Befriedung« hier wie anderswo auch durch eine totale Phasenverschiebung zwischen Siegern und Besiegten erreicht wird; dasselbe spielt sich in den Guarani-*Reducciones* ab. *Der Transport stellt* auf Grund jener logistischen Zwangsläufigkeiten, denen in den Anfängen die Last-Frau Genüge tat, *das innerste Wesen des Staatsapparates wie auch des Krieges dar.* Diese Ortsveränderungen sind indessen erst räumlicher Art, örtliche Verpflanzungen und noch keine *Wanderungen in der Zeit der Beschleunigung*; die schwachen, unregelmäßigen Leistungen der Vektoren können zum damaligen Zeitpunkt noch keine dromokratische Revolution des Staates über die Einfriedung, die Stadt- oder regionalen Grenzen hinaus bewirken. Die Phasenverschiebung findet durch territoriale Eroberung statt und noch nicht durch Eroberung der Zeit. Die Invasion trägt zwar zur Herausbildung des öffentlichen Rechtes bei, ihre Geschwindigkeit ist aber noch nicht Weltgesetz, der Staat beinhaltet den *Belagerungszustand* der Zitadellen, ist noch nicht der *Ausnahmezustands-Staat* der Vektoren. Die Delokalisation vollzieht sich durch Kolonien der Bevölkerung, später durch ständige Bewegung der Vehikelkolonnen, was bis ins 19. Jahrhundert so bleibt, wo die Eisenbahn nicht so sehr zur Konsoli-

* M.-R. Davie, *La guerre dans les sociétés primitives.*

dierung der kolonialen Eroberung beiträgt als vielmehr zur Vorbereitung dieser historischen Mutation, die der zeitgenössische Illusionismus immer noch *Dekolonisation* nennt. Die »Befreiung der Kolonien«, eine Folge des Überganges der Ära der Umsiedlungen in die Ära der Wanderungen, ist im Grunde ein ganz deutliches Zeichen der *Deterritorialisation*, sie kündigt die Inthronisierung eines zunächst anationalen, dann nationalen »Ausnahmezustands-Staates« jenseits des alten städtischen Belagerungszustands-Staates an, in dem die Kapitalisierung der Geschwindigkeit ein solches Ausmaß erreicht, daß die ehemalige Geopolitik allmählich einfach in eine Chronopolitik, in einen richtigen *Krieg der Zeit* jenseits räumlicher und territorialer Kriege mündet.

Im Sinne von Lamarches Erklärung im Jahre 1846, wer von einer *Großkolonie* spreche, äußere etwas Unsinniges, sofern er darunter nicht eine *große Seemacht* verstehe, hat man heute, wenn man von Dekolonisation spricht, darunter die *Liquidation des Territoriums* zu verstehen.

Die Deterritorialisation leitet die Sublimierung der häuslichen Befriedung ein, das Ende der großen Umsiedlungen von Bauern kündigt das Zeitalter massiver, beschleunigter Wanderungen an: nach der *Exo-Kolonisation* die *Endo-Kolonisation*, die Beschleunigung der Distanznahme, eine fortwährende, tägliche, in beiden Richtungen erfolgende Bewegung statt einer Landnahme jenseits der mutterstaatlichen Grenzen, die gyrovagen Zyklen von Arbeit und Freizeit statt des Ostrazismus der Deportation. Was Clausewitz seinerzeit beschrieben hatte, nämlich daß selbst die kleinste militärische Einheit beim Betrachter den Eindruck einer Masse von Individuen erwecke, die auf gemeinsamer Fahrt vereint sei, wird heute vom *Sammeltransport* verallgemeinert; der Transport hat sich zur Zivilisation entwickelt. Die langen Konvois der Ferienzeit auf den Autobahnen und die Konvois der Vorortzüge mit ihren pendelnden Proletariern stellen eine *politische Isobare* dar, eine neue Grenze, wortwörtlich eine letzte Front, die Front der Bewegung und ihrer Gewalt. Es ist noch nicht lange her, daß der deutsche Geograph Ratzel den Krieg als Spaziergang von der eigenen Grenze ins gegnerische Gebiet definiert hat, wobei die Front nur einen kleinen Grenzverkehr, die vorderste Linie nur eine militärische Isobare beinhalte. Inzwischen verläuft diese Frontlinie mitten durch die Innenstädte und durchs Landesinnere, und die gemeinsame Fahrt des Expeditionskorps verwandelt sich in ein ununterbrochenes Hin und Her des Massenverkehrs. Die Wege der raschen Kommunikation sind der vorletzte Ausdruck der Befestigung, einer Befestigung indessen, die wiederum, wie in der Hirtenkultur, mit der gewonnenen Zeit, nicht mehr mit einem ausdauernden Hindernis gleichzusetzen ist. Die Schnelligkeit macht das Wesen des Krieges als auch des modernen Staates aus. Das gesamte Kommunikationsnetz, eine Waffe beim Nachschub von Truppen, fungiert als letzter Ort/Nicht-Ort der politischen Macht und nimmt auf die Anlage des Staatsapparates nachhaltig Einfluß. »Eine Armee ist immer stark genug, wenn sie kommen und gehen, sich ausbreiten und zurückziehen kann, wie sie will und wann sie will.« Dieser Satz des alten chinesischen Strategen Se Ma vermittelt die pneumatische Dimension der Transitstadt oder vielmehr der unbeschreiblichen sozialen Wanderung, vektorielles Abbild eines Gefechtes ohne Kampf, wenn auch nicht ohne Angst, dessen Vernichtungskraft sich über das Universum erstreckt; die Felder der Geschwindigkeitsexzesse sind von Opfern dieses Gefechtes übersät. Zu Beginn der Revolution des Transportwesens hatte der Marschall von Moltke geäußert, daß der Ausbau der Eisenbahn dem Ausbau von Befestigungen vorzuziehen sei, ein Satz, den man als friedlich hätte einstufen können, wenn die Invasion Frankreichs im Jahre 1870 nicht ein grausames Dementi der Ideologie des »Fortschritts durch Zunahme der Transportgeschwindigkeit« gewesen wäre. Was man auch sagen mag, Siegen heißt Vorrücken, und größere Geschwindigkeit bedeutet soviel wie Machtübernahme, denn es gibt immer einen Dromokraten, der wie Friedrich der Große mit Bezug auf die Österreicher erklärt, sie seien in ihren Bewegungen träge, bei der Verwirklichung ihrer Pläne langsam und *betrachteten die Zeit als ihr Eigentum.*

Nicht zu vergessen, daß wir alle Österreicher sind, Trägheit und Ungestüm stehen sich gegenüber in diesem »Kampf der Geschwindigkeitsklassen«, der seit der Erfindung des ersten logistischen Hilfsmittels der Spezies, der Last-Frau, im Gange ist. Die Transporte beherrschen die Produktion, die *Produktion der Zerstörung* eingeschlossen, da das Problem des Transports mit demjenigen der Munition einhergeht und die Schnelligkeit der Aktion immer vom Zustand des logistischen Systems abhängt. Nach den Erwartungen Moltkes hinsichtlich der Eisenbahn stellt Ludendorff im Jahre 1918 fest, der Sieg der Alliierten sei der Sieg der französischen Lastwagen über die deutsche Eisenbahn. Es handelt sich nicht mehr um den Sieg eines Volkes oder einer Nation oder gar eines Generals, sondern um den Sieg eines Vektors. Kriegsschauplatz ist nicht mehr die territoriale Grenze, sondern der Aktionsort der Transportmaschine. Und zu Beginn des Zweiten Weltkrieges zieht General Guderian, ein Praktiker des Blitzkrieges, den Schluß, die Front verlaufe dort, wo die Panzer sich befänden. Er ergänzte die Überlegungen von Goebbels, der bereits im Jahre 1929 behauptet hatte, wer die Straße erobern könne, erobere auch den Staat. Von nun an ist alles Front, weil alles auf allen Terrains fortwährend mobilisiert wird. Der Staat befindet sich dort, wo sich die Reisemaschine befindet, die Länder sind im Nicht-Ort des Ausnahmezustand-Staates verschwunden, der territoriale Raum hat sich verflüchtigt, es bleibt nur die Zeit – die verbleibende Zeit.

Von nun an verwaltet jeder Vektor die Zeit des Passagiers, indem er ihn in die Entfernung des Jenseitigen verstößt; die Geschwindigkeit ist Fortschritt der Gewaltsamkeit und gleichzeitig ihr Profit; jenseits des territorialen Körpers stellt jede Geschwindigkeit eine vergängliche »Provinz der Zeit« dar, wobei die Orte infolge der geographischen Vernichtung der Distanzen ihre frühere Rolle nicht mehr spielen können. Die Schnellstraße ist keine Kommunikationsstraße, sondern das Konzentrationslager der Schnelligkeit: Absonderung und Einkerkerung sind eher auf die Gewaltsamkeit der Ortsveränderung als auf die diversen Polizeikontrollen zurückzuführen. Eine mit der Treppe von Mauthausen vergleichbare *Landstraßenkolonie*, die durch die Automobilisten infolge der gesteigerten Leistung ihrer Vehikel immerzu Fortsetzung findet, wozu selbst Benutzungsgebühren und gebührenpflichtige Verwarnungen beitragen, welche eher exzessive Geschwindigkeiten mit Strafe belegen als den Exzeß an Geschwindigkeit selbst.

Tatsächlich entwickelt sich im Gefolge der dromokratischen Revolution die Verwaltung der Zeit. Der Kult der Eisenbahnstunde machte bereits das Anliegen sichtbar, die Dauer weit mehr zu beherrschen als die Orte. Der Eroberungsdrang Friedrich des Großen wird zum Drang des Industriestaates überhaupt: *Nicht mehr die Invasion als solche begründet Recht, sondern ihre Geschwindigkeit, die reine Geschwindigkeit.* Die für ihre Schnelligkeit unerläßliche Geradlinigkeit der Einfallstraße symbolisiert auch das Erlöschen des öffentlichen Rechts, die Dringlichkeit bringt die traditionellen politischen Strukturen buchstäblich zur

Implosion. Durch Verkürzung der Distanzen veranlaßt sie in allen Sektoren des öffentlichen Lebens das Eingreifen der für eine Marschordnung zuständigen Kräfte. Angesichts ehrenwerter Vorwände, Risiken und Gefahren betreffend, die aus beschleunigten Beziehungen erwachsen könnten, entpuppt sich der Plan strenger Zeiteinteilung nach bereits erfolgter Raumeinteilung als Plan zur *Verhütung des Augenblicks*...

Dank ihrer Verwandlung in »uneingeschränkte Abwehr« führt die Verteidigung schließlich zur Perfektionierung des Befestigungsprinzips, was Vauban folgendermaßen formulierte: »Der Krieg muß alle bewohnbaren Orte des Universums augenblicklich erfassen können.«

Da die Bewegung das Ereignis steuert, sollte die Entwicklung der Logistik, die ein wesentlicher Faktor des technischen Aufschwungs ist, ins Auge gefaßt werden. Tatsächlich muß man trotz der in der Organisation von Fußmärschen und Verschanzungen bestens bewanderten Logistiker der römischen Armee bis zum 18. Jahrhundert warten, bis der Begriff »Logistik« auftaucht. Im damaligen Frankreich bezeichnet er Überlegungen in bezug auf Probleme, die sich durch Ortsveränderungen und Verpflegung der Streitkräfte im Feld ergeben, Bewegungen, die damals bei der Durchführung offensiver Operationen, welche von nun an wichtiger sind als die Belagerungskunst, an Bedeutung gewannen.

So merkt Marschall Montgomery in seiner Kriegsgeschichte an: »Als die Einführung der Offensivtaktik die militärischen Führer ermutigte, den Feind zu verfolgen, um ihn zu vernichten, *war größere Beweglichkeit und mehr Raum erforderlich*, was mit einer Erweiterung der Politik der Ökonomie und der Notwendigkeit einer Kontrolle massiver Armeen einherging. Da diese sich in ihrem Operationsfeld nicht mehr selbst verpflegen konnten, war es von Bedeutung, die Sicherheit ihres Versorgungsweges zu gewährleisten und umgekehrt denjenigen des Gegners abzuschneiden. *Das logistische Können wurde zum Konkurrenten der politischen Phantasie.*« So sieht der Beginn des Bewegungskrieges, das erste Anzeichen der Revolution des Transportwesens aus, was aber auch mit dem warnenden Wiederauftreten der *Kolonne*, der *Linie* verbunden ist und zum Verzicht auf die strenge, geschlossene Ordnung, auf dieses Bollwerk aus Körpern führt, das gleichsam die Struktur der Festungen und Steinmauern übernommen hat. Das *Karree* taucht künftig nur noch zwecks Formierung eines defensiven Dammes auf, dieses berühmten »letzten Karrees« der Niederlage zur Verteidigung der Flüsse, die ihrerseits nur kurze Zeit vor der *Eisenbahnlinie* in ihrer Eigenschaft als Operationslinie im amerikanischen Sezessionskrieg eine *Frontlinie* bildet. All das leitet ein wichtiges poliorketisches und politisches Ereignis ein: Die Durchstoßung ersetzt die Umklammerung.

Nach der disziplinären Formation der Truppen im Karree mit massiver Front, dessen Stärke Vauban zuvor nach Einführung von Gewehr und Bajonett an Stelle von Pike und Muskete von sechs auf drei Reihen reduziert hatte, *werden die linearen Formationen zwecks maximaler Nutzung der Feuerkraft zur Regel.* Feuerlinie, mobile Kolonnen, die von einer der Aufklärung dienenden Kavallerie umgeben sind, bei welcher Guibert zufolge »die Tiefengliederung weniger wichtig ist als die Geschwindigkeitskapazität, über die sie verfügt.« *Die Auflockerung der Infanterieformationen nahm im Gefolge der wachsenden Schlagkraft der individuellen Waffen* in einem Maße zu, daß sie zu einer gefährlichen Isolierung des Schützen führte. Während die Brigade Gustav Adolfs von Schweden im 17. Jahrhundert »eine kleine mobile Festung mit Kurtinen und Wallschilden« war, ist im

18. Jahrhundert Friedrich dem Großen zufolge ein Bataillon eine sich ständig bewegende Batterie. Wie noch Guibert im Jahre 1772 darlegt, hatte ein Kommandeur nun die Möglichkeit, seine Hauptstreitmacht in *getrennte offensive Kolonnen aufzuteilen, die ein Netz konvergenter Kommandos bildeten*. Ein wagemutiger General konnte seiner Meinung nach die Festungen, die im Denken des Jahrhunderts ihren Platz einnahmen, ignorieren und *geradewegs auf die feindliche Hauptstadt losmarschieren, die ja das eigentliche Ziel darstellte*.

Dieser Entwurf, der unsere modernen Transportnetze und insbesondere das französische Eisenbahnnetz vorwegnimmt, wurde damals dank der erheblichen Verbesserung der Hauptverkehrswege durch die Brücken- und Straßenbaupioniere verwirklicht, aber die neue Konzeption der logistischen Bewegung machte auch eine Entwicklung der verwaltungstechnischen Organisation des Territoriums in Friedenszeiten erforderlich. Der unvermittelte Übergang von der statischen, der auf einzelne Punkte beschränkten Lebensweise der Massen zur stetigen linearen Bewegung der Kolonnen, die sich der Wasserstraßen oder des Hauptverkehrsweges bedienen, leitet insgeheim die Revolution des Transportwesens ein, die Durchstoßung, die das Einschließen ersetzt, Vorspiel zur Aufteilung der Truppeneinheit, wofür später das »Freikorps« ein Musterbeispiel sein sollte. Man kann übrigens in der Geschichte die »Bewegung« der Armee vom 17. bis ins 18. Jahrhundert sehr deutlich verfolgen; zunächst diese strenge Geometrie der manövrierenden Truppen, wobei von der »Kiellinien-Formation« nur anläßlich der Defilees und Anmärsche Gebrauch gemacht wurde, dann die Schwierigkeit, mit dem Pferd, also einem recht langsamen Vektor, eine Masse in Bewegung zu setzen, schließlich das Bestreben, eine neue Kampftechnik zu erfinden, einen dynamischen Krieg, der geschickt die natürlichen Infrastrukturen, aber auch die neuen Grenzen einbezieht, diese letzten *Fronten der Bewegung*, die nicht mehr von Strömen und Flüssen, sondern von Straßen- und Eisenbahnnetzen gebildet werden.

Diese *Angriffslinie* erlangt schließlich eine beträchtliche Feuerkraft und eine ebenso beträchtliche Geschwindigkeit der Ortsveränderung, wodurch sie die Perfektion des Binoms Feuer/Bewegung verwirklicht und der Geradlinigkeit der Straße sowie der Linearität der Truppe ihre volle Bedeutung verleiht, dieser Truppe, die jetzt in einem Maße als *Projektil schlechthin* fungiert, daß General Cluseret im Jahre 1878 die deutsche Armee als »furchtbares, von einer Präzisionswaffe – dem Führungsstab – eingesetztes Projektil« bezeichnet.

Der kürzeste Weg hat sich oft als der gewaltsamste erwiesen; nach der Entwicklung des Dolches zum Schwert, nach der Verlängerung des Jagdspießes zur Lanze, was den Anforderungen der Kavallerie gerecht werden sollte, dieser Lanze, die durch den Einsatz der Feuerwaffen ihren Wert einbüßt, prescht die Strafexpedition in die Ferne, dann die gesamte, in einem beschleunigten Angriff, der später zum Blitzkrieg werden sollte, nach vorne geworfene Armee.

Gegen diese in Bewegung befindliche, mechanisierte Streitkraft kann die Panzerung einiger befestigter Schwenkungspunkte dort, wo das Terrain ein massives Eindringen ermöglicht, als Bremse, als regionale Abschirmung noch von Nutzen sein; das ist die Zeit der *auseinandergezogenen Forts*, die die Aufsplitterung der Truppeneinheit in immer kleinere Einheiten bis zur Eliminierung eines Kommandos nachvollziehen. Vorzeitige Auflösung eines kämpfenden, zum Zweck eines beharrlichen Widerstandes organisierten Korps, das sich freiwillig zerstreut, um nicht unfreiwillig durch den Gegner zerstreut zu werden.

Das Verschwinden durch Auflösung entwickelt sich dann zur neuesten Form des Schutzes. Ging es früher wie bei einem Versteckspiel darum, sich vorübergehend in einer Festung zu verschanzen und hinter den Bollwerken in Deckung zu gehen, um vom Angreifer nicht eingekreist zu werden, muß man sich heute auflösen, damit man nicht gänzlich, und diesmal endgültig, aufgelöst wird. Die Zitadelle, dieses Mausoleum der Seßhaften, barg in ihren Steinen eine bewegte nomadische Wirklichkeit; angesichts ihrer Bollwerke erstarrte die Schlagkraft eines schnellen Angriffs zu Stein; weist die Landstraße auf die Gewalt der Geschwindigkeit hin, so die Dicke der Mauern auf die Gewalt des Zusammenstoßes. Der Bewegungskrieg bringt diese dauerhafte Befestigung zum *Schmelzen* und löst gleichzeitig das Korps der kämpfenden Massen auf. Die Geschichte der Vorhut ist exemplarisch, macht sie doch diese zunehmende Auflösung augenfällig: Die skythischen Reiter trieben, während sie ihre Pfeile auflegten, ihre Pferdeherden vor sich her; die Mongolen schickten beim ersten Zusammenstoß die Gefangenen an die Front. In unseren Breiten brachten die Schweizer, das erste Volk unter Waffen, Karl dem Kühnen eine Niederlage bei, indem sie bei der Schlacht von Murten ihre Strolche, Gassenjungen aus den helvetischen Vorstädten, die kaum bewaffnet, führungslos und frei beweglich waren, gegen die feindlichen Truppen schickten, was in den Reihen des Herzogs von Burgund Verwirrung stiftete und ihn über die Absichten des Gegners im unklaren ließ, bevor die Schar der mit langen Piken bewaffneten Bauern und die Kavallerie der Kaufleute eingriffen. Der nachhaltige Einfluß der schweizerischen Infanterie auf die französische Armee ist bekannt: Die Lektion ist nicht umsonst gewesen, und zu Beginn des 17. Jahrhunderts gibt es in jeder Kompanie ein paar »verlorene Söhne«, *die ersten Projektil-Menschen*, denen man die

Handgranaten anvertraut, damit sie die gefährlichsten Stoßtruppunternehmen im Alleingang durchführen; daher, unter Ludwig XIV., ihr offizieller Name »Grenadiere«. Zuerst existiert eine Kompanie Grenadiere pro Regiment; dann bildet man Grenadierregimenter. Die gleiche Entwicklung läßt sich bei der Kavallerie beobachten: In den ersten italienischen Kriegen schafft man berittene leichte Truppen, deren Aufgabe es ist, umherzustreifen und Konvois zu entführen; sie werden Stradioten, Argulets und schließlich »Chevaulegers« genannt; der Entwicklungsgang der Karabiniers ist demjenigen der Grenadiere vergleichbar. In der Hierarchie der Kriegsbewegung sind die Letzten die Ersten geworden, nämlich die ersten, die über tragbare Sprengkörper verfügen, die ersten, die die schnellsten Streitrosse reiten, die ersten, die Karabiner mit gezogenem Lauf und großer Reichweite einsetzen.

Der einzelne Reiter, der in früheren Zeiten die Verlängerung der Blankwaffen verursacht hatte, ist der erste, der *die Reichweite der tragbaren Feuerwaffe vergrößert.* Der Ganove der helvetischen Vorstädte war den Soldaten in formierter Marschordnung überlegen, weil er sich frei bewegen konnte. Nachdem sich die Truppe in »Streifkorps«, in »Sonderkommandos« aufgespalten hatte, was in Anbetracht der Dichte des unsichtbaren Geschosses der Feuerwaffe, vor welcher kein Schild, kein Harnisch ausreichend schützt, die einzige wirksame Ausweichbewegung darstellte, teilt sich auch die Kolonne in kleinere Einheiten auf und ermöglicht dadurch die Verladung der Passagier-Soldaten in die ersten Kampfvehikel zu Lande.

Beim Binom Feuer/Bewegung ist das Feuer eigentlich nur eine Warnung davor, die in Gang befindliche Bewegung zu unterbrechen, der Gegner soll durch Schießen, durch explodierende Munition davon abgeschreckt werden, den feindlichen Vorstoß aufzuhalten. Das Schießen zielt nicht so sehr darauf ab, Menschen zu töten, sondern möchte sie veranlassen, die Bewegung nicht zu stören. In der Tat ist das Ziel bereits belanglos, was zählt, ist einzig und allein die Fortsetzung; alles muß sich fortsetzen, die *Fortbewegung ist nicht mehr Sublimierung der Jagd, sie ist plötzlich zur Sublimierung des Krieges geworden.* So schreibt denn auch General Fuller: »Die Bewegung spielt für die Organisation des Kampfes die gleiche Rolle wie die Reichweite für die Wirksamkeit der Waffe.« Was die Artillerie mit ihrem geschickten Spiel der Ballistik bereits entworfen hatte, erweitert dann der *Geschwindigkeitskrieg*, und zwar durchaus folgerichtig, da der Kraftmaschine die Arbeiten von Huyghens und die Erfindung des Militäringenieurs Cugnot, das Lastfuhrwerk, zugrunde liegen.

Bei unserem Hinweis auf die militärische Bedeutsamkeit des Binoms Feuer/Bewegung haben wir indessen außer acht gelassen, daß man seit der Motorisierung nur noch das Feuer in Betracht zieht. Die Automobilität des Vehikels ist einfach eine Folge des Feuers der Dampfmaschine oder auch der ununterbrochenen Explosionen der Zylinderbatterie des Benzinmotors. Die logistische Erhaltung der Bewegung ist also letztlich ein Ergebnis der Erhaltung der ballistischen Bewegung, *die Mobilisation ist nicht gleichbedeutend mit Krieg, aber mit der Zunahme seiner Gewaltsamkeit in der Zeit beschleunigter Bewegung.*

Wenn Moritz von Sachsen schreibt, er sei nicht für Schlachten und habe die Überzeugung, daß ein geschickter General sein Leben lang Krieg führen könne, ohne Schlachten zu schlagen... *man müsse den Feind gewissermaßen verschmoren lassen*, dann bringt er die Bedeutung der Bewegung als Konflikt an sich, ohne Feuerhilfe, zur Sprache. Die Aktivität der Ortsveränderung ist noch nicht die *Geschwindigkeitsaktivität* Napoleons, sie kündigt indessen den Bewegungskrieg an, und zwar lange vor der Revolution des Transportwesens, die mit ihren »Eisenbahnkonvois« die Marschordnung der Regimenter, der Bataillone, der langen Reihen von Soldaten reproduziert, welche auf gemeinsamer Fahrt vorbeiziehen, Präfiguration der Zugwaggons, dieses *Zuges*, dessen Name von »Artillerietrain« abgeleitet ist. Die militärischen Konvois sind Vorläufer des Flugbahngewebes (Valéry), das die industrielle Revolution später durch die Welt schleudert.

Mit der strategischen Neuerung des Marschalls von Sachsen entwickeln sich die Konflikte zu Reihen (Brownscher) Bewegungen der Erwartung und heimlicher Verschiebungen. Die Mobilisation wird zum Wesen des Krieges, eines Krieges jedoch, der nicht mehr gleichbedeutend ist mit Kampf. Hinsichtlich der umherschweifenden Sonderkommandos sagt der Marschall voraus, sie könnten ein Königreich durchqueren, ohne jemals bemerkt zu werden. Hier handelt es sich bereits um eine *Ästhetik des Verschwindens*, eines Verschwindens nicht mehr in einem Zufluchtsort, sondern in der Beweglichkeit, um eine Ästhetik, die der moderne Krieg dann mittels immer größerer Geschwindigkeiten ununterbrochen perfektioniert. Mit Moritz von Sachsen und Friedrich dem Großen *gerät die Technik der Bewegung in einen gewissen Gegensatz zur Taktik der Konfrontation.*

Erinnern wir uns daran: Die Invasion *schafft* Recht; wer vorbeizieht, besitzt. Wer am schnellsten über seine Beute herfällt, ist von nun an derjenige, der seine Macht am besten absichert. Neben der Währung des Reichtums die militärische Währung der Geschwindigkeit: Je größer die Schnelligkeit, um so durchgreifender die Kontrolle.

Im Bewegungskrieg muß alles allmählich aufgebaut, wiederaufgebaut, verlängert, weiterverfolgt und dann aufgelöst werden, die *Verfolgungsfahrt* als Sublimation des

Krieges jenseit der Jagd ist letztlich Erhaltung einer schützenden Verlängerung. Was sich bereits bei den Handwaffen, den Körperprothesen und den mesopotamischen und römischen Verkehrswegen abzeichnete, erstreckt sich jetzt dank der Erfindung der Kraftmaschine auf die Zeit der Ortsveränderung, und zwar in einem Maße, daß der *technische Durchbruch* gegen Ende des 20. Jahrhunderts zur einzigen Form des Manövers wird, eines »taktischen« Manövers, dessen Feld ausschließlich von der Propaganda des Wettrüstens bestimmt ist. Hören wir Napoleon: »Die Stärke einer Armee als Quantität mechanischer Bewegung läßt sich anhand der mit der Geschwindigkeit vervielfachten Masse abschätzen.»

Die Kriegskunst ist bereits zur *Kunst des kämpfenden Motors* geworden. Man will eine schnelle Bewegung auslösen und beibehalten, damit sie möglichst lange konstant bleibt; auf diese Weise wird die Geschwindigkeit zu einer Dimension der Bewegung. Indessen hat sich der Geschwindigkeitsspielraum in der Zeit zwischen dem napoleonischen Kaiserreich und demjenigen Cäsars kaum vergrößert, das Pferd ist nach wie vor der Hauptvektor, allerdings wächst das Verlangen nach Beschleunigung immer mehr an; man kann sich anhand der Entwicklung der Reitkunst zwischen dem 18. und dem 19. Jahrhundert davon überzeugen. Im Jahre 1776 geht es dem Pionier der wissenschaftlichen Reitkunst, Dupaty de Clam, bereits darum, »eine *zutiefst mathematische Kunst* von Gewohnheit und Routine zu befreien«; Mann und Reittier müssen einen *einzigen, harmonischen Körper* bilden. Angesichts seiner Abhandlung über die Beziehungen der Reitkunst zur Physik, Geometrie, Mechanik und Anatomie fühlt man sich an die Forschungen des Physiologen Jules Marey erinnert. Der Körper des Reittiers fungiert bereits nur noch als passive Maschine, deren Vorankommen wie bei einem Motor auf dem Prüfstand mathematisch überschaubar ist. Etwas später zieht man sogar Methoden in Betracht, die ermöglichen würden, *ein Pferd wie ein Schiff zu lenken*. Übrigens haben uns die Britischen Inseln nach dem »Vollblut«, dem Anglo-Araber, auch das Kriterium der Geschwindigkeit als wesentliches Kriterium des Pferdesports vermittelt.

Betrachten wir die Hippologie als exakte Wissenschaft von den Bewegungen des Pferdes, so kann sie als Vorbereitung auf die ganz und gar mechanische Kunst des Motors dienen. So verleiht die geometrische Analyse des Galopps der Reittiere – beispielsweise bei Muybridge – dem allzu elementaren geometrischen Reiz des zu Fuß kämpfenden Mannes eine neue Note. *Von nun an fällt das Objekt weniger ins Gewicht als seine Wegstrecke, seine Bahn;* mit Hilfe kinematischer Studien wird man auf diese unbekannten Bewegungen, die um ein bewegtes Objekt herum ihr Wesen treiben, Jagd machen; man wird sie verfolgen müssen. Dank Mareys *chronophotographischer Flinte* werden der Gang des Pferdes, der Flug des Vogels und der Schritt des Menschen in einer ununterbrochenen Aneinanderreihung ortsverändernder Gebärden aufgezeichnet. Die allerneueste Jagd wird in einer Photo-Safari bestehen, die nicht so sehr das Tier als vielmehr die unsichtbare Abfolge der momentanen Bewegung zeigt: die *Fluglinie*, die stroboskopische Struktur des bewegten Körpers.

Unter Berücksichtigung der Umweltbedingungen *wirken*, geostrategisch gesehen, *die Schubkräfte immer in der gleichen Richtung* (Mackinder). Wir sollten deshalb nicht nur »die Logik des Sinnes«*, sondern auch die logistische Ausrichtung ortsverändernder Bewegungen erforschen, die das ökonomische und politische Leben der Staaten beeinflus-

* G. Deleuze, *La logique du sens.*

sen, wobei Entsprechungen und Wechselbeziehungen, die zwischen ihrer Vektorpolitik (Übermittlung/Transport) und der Statistik bestehen, berücksichtigt werden müßten.

Da *für einen Soldaten Erinnerung gleich Wissen ist* (Napoleon III.), wollen wir uns die Umstände vergegenwärtigen, die Vauban mittels seiner »Zählungsformulare« (1684) zur Erfindung der Statistik, dieser Basis unserer politischen Ökonomie, verholfen haben.

Auf seinen überaus häufigen Reisen weg vom Hof, das heißt vom Zentrum, an die Grenzen des Königreiches, Reisen zwecks Inspektion der Truppenbewegungen sowie der Herstellung dieser »großen unbeweglichen Maschinen«, wie Vauban die Befestigungsanlagen nannte, beobachtet er anhand des Inventars der regionalen Hilfsmittel die Entwicklung der Sitten und Gebräuche und leitet Gesetzmäßigkeiten daraus ab. Tatsächlich konzipiert er dann anhand dieses *Ortsbefundes* auf dem Hin- und Rückweg und mit Hilfe geographischer Landschaftsbeschreibungen die *Induktionsstatistik*. Nun darf man nicht außer acht lassen, daß diese ständig wiederholten, gewissermaßen mechanisch vervielfältigten Ortsveränderungen (was in dieser Zeit ziemlich ungewöhnlich war) durchweg auf den geostrategischen Kraftlinien am äußersten Ende Westeuropas und *in der Richtung erfolgen, in der sich auch die berüchtigten Schubkräfte entfalten*. Bis zu dieser Periode der Geschichte *konnten Ortsveränderungen über weite Strecken*, von einigen im wesentlichen religiös bedingten großen Fahrten abgesehen, *nicht auf die Wiederholung eines gleichen Schubes, auf die gleiche logistische Ausrichtung zurückgeführt werden*.

Die damaligen Transporte der Fuhrleute waren mit Ausnahme der Postwagen der »königlichen Kuriere«, die seit 1626 nach einem festen Fahrplan verkehrten, lediglich unzuverlässige, von der Konkurrenz und von Konflikten abhängige Austauschmanöver; Reisen waren früher eher episodische Fahrten mit kaum wahrnehmbaren strategischen Tendenzen. Merkwürdigerweise nehmen die regelmäßigen Rundreisen eines Marschalls den späteren Eisenbahnverkehr um zweihundert Jahre vorweg; für diesen die Grenzen des Königreiches bereisenden Inspekteur hat jede Festung etwa die Funktion einer Drehscheibe, die seiner Reise eine Richtung verleiht und dadurch gewissermaßen die »Rangierbahnhöfe« präfiguriert, diese anderen großen, unbeweglichen Maschinen mit ihren in Rotunden, gleichsam Redouten auf Schienensträngen bereitgestellten Lokomotiven, die *auf den gleichen Achsen die gleiche logistische Ausrichtung haben wie die Schubkräfte*, die der Stratege und Statistiker im 17. Jahrhundert verfolgte. Auf jeder seiner Reisen fungiert Marschall Vauban, »Hauptkommissar für Befestigungen«, als eine Art »Kommissar für Truppenmusterung«*; das Königreich defiliert in einer großen Parade von Einzelproblemen an ihm vorbei; das Territorium unterzieht sich einer Inspektion. Es handelt sich nicht mehr um ein Defilee von Truppen auf beschränktem Raum vor dem aufsichthabenden Offizier, der logistisch verantwortlich ist für das gute Auftreten der Armee, sondern um eine Generalrevision des Landes, *um die Musterungskommission eines geographischen Körpers.*

Nicht mehr nur das Armeekorps marschiert unter den aufmerksamen Blicken des Intendanten hin und her, der Generalinspekteur in eigener Person defiliert und besichtigt die zur Parade angetretenen Provinzen. Allerdings ist die Wiederholung solcher Reisen, die *das Ablaufen des Regionalfilms auslöst, lediglich ein Kunstgriff, eine kinematische Trickaufnahme*, die dem reisenden Beobachter gelegen kommt. Da er die Verkettung geographischer Situationen

* Offizier, der im Ancien régime für die Musterung der Waffen und des Materials verantwortlich war.

als Einzelperson erfährt, verliert er die örtlichen Realitäten aus dem Auge und beantragt nicht lange danach eine Reform des *Gewohnheitsrechtes* zugunsten der *verwaltungstechnischen Norm.*

Mit Vauban ergreift der schon lange vorhandene Prozeß disziplinärer Vereinheitlichung der Bewegungen des Truppenkorps den gesamten Sozialkörper, da es sich diesmal nicht nur um eine Vereinheitlichung von Maßen und Gewichten, sondern auch der Dauer und Ausdehnung eines Territoriums handelt, das damals symbolisch mit dem glorreichen Körper des Königs identifiziert wurde. Eine militärische Art und Weise, die Französische Revolution einzuleiten: Für Vauban ist eine solche »Regulation der Substanzen« letztlich gleichbedeutend mit einer guten *logistischen Justiz,* die eine Steuerreform herbeiführen sollte, daher sein Plan eines »königlichen Zehnten« (1707) und die Auseinandersetzung mit Ludwig XIV., der nicht einsieht, daß ein mehr oder weniger verständiger Soldat ihn nicht symbolisch entbindet, da *Er der Staat ist.* Im Gegensatz zum Polemarchen wünscht der absolute Herrscher durchaus nicht, daß der *Krieg sich aller bewohnbaren Gegenden des Universums bemächtigt und sie als Erbe beansprucht*, wodurch die Macht des Königs zugunsten irgendeines Führers des Generalstabs eingeschränkt würde. Lazare Carnot ist noch nicht geboren; was das Kaiserreich angeht, das kommt später...

Dank dem Sonnenkönig wird Versailles Brennpunkt der Monarchie; die einstige Beweglichkeit der Herrscher und ihrer *Suite (curia)* nimmt ein jähes Ende. Im Depot von Versailles steht der ehemalige Hofzug des Adels still. Von nun an reisen Frankreichs Könige nur noch, wenn sie durch Revolutionen dazu gezwungen sind; zuerst die Flucht Ludwigs XVI., dann Ludwigs XVIII. Aufbruch nach Gand, im Anschluß daran ohne Ausnahme alle Monarchen, von Karl X. bis zu Louis-Philippe. *Die Unbeweglichkeit der Monarchie geht somit der Mobilisation der Masse voraus,* dieser »Volkserhebung« von 1793, die die künftige Revolution der Massentransportmittel vorwegnimmt. Die von Vauban gewünschte universelle Regulation des Raumes und der Zeit wird erst später, durch die Dampfmaschine, verwirklicht. Der Schienentransport, der äußerste Regelmäßigkeit der Fahrten gewährleistet, macht diese kinematische Wiederholung der Ortsveränderung, wo noch vor den Brüdern Lumière die Landschaften ununterbrochen vor den strapazierten Augen des Passagiers vorbeidefilieren, populär. Die episodischen Reisen nehmen dann allmählich normative Tendenzen an, die den Benutzern über *graphische Darstellungen des Verkehrs* in Form von Angaben über Abfahrten und Ankünfte übermittelt werden. Der Nationalstaat wirkt somit, mit Ausblick auf den Ausnahmezustand-Staat, im 19. Jahrhundert als Bestimmungsort-Staat.

Während früher die ballistischen Linienführungen des Militäringenieurs darauf abzielten, die Belagerungsarbeit auf das geometrische Verfahren einer Berechnung der Flugbahnen des »Feuerplanes« zu beschränken, wird nun die ganze Nation zur strategischen Maschine, wobei Bahnhöfe und Abzweigungen die Regulation der Fahrten gewährleisten. Daß die Reisemaschine schließlich von der Kriegsmaschine das gesamte Universum erbt, ist Auswirkung einer auf die Summe der ökonomischen und sozialen Bewegungen angewendeten Logistik. Das bedeutet das Ende ehemaliger Abdichtungen, bedeutet die Ablehnung einer natürlichen Viskosität zugunsten einheitlicher Strömungen.

Auf Grund des Großplanes zur Steigerung der Leitfähigkeit der Schubkräfte ersetzt die Karte der Schieneninnervationen allmählich die Karte des Territoriums; ein

Beweis für den Vorrang des *Striches* und der *Linie* über die Punktualität der Orte, das geometrische Reich der Zeichnung, aber vor allem für die *erzwungene Steuerung* der Bewegung von Personen und Gütern.

Während die strategischen Fahrten eines Soldaten und Vermessungstechnikers im 17. Jahrhundert zur Erfindung des statistischen Diskurses beigetragen hatten, verdankt man der taktischen Fahrt eines Theologen und Mathematikers den Ursprung der *Netztheorie*. Das poliorketische Schema ist indessen dasselbe, handelte es sich doch darum, das Rätsel der sieben Brücken der befestigten Altstadt Königsbergs zu lösen. Diese sieben Brücken, *Probleme der Einkreisung und der Durchstoßung*, konnten nicht hintereinander im Verlauf einer einzigen Ortsveränderung überschritten werden; der Fußgänger mußte den das Stadtzentrum umfassenden Fluß über eine der Brükken, die er schon beim Hinweg benutzt hatte, noch einmal überschreiten. Leonhard Euler begriff, daß ein mathematisches Prinzip Wirkung zeitigte, und bewies, daß es vermessungstechnisch unmöglich war, *nicht umzukehren*, weil in einem so beschaffenen Netz die Zahl der in drei oder mehr Punkten zusammenstrebenden Zugänge ungerade ist.

Bei einer solchen Durchfahrt ist nicht mehr das Zentrum (Stadtzentrum) wichtig, sondern der Ort der Konvergenz, der Wendepunkt der ortsverändernden Bewegung. Hier liegt der Ursprung einer nicht-euklidischen Geometrie, bei der die Ausrichtung von größerer Bedeutung ist als die Regulation und die Umpolung, die Knotenpunkte und Weichenstellungen sowie das Verkehrskreuz wichtiger als die Regulationsachse.

Man kann übrigens merkwürdigerweise beobachten, daß zum gleichen Zeitpunkt die militärischen Manöver das Manövrieren der Eisenbahn vorwegnehmen: Es handelt sich um komplexe Bewegungsabfolgen mit dem Ziel einer Krümmung und Entfaltung parallelgeführter Linien und Kolonnen, um allmählich von einer Ordnung zu einer anderen überzugehen: *Truppenverschiebungen wie Guiberts Schlachtordnung mit umgedrehter Front und Friedrichs schiefe Schlachtordnung sind Vorläufer der Eisenbahngabelungen, da die Fronttruppen hier bereits wie die Konvois bei der Weichenstellung agieren.*

Man findet überall in der Militärliteratur des 17. und 18. Jahrhunderts Beschreibungen solcher Translationen von Sondertrupps zum Zweck einer Aufspaltung des Trains. So legt Jomini dar: *»Die Französische Revolution führte das System der Divisionen ein*, das die allzu große Eintönigkeit der früheren Formation durchbrach und *Einheiten schuf, die sich auf ganz unterschiedlichem Gelände selbständig bewegen konnten.«**

»Getrennt marschieren, vereint kämpfen« ist eine alte Maxime der Schubkräfte, auf die man bei der Organisation des Eisenbahnwesens zurückgreift, *da seine Ordnung die militärische Ordnung imitiert.* Der Genauigkeitskult der Fahrpläne ist auf den Kult einer Strategie der aus verkehrstechnischen Sicherheitsgründen notwendigen Straffheit zurückzuführen; so entscheidet man sich denn auch für eine Übertragung der optischen Telegraphie auf die Eisenbahnsignalisation mittels des *Flügelsignals.* Dieses zieht dann das *Blocksystem* nach sich: »Das heißt, die Linie war in Streckenabschnitte von einigen Kilometern aufgeteilt, und der Zugang zu jedem Streckenabschnitt war durch ein Flügelsignal geregelt. *Diese Apparatur gestattete eine Zufahrt nur unter der Bedingung, daß der Streckenabschnitt vollkommen frei war;* unentbehrliches Hilfsmittel einer solchen Anlage war dabei der Morsetelegraph, der eine

* A. H. de Jomini, *Précis de l'art de la guerre.*

Kommunikation zwischen den verschiedenen Streckenabschnitten ermöglichte.«* Diese äußersten Vorsichtsmaßnahmen waren auf Auffahrts- oder Entgleisungsrisiken der Wagenkolonnen, die damals eingleisig verkehrten, zurückzuführen: »Sobald man Weichen und Signale in Betrieb nahm, hatten die für solche Manöver zuständigen Beamten darauf zu achten, daß sie nicht im *Gegensinn* eingesetzt wurden; bei geschlossener Weiche und dem Signal ›freie Fahrt‹ war die Katastrophe perfekt.« Dieses neue Faktum einer Eisenbahnkatastrophe, die sich aus der Einrichtung eines Eisenbahnnetzes ergab, *gestattete die Benutzung gewisser Reisewege nur bei Untersagung anderer Reisewege.* All das machte eine Reihe von Kontrollmechanismen zwecks größerer Transportsicherheit erforderlich: Nach den von den Engländern Saxby und Farmer angewendeten Verfahren zur perfekten Synchronisierung der Verkehrsgeschwindigkeiten gelingt es im Jahre 1898, diesem Gipfelpunkt der raumzeitlichen Regulation, dem Franzosen Albert Moutier, *eine ganze Wegstrecke durch eine einzige Schaltung zu steuern.* Ein einzelner Mensch, ein einziger Griff in einem einzigen Augenblick, das ist der Anfang des Zeitministeriums.

Im Jahre 1800 hatte Kaiser Napoleon I. den »Artillerietrain« geschaffen, 1806 die »Pioniertruppe« und 1807 den »Fuhrpark«, der sich zu jener »Verkehrstruppe« entwickeln sollte, deren Aktivität *die ganze Tiefe der Truppengliederung betraf.* Diese »Waffe«, die zuerst mit dem Proviantwesen, dann mit dem Truppentransport betraut war, wird schließlich als Verstärkung der Linientruppen in den Kampf einbezogen, gewissermaßen als Vorspiel der künftigen mechanisierten Brigaden. Seit dem Empire kann

* P. Rousseau, *Histoire des transports.*

man bei den Befestigungen wieder das vorher bei den Infanterieformationen festgestellte Phänomen beobachten: Die Geometrie der Festungen tendiert im gleichen Rhythmus, wie die Munition verbessert wird, zur Desintegration. Oberst Lazard legt in seiner Abhandlung dar, *daß eine verstärkte Schlagkraft der Artillerie deren Einsatz außerhalb der Befestigung nach sich zieht.* Das Zeitalter der Basteisysteme, dieser »großen unbeweglichen, auf unterschiedliche Weise hergestellten Maschinen«, mündet ins Zeitalter der auseinandergezogenen Forts, die auf der imaginären Frontlinie verstreut werden. Zweck der Befestigung *ist nicht mehr, die Armeen aufzuhalten, sondern ihre Bewegungen zu beherrschen beziehungsweise zu erleichtern.* (Oberst Delair). Das ist genau die Rolle, die dann im Ersten Weltkrieg die Rangierbahnhöfe übernehmen. Von daher ist Moltkes scheinbar paradoxer Ausspruch zu verstehen, er ziehe den Ausbau der Eisenbahn dem Ausbau von Befestigungen vor. Der Eisenbahnkonvoi, der Zug und seine Lokomotive sind letztlich einfach Folge einer sehr langen logistischen Tradition, die wahrscheinlich bis zu den ersten strategischen Wegstrecken der Streitwagen zurückreicht.

Im 19. Jahrhundert gewannen die Führungsstäbe immer größere Bedeutung, da den verwaltungstechnischen Anforderungen einer guten vektoriellen Politik entsprochen werden mußte; die Organisation der Stäbe sollte gleichzeitig dem erweiterten Raum, wo sich auf Grund der eingesetzten Bestandsmassen die Operationen abspielten, sowie der *durch die Eisenbahn ermöglichten strategischen Zersprengung* Rechnung tragen, darüber hinaus aber auch *der durch den Einsatz der Gewehre mit gezogenem Lauf und später der Mitrailleuse für die Schlacht notwendigen taktischen Zersprengung*. Von diesem Zeitpunkt an weist die Logistik zwei Komponenten auf: Die eine bezieht sich auf die *Wegstrekken*, die andere auf die *Flugbahnen*. Die allgemeine Logistik erstreckt sich sowohl auf den Transport des Nachschubs und der Massen als auch auf den Transport von Munition und Geschossen; in diesem Sinne schreibt der Abgeordnete Abel Ferry: »Das Transportproblem ist mit dem Munitionsproblem verknüpft.« Die Logistik im weiteren Sinn versucht von nun an der Strategie direkt Konkurrenz zu machen, und zwar mittels einer Art sämtliche Bewegungen einbeziehenden Ballistik gleichfalls im weiteren Sinn. Wenn man den wegbereitenden Erfinder der Dampfmaschine, Salomon de Caus, paraphrasierend zitieren will, könnte man sagen, *die Logistik sei zum Argument der agierenden Streitkräfte geworden,* wodurch Vaubans Wunsch verwirklicht wurde, den Krieg sofort auf alle bewohnbaren Örtlichkeiten des Universums ausweiten zu können. Zwischen 1820 und 1830 werden die ersten regulären Eisenbahnlinien eröffnet. Im Jahre 1848 erklärt Stuart Mill in seinen *Grundzügen der politischen Ökonomie,* Produktion sei gleichbedeutend mit Bewegung, wobei er nicht ahnen konnte, daß das Transportwesen in Kürze die Produktion in einem Maße steuern würde, daß sein Satz im umgekehrten Sinne Gültigkeit erlangte. Im Jahre 1861 wird im Sezessionskrieg seitens der Nordstaaten durch General Mac Clellan erstmals das »Stahlroß« strategisch eingesetzt. Im Jahre 1865 legt sich England den ersten Führungsstab für Pioniere und Eisenbahnwesen zu, 1866 schafft Moltke das erste Büro für Kommunikationswesen. 1875 wird, diesmal in Frankreich, die verwaltungstechnische Organisation des militärischen Eisenbahnwesens eingeleitet. Gegen Ende des Jahrhunderts übernimmt der Generalstabschef der Armee unter Aufsicht des Kriegsministers die Leitung des Militärdienstes im Eisenbahnbereich.

Die Logistik, diese Kunst, Armeen in Bewegung zu setzen, steht offenbar, wie Werner Sombart im Jahre 1913 bemerkte, am Ursprung der industriellen Konzentration und Spezialisierung. Die Ökonomie der Zerstörung macht im Zuge der Massenproduktion die Kalibrierung der Feuerwaffen (Kanone, Muskete), eine Normierung der Ausbohrung der Rohre, dann eine Standardisierung der Munition und schließlich, indirekt, der ballistischen Leistungen und Schußweiten erforderlich, was gewissermaßen eine Vorwegnahme der Standardisierung des Hubraumes motorisierter Maschinen darstellt. Eine Bezugnahme auf den Krieg als Ursprung des technologischen Aufschwungs ist letztlich nicht zu umgehen: Im Jahre 1673 dient die Kanone, diese *einzylindrige Verbrennungsmaschine*, Charles Huyghens als Modell für seine »Schießpulvermaschine«. Die Definition dessen, was sich später zum Verbrennungsmotor entwickeln sollte, ist bezeichnend. »In der Maschine«, schreibt Huyghens, »wird die gewaltsame Wirkung des Schießpulvers auf eine Bewegung reduziert, die man unter Kontrolle hat.«

Die Kraftmaschine steht somit nicht so sehr im Dienst der Erzeugung von Bewegung, sondern ist vielmehr für deren logistische Kontrolle und Sicherheit, also ihre Ausrichtung verantwortlich. Ein knappes Jahrhundert später, im Jahre 1769, ist der Frachtwagen des Militäringenieurs Cugnot einfach eine *kleine Artillerie-Diesellok*, die insbesondere für ihren Kommanditisten, General Gribeauval, Oberinspektor der königlichen Artillerie, bestimmt war. Man kann sagen, daß bei vermehrter und auf größere Räume ausgedehnter Beweglichkeit auch immer intensivere Kontrollen erforderlich werden: Die ballistische Lenkung der Geschosse zieht auch die logistische Lenkung der Vehikel sowie eine ununterbrochene Steigerung der territorialen Leitfähigkeit nach sich. Kurzum, da *die Last von der Kraft durch Zeit getrennt wird* (Napoleon), kann »Bewegung« im Sinne Einsteins mit einem einzigen Satz umschrieben werden: Kraft und Geschwindigkeitsveränderung sind gleichgerichtete Vektoren.

Ein Jahrhundert später, im Jahre 1773, ist es dann nicht die Kanone, sondern das Gewehr, das den Kesselschmied Olivier Evans inspiriert. »Anläßlich eines Dorffestes fällt ihm ein Spiel auf: Es besteht darin, daß man einen Gewehrlauf mit Wasser füllt, ihn dann mit einem Korken verstopft und erwärmt, bis der Korken herausspringt.«* Damit wird erstmals Hochdruck eingesetzt, was Watt auf Grund der Explosionsgefahr ablehnte. Evans wies solche Befürchtungen zurück und führte Heizkessel mit einer Dampfproduktion von acht bis zehn Atmosphären ein.

Mit der Dampfmaschine sind wir somit bei der beweglichen Ausrüstung, einer Weiterentwicklung der Kriegsmaschine, angelangt. Übrigens stößt man in der Geschichte der Technik immer wieder auf diesen Archetypus des *»Feuerrohres«, das gleichzeitig energetische Leistung (Pulver, Dampf, Benzin...) und eine vektorielle Bewegung (Geschoß, Vehikel...) zu steuern vermag.*

Im Jahre 1814 führt bei der Maschine der Brüder Stephenson nur *ein einziges Feuerrohr* durch den Dampfkessel. 1828 erfindet Seguin den bis zu *vierzig Heizrohre* enthaltenden Langkessel, wodurch die dem Feuer ausgesetzte Wasseroberfläche und damit auch die energetische Leistung der Maschine vergrößert wird. Im Jahre 1867 kann Belpaire diese Leistung noch steigern, indem er bis zu *zweihundert Heizrohre* in den Zylindermantel einzieht.

Merkwürdigerweise gab es dieses Mehrfachrohrsystem auf Grund des alten Wunsches der Militärs, die Feuergeschwindigkeit ununterbrochen zu vergrößern, in der Waffentechnik bereits im 17. Jahrhundert. Im Jahre 1832

* P. Rousseau, *idem.*

läßt Samuel Colt seinen Trommelrevolver patentieren und stellt die Erfindung 1851 in London aus. Merken wir nebenbei an, daß diese Waffe Janssen später als Modell für seinen »Photorevolver« (1874) und schließlich auch Marey für seine »chronophotographische Flinte« dienen wird, eine Vorstufe der Kamera der Brüder Lumière. Gleichfalls im Jahre 1851 erfindet ein belgischer Hauptmann die auf eine zweirädrige Lafette montierte, aus fündundzwanzig in einem Drehzylinder gebündelten Gewehrläufen bestehende »Gewehrbatterie«. Der Amerikaner Gatling, *Erfinder eines Dampfpfluges*, verbessert 1861 diese Technik und konstruiert ein Maschinengewehr mit Kurbelantrieb und einer Schußfolge von sechs- bis zwölfhundert pro Minute. 1893 elektrifiziert er sein System und erreicht eine Feuergeschwindigkeit von dreitausend Schuß. Diese Saturationswaffe ist eine Vorstufe der von einem 28-Volt-Motor mit *elektronischem Kontrollsystem der Feuergeschwindigkeit* angetriebenen Kanone der General Electric. Doch kehren wir zur Technik der Reise zurück, insbesondere zu den Brüdern Stephenson, die im Jahre 1829 einen Triebwagen mit dem vielsagenden Namen »Rakete« konstruieren.

1850 baut Robert Stephenson die erste Metallbrücke, die »Britannia Tubular Bridge«, *ein riesiges, mehr als vierhundert Meter langes Eisenrohr.* Dieser mit Rücksicht auf die bei der Durchfahrt der Züge entstehenden Belastungen und Erschütterungen zellulare Bau funktioniert auf der Lafette seiner Stützpfeiler wie ein Geschützrohr; die Dampflokomotion macht ihrerseits die Kalibrierung der Brücke erforderlich, die Tunnelbeleuchtung ist gleichsam eine Parallele zum Aufblitzen im Lauf der Feuerwaffe.

Nachdem die Durchstoßung an die Stelle der Einkreisung getreten ist, werden offenbar Ausbohrung und Perforation plötzlich zwangsläufige Bedingung der Transportgeschwindigkeit. Die programmierte Nivellierung der Schienenwege reicht nicht mehr aus, es ist auch eine unterirdische Durchstoßung notwendig, *als ob die Geschwindigkeit nicht nur die Beseitigung von Hindernissen, sondern auch die Beseitigung der Materie erforderlich machte.*

Die Anlage unterirdischer Verkehrsnetze ist die unbemerkt gebliebene logistische Folge der gewaltsamen Steigerung der Geschwindigkeit sowie Präfiguration der Eroberungen der Luft und des Raumes, wo die Beschleunigung als solche zum Weg wird. Diese Kraft der Durchstoßung in geologischer und geographischer Hinsicht entspricht derjenigen des Geschosses, wo sowohl eine schnellere Ausstoßung als auch eine vergrößerte Durchschlagskraft angestrebt wird. *Da absolute Geschwindigkeit absolute Leere voraussetzt*, geht die gesteigerte Leistung der Maschine mit dem Anwachsen der Wüste einher. *Nachdem das lokomotorische Vehikel zur Planierung und letztendlichen Zerstörung der (durch Straßen- und Eisenbahnbau) enteigneten Erdoberfläche beigetragen hat, zieht es auch noch die Abdichtung der Wegstrecke, die Schaffung vollkommener Leere nach sich.*

Um 1860 herum verwirklicht Eugène Flachat in Saint-Germain sein Projekt eines *pneumatischen Zuges*, wobei »der Konvoi mit einem Pumpenkolben, der sich in eine Vakuumröhre verschob, kraftschlüssig verbunden war. Entstand auf Grund dieser Maschinerie in dem Rohr ein luftleerer Raum, trat der Pumpenkolben in Aktion und setzte den Zug in Bewegung.«*

Dieses dem der Beförderung von Rohrpost vergleichbare System deutet auf ein drittes, diesmal elektromagnetisches hin: Im Jahre 1941 versuchen die auf Ballistik spezialisierten Deutschen ein *elektromagnetisches Schnellfeuergeschütz* zu konstruieren:

* P. Rousseau, *idem*.

Die Waffe ist wie ein siebzig Meter langes Rohr geformt und mit zahlreichen Elektromagnetspulen ausgerüstet. Wenn man Strom durch die erste Spule leitet, wird der Strom automatisch auf die nächste Spule übertragen, und die Granate, die durch die Initialanziehung bereits eine gewisse Beschleunigung erfahren hatte, wird ein zweites Mal angezogen, wodurch sie einen neuen Impuls erhält, der den ersten verstärkt. Auf diese Weise *wächst die Geschwindigkeit des Geschosses* von Elektromagnet zu Elektromagnet *ununterbrochen und erreicht* an der Mündung des Rohres *bis zu achtzehnhundert Meter in der Sekunde*. Durch die erheblich überbelasteten, mit Kühlrippen versehenen Windungen der Elektromagneten führen schmale Belüftungskanäle. Während die Granate im Rohr vorwärtsgeschleudert wird, verdrängt sie die vor ihr darin enthaltene Luft, was den Antrieb bremst; um diesen Nachteil auszuschalten, bringt man im Rohr der Kanone verschiedene Öffnungen zwischen den Spulen an.*

Diese eines Jules Verne würdige logistische Utopie ist von Robert Salter, einem Ingenieur der Rand Corporation, anläßlich des Planetran-Projekts kürzlich wieder aufgegriffen worden. In diesem *Zug mit linearer Motorik* werden nicht Geschosse in Richtung Gegner, sondern Passagiere befördert, die an ihren Platz in einem Wagen in Granatenform gefesselt sind, wobei der Ausgangsbahnhof eine seltsame Ähnlichkeit mit dem Verschluß eines rückstoßfreien Geschützes aufweist.

Für eine solche Untergrundbahn, die die Ostküste der Vereinigten Staaten in fünfunddreißig Minuten mit der Westküste verbindet *und 20 Mach (22 500 Stundenkilometer)* erreicht, ist ein Tunnel erforderlich, in dem fast absolute Leere herrscht. »Die von einem magnetischen Feld ange-

* *Signal*, November 1941.

triebene Maschine bewegt sich über einen Stator. Das durch die Wicklungen des Stators erzeugte Magnetfeld (welches wie eine Schiene den ganzen Tunnel entlanggleitet) bewegt sich mit hoher Geschwindigkeit über mehrere tausend Kilometer Wegstrecke hinweg. Dieses Feld sichert zugleich Anhebung und Antrieb des Fahrzeuges: Ein überaus starker Elektromagnet, dessen Wicklung durch eine kryogenische Vorrichtung gekühlt wird, stellt dann den Antrieb sicher; gleichzeitig bewirkt das durch Wechselstrom erzeugte, vom Stator beschickte Feld die Fortbewegung des Fahrzeuges.« (A. Dorozynski)

Macht man sich einmal klar, was in den Vereinigten Staaten die Freigabe der Tarife für inländische Lufttransporte für die kollektiven Transporte auf dem Landwege zur Folge hatte, insbesondere hinsichtlich des Abbaues von zwei Dritteln des Amtrak-Eisenbahnnetzes im Jahre 1980, so ist die Aktualität *dieses allerersten Überschalltransportprojektes auf dem Landwege, das zehnmal leistungsfähiger ist als der Lufttransport*, besser einzuschätzen, bewegt sich doch die *Concorde* nur mit 2 Mach voran, und das Überschallprojekt eines Hydrogenflugzeuges, das gegenwärtig von Lockheed geprüft wird, würde kaum mehr als 5 Mach, das heißt 6400 Stundenkilometer, erreichen.

Gegen Ende des 19. Jahrhunderts erklärte Cecil Rhodes: »Der Zug ist ein Mittel der Befriedung, das billiger und weitreichender ist als die Kanone.« *Aber was gibt es noch zu befrieden angesichts dieser Eroberung des Westens durch Überschall?*

War die Entstädterung des europäischen Raumes in den ersten Jahrhunderten auf die Invasion durch die »Barbaren« zurückzuführen und mit einer ersten Streuung verbunden, *so entspricht heute die Streuung im Bereich des geopolitischen Feldes,* die Entstädterung als Folge einer Invasion der Zeit *einer Zerstreuung innerhalb des chronopolitischen Feldes*, die ihrerseits auf der Schnelligkeit der Transportmittel beruht. In diesem Sinne kann man behaupten, daß das politische Gewicht, das früher *indirekt* gleichbedeutend war mit der (regionalen, nationalen) Besiedlung des Raumes, von nun an in einer (territorialen, räumlichen) Entvölkerung Ausdruck findet, welche auf die überaus große Beweglichkeit von Personen, Nachrichten und Gütern zurückzuführen ist, *indirekt* also auf die paradoxe Besiedlung der Zeit der Ortsveränderung. Im Grunde ist die *Deportationsdichte*, politisch betrachtet, an die Stelle der *Bevölkerungsdichte* der früheren geographischen Besiedlung getreten, die Desintegration wechselseitiger Wanderungen hat die gesellschaftliche Integration des Wandernden in die Großstadt ergänzt, aber eine solche Deportation in den Nicht-Ort der Geschwindigkeit von Ortsveränderungen ist mit der früheren nicht vergleichbar, da die totale Mobilisation (Arbeit, Freizeit) nicht so sehr einen *Transport* der Bevölkerung von da nach dort bezweckt – wie es noch der Fall war zur Zeit örtlicher Mobilisationen, etwa anläßlich der Massenerhebung im 18. Jahrhundert oder auf Grund der Anziehungskraft, die im 19. Jahrhundert zwischen Stadt und Land bestand –, sondern auf eine *Phasenverschiebung* in beschleunigtem Rhythmus hinausläuft. Diese gesellschaftliche Deregulation, diese sorgfältig in die Wege geleitete Entsynchronisierung des Raumes und der Zeit der menschlichen Aktivitäten sind zum eigentlichen Wesen einer vektoriellen Macht geworden, die weiter nichts mehr darstellt als die Perfektionierung einer Diktatur der Bewegung.

Das wirft auch ein Licht auf die Ursache der heutigen Krise der Stadt: Sie hängt mit der politischen Krise zusammen, die *Polis* ist nicht mehr der Ort der Politik schlechthin; die Delokalisierung der Verkehrsmittel ruft ein Phänomen der Entstädterung hervor, das kaum Beachtung findet, weil es den Kern der Großstadt noch nicht sichtbar ergriffen hat. Die gesellschaftliche und politische Siedlungsproblematik verschiebt sich vom Ort zum Nicht-Ort gleichsam plötzlicher Wechsel und Wanderungen; *wo früher der Belagerungszustand die Besiedlung des Raumes gewährleistete, entwickelt sich nun dank einer Art Besiedlung der Zeit der Ausnahmezustand zur Stadt der Zukunft.*

Die Zeitaufteilung ist somit eine zwangsläufige Folge der Raumaufteilung, wobei es sich aber um die Zeit der totalen Mobilisation, also um die Zeit absoluter gesellschaftlicher Deregulation handelt.

Die letzte Stadt, ein Pseudo-Territorium, hat die Funktion eines Rückstandes oder vielmehr des eigentlichen Anfangssteines der Revolution des Transportwesens (das heißt der Kriegsmaschine in ihrer Eigenschaft als Geschwindigkeitsmaschine); der Siedlungsraum, eine Infrastruktur des Verkehrs, dient nur noch als Weichbild beschleunigten Herumirrens; der geographische Ort, Zusammenfassung und Nachklang, ist nicht mehr Erfahrungsgrundlage des Menschen, sondern ein beim Hin- und Zurückfahren erreichbarer Pol. Diese Pole der Anziehung und Abstoßung stellen noch eine Weile Stätten eines letzten Katasters dar, doch ist zu bedenken, daß eine solche beschränkte Relativität der letzten Stadt ihrerseits durch die Inkontinenz der Verkehrsmittel bedroht ist.

Diese äußerste Kongruenz wirft Fragen auf; sie ist nicht nur, wie behauptet wird, ein vorübergehendes Ereignis, sondern leitet eine neue kulturelle und politische Periode ein, die uns über die ökologische Frage nach den Grenzen hinaus auch die nicht minder wichtige dromologische Frage nach der Restnähe stellt.

Da Vergangenheit und Zukunft der Ökonomie der Zeitaufteilung an die Stelle des Voran und Zurück einer Ökonomie der Raumaufteilung treten, bewegt sich die Macht mit einemmal einem hypothetischen *Zeitzentrum*, einer konvergenten Achse der absoluten Mobilisation entgegen, wobei das Intensive das Extensive ablöst und der *Maximal-Staat*, der *Vorsehungs-Staat* plötzlich dem *Minimal-Staat*, dem *Schicksals-Staat* weicht, was die Ausrichtung einer politischen Klasse bestimmen dürfte, in der Opposition und Mehrheit durch den *stereopolitischen Effekt* der vektoriellen Macht in einem »zeitlichen Kompromiß«, der auf denjenigen der Geschichte folgt, ineinander übergehen und aneinander gebunden sind.

Zweiter Teil

Ästhetik des Verschwindens

»Ein Staat, der seine Grenzen zu einer Einöde ausweitet, hat den Gipfel des Ruhmes erklommen.«

Julius Cäsar

Das Vermummen, das Verkleiden des gesamten kämpfenden Korps zwecks Erlangung einer Verborgenheit, die die Überraschung ermöglicht, »schminken« und »in den Maquis gehen«, diese Worte haben ein und dieselbe Bedeutung; wer die Natur verändert oder im Dickicht untertaucht, entzieht sich der Obszönität des feindlichen Blickes und verschwindet mittels einer Rückzugsbewegung, die gleichzeitig Zuflucht ist, aus einer exponierten Stellung. Die Verfolger sind dann gezwungen, den Abstand aufzuholen, die Lücke zu schließen, wobei die Zurückweichenden ihre Waffen nicht so sehr zur Vernichtung als zur Distanzierung einsetzen, überleben sie doch nur auf Grund solcher Trennung und verdanken ihr Heil ausschließlich der gewahrten Distanz, wozu auch ihre Aufstellung in Zwischenräumen bis zu zehn Schritt voneinander zählt, was ihre isolierende Fortbewegungsart besonders deutlich vor Augen führt.

Schutz des »Maquisarden« ist die topographische Kontinuität, ist die Natur insgesamt. Landstraßen, Gebäude, kurzum alles, was auf Benutzung schließen läßt oder Hinweise darauf gibt, muß er meiden; seine Bleibe sind die Geländefalten. Er macht sich also die Deckung durch Gebüsch und Bäume, die Unbilden der Witterung und die Nacht zunutze. Die Vermeidung jeglichen Kontakts ist dabei ein räumlicher, die Geschwindigkeit der Ortsveränderung ein zeitlicher Trick. Darüber hinaus wendet er den formalen Trick der Kriegsbemalung sowie der Vermummung der Körper mittels vielfältiger Tarnung des Objekts, des Subjekts und der Wegstrecke an.

Der Kampf samt seinen logistischen Notwendigkeiten, taktischen Zwängen und strategischen Überlegungen erweist sich zunächst als Andeutung, als Entwicklungsstufe des Spieles; das auf Vernichtung abzielende Unternehmen ist in erster Linie eine Technik des Verschwindens, da ja Verborgenheit und Schnelligkeit das innerste Wesen der »Apparatur der Leichenbestattung im großen Stil« (Charles Peguy) ausmachen. Es ist Ziel der Strategie, auf konkretem Boden den unsichtbaren Bereich des Geistes zu schaffen; was der Partner übersieht, wird zur Reserve, das nicht Wahrgenommene wandert ins Arsenal des Kriegers. Tatsächlich ist die Kriegskunst Teil einer Ästhetik des Verschwindens, mit der wahrscheinlich die Geschichte insgesamt gleichzusetzen ist. Da Napoleon III. zufolge Erinnerung gleich Wissen ist, dürfte für den Zeitraum von der Schlacht-Geschichte bis zur Vernunft-Geschichte ein möglichst gutes Gedächtnis von Nutzen sein; bevor der Militärapparat die Verborgenheit nationalisiert, mobilisiert er sie. Nicht zu vergessen, daß die Kriegsmaschine, bevor sie Angriffsmaschine wird, zunächst als Falle angelegt ist. Die Instanz »Armee« bedeutet vor allem eine Militarisierung des Versteckten, die Aushebung des Unbekannten, dieses Unbekannten, dessen Grab in Frankreich zum nationalen Symbol geworden ist.

Das Unsichtbare wird für den Dienst am Staat requiriert; was der Gegner nicht kennt oder was einfach noch nicht in Erscheinung getreten ist, gehört zur Armierung im maritimen Sinne, gehört zu den Kriegsvorbereitungen. Was sich zeigt, ist aus dem Rennen, das erweist die Dialektik von Waffe und Panzerung; das Sichtbare kann gleich abgeschrieben werden, da es für eine Vorausschau, diese Spielregel des Krieges, uninteressant geworden ist, für dieses Kriegsspiel, das in den Gesellschaftsspielen, vom Schach bis zu den Spielkarten, deren Figuren ursprünglich militärische Werte symbolisierten, wieder auftaucht: Soldaten, Knappen, Buben, Feldzeichen... Dann verschwanden die Soldaten und wurden durch Augen ersetzt, während das As das Feldzeichen der Kompanien bewahrte; die Pappkönige hingegen wurden anläßlich der Französischen Revolution zugunsten der Kriegs- und Friedensgenies gestürzt... Das Spiel ist weiter nichts als ein für Gaststätten ins Zivile umgemünztes Duell, eine Salonschlacht, die den Krieg in Gala vorbereitet, während der Kampf Spiel ist, bevor er im Gefolge des Monarchen zum Spektakel bei Hofe wird; das Stratagemfeld der Bollwerksysteme ist eine Kuriosität, man widmet sich der *Lagerabsteckkunst*, einer von Kirchenleuten überaus geschätzten Zerstreuung; was Choderlos de Laclos' *Gefährliche Liebschaften* angeht, wären sie ohne eine solche Bezugnahme auf den Reiz strategischer Listen unverständlich. Der »homme fatal« wird zum Vorbild der Frau, Schminken ist zuerst Vorspiel des Tötens, erst später Vorspiel der Liebe, die Verführung durch den transvestierten Krieger ist, wie die Verführung bei allen Tierarten, charakteristisch für das männliche Geschlecht, die Homosexualität ist Ursprung des Schönen, dieses Schönen, das nur die erste Stufe einer den Körpern zugefügten Tortur darstellt, die über Schnitte, Stiche, Narben bis zu Verstümmelungen und Tod führt. Das Schöne ist vielleicht die erste *Uniform*...

Die Frage der Ausrüstung des kämpfenden Korps läßt mir keine Ruhe, und da drängt sich der Vergleich zweier Museen auf: des *Imperial War Museum* in London und des *Musée de l'Armée* im *Hôtel des Invalides*.

Im ersteren vor allem Vehikel und Darstellungen der verschiedenen Kriegsschauplätze des vorigen Jahrhunderts bis zur Explosion von Hiroshima. Im anderen Arbeitskleidung, Uniformen und Fahnen, Waffen und Rüstungen.

In London der Ort oder vielmehr Nicht-Ort des Krieges, insbesondere des Zweiten Weltkrieges, mit sehr gut bestückten Sälen über die Luftangriffe der Alliierten auf Deutschland. In Paris ein Katalog von Waffen und Rädern vom Mittelalter bis in die vierziger Jahre mit Meisterwerken der Waffenschmiedekunst, die in ihren Vitirinen funkeln... In der britischen Hauptstadt hat man den Eindruck, sich in einer Garage zu befinden, in Paris dagegen ist man angesichts der Galauniformen des Empire und der Metallgespenster der Rüstungen bis hin zu der farblosesten, schmutzigsten Kleidung der beiden Weltkriege gleichsam in der Kleiderkammer, in der Garderobe der Truppen. Wie in einem Magazin für Theaterrequisiten mit seinen Reifrockgestellen und Kleiderbügeln hängt im Musée des Invalides neben Trophäen und Standarten die ausgeblichene, verschlissene Kleidung der Soldaten von eh und je. Die Armee präsentiert sich uns in der französischen Hauptstadt gewissermaßen als Warenhaus mit Sommermoden, Winterkollektionen und »Saisonschlußverkauf«, während wir in Großbritannien eher an ein Reisebüro gemahnt werden. Zuerst die Gespenster der Kämpfer von einst, die in den hohen Sälen des Musée des Invalides herumspuken, dann, im Bethleem Hospital, wo sich das Londoner Museum befindet, auf einmal Karten, Klischees und Figuren eines verschwundenen Reiches. Gespenstisch daran ist in diesem Falle nicht die Nostalgie, die Reminiszenz verlorener Größe oder verschwundener Aggressivität, sondern vielmehr eine Konstante der Kunst des Kriegs in seiner Eigenschaft als Praxis nicht nur der

Vernichtung, sondern des Verschwindens... Doch kehren wir zur Ausrüstung des Kriegers und ihren Metamorphosen zurück, die in mehr als einer Hinsicht kafkaesk wirken. In der klassischen Zeit kommt die *Uniform* auf, was beim Adel Anstoß erregt, obwohl es sich um reich verbrämte Kleidungsstücke handelt, um Federn und Hüte, Tressen und Ordensbänder, die den Offizier als solchen kenntlich machen, ihn von der Truppe abheben und den Wohlstand dessen, der ein Regiment befehligt, herausstellen sollen. Die Uniformierung ist wie die Livree des Dieners ein Mittel zur Integrierung einer Person, somit eine Eingliederung, aber auch eine Regiemaßnahme für das große Schlachtenbild... Die revoltierenden Bauern, die ihre Hemden, die Kamisarden, oder ihre Festtagskleider überzogen, die Parpaillots, so genannt, weil sie bunt waren wie die Schmetterlinge, haben das wohl gleichfalls gespürt. Haben doch die grellen Farben, die Rot- und Goldtöne genau wie die bestickte Stierkämpfertracht des Toreros auch die Funktion, das fließende Blut zu verbergen, wodurch sich aber der kämpfende Mann wie auch das Karree des Truppenkorps dem Gegner als Zielscheibe anbietet. Die geometrische Strenge des militärischen Spiels ist auf die geringe Beweglichkeit der Infanterie zurückzuführen. Man geht nicht in Deckung und marschiert aufrecht in Reih und Glied, man kämpft, vom Schutzschild abgesehen, wieder wie die antike Legion, was bezeichnend ist für die große historische Entwicklung, die vom Schutzblech des Schilds und des Helms über den Turnierschild und einen durch die Rüstung gewährten globalen Schutz mit dem Aufkommen der Muskete zum fortschreitenden Abbau des Schutzes führt, um schließlich, wie der Panzer der Kürassiere, der Helm und heutzutage die kugelsichere Weste, wieder gewisse individuelle Formen auszubilden...

Diese Entwicklung der soldatischen Ausrüstung hängt

offensichtlich mit der Entwicklung der Vernichtungsmittel, mit dem Fortschritt der Bewaffnung und der Manövriertaktik zusammen, aber auch mit einer *gewissen Politik im Hinblick auf das kämpfende Korps*. Die Ausdrücke *Armeekorps* oder *Truppenkorps* haben einen viel genaueren Sinn, als man annimmt. Im 18. Jahrhundert, bei der englischen Armee bis ins 20. Jahrhundert, erfolgt zuweilen die Einweisung an einen bestimmten Platz bereits bei der Geburt, was zu Bittgesuchen hinsichtlich der Eingliederung in dieses oder jenes Regiment führt. Die kriegerische Elite besteht nicht nur aus einer im Kampf mehr oder weniger schlagkräftigen Truppe, sie ist auch abhängig vom Ansehen der Familien, von königlichen Privilegien und einer dieser oder jener Waffe beigemessenen Bedeutung sowie von der Pracht und Schönheit der Regimentsuniform... All dem begegnet man noch heute in der »Anwerbungsliteratur«, in der Uniform, die den Frauen gefällt, in der Vermittlung gewisser Techniken, in der Steuerung gewisser Maschinen... was übrigens schon bei der Aushebungspropaganda des Ancien Régime existierte. Die Uniform ist also seit ihrer Einführung gleichzeitig »Livree« des Herrn, Zeichen der Zugehörigkeit zu einer Gruppe, einer Kaste, gesellschaftliche Inszenierung eines Prunkes, der sich bis zur grausamsten Konfrontation gegen Ende des Salons hält; der »Krieg in Gala« ist eine Zeit, wo ein einschneidender Unterschied zwischen Krieg und Frieden nicht besteht, noch handelt es sich um »Affären«.

Indessen war die Vereinheitlichung dieses Prunks als Versuch einer Domestizierung des Adels (insbesondere in den Provinzen) sogleich durchschaut worden, und der Adel ahnt trotz des Talmi-Glanzes dieser Kleidung, daß sich hinter dieser Vereinheitlichung eine Reihe weiterer Verluste für ihn verbirgt, daß einiges verschwindet, was bis dahin Gewicht hatte. Was zu dieser Zeit infolge der strategischen Bereitstellung spezifischer militärischer Einheiten als gerechtfertigt erscheint, legitimiert später das Ende der aristokratischen Privilegien in der Armee und schließlich auch auf internationaler Ebene. Diese vielschichtige Entwicklung dauert an bis zum großen Industriekrieg, der dank der Dialektik von Waffe und Panzerung Ausrüstung und Bewaffnung des kämpfenden Korps völlig auf den Kopf stellt.

Nach den Massakern am Anfang des Ersten Weltkriegs, als die Franzosen auf Grund der neuen Feuerkapazität des deutschen Maschinengewehrs, aber auch wegen des *Krapprots* ihrer eigenen Uniform geschlagen wurden, »waren sich die militärischen Autoritäten darin einig, daß bei der Anfertigung von Uniformen auf *grelle Farben* zu verzichten und die Anschaffung einer *Uniform in neutralem Farbton* ganz unabdingbar sei, um *die Sichtbarkeit der Truppen im Felde* zu vermindern. Das führte zu zahlreichen Experimenten, aber obwohl die rote Hose und das rote Käppi jetzt von allen abgelehnt wurden, konnte man sich nicht auf eine neue Farbe einigen: Hatten doch die Engländer schon Khaki, die Russen Grau, die Italiener *grigio verde* und die Deutschen Feldgrau.

Die Schwierigkeit bestand darin, eine unsichtbare Farbe zu finden, die sich hinreichend von den Farben der Nachbarländer abhob, so daß Verwechslungen ausgeschlossen werden konnten. Zwar war es kurz vor dem Ersten Weltkrieg fast zu einer Einigung gekommen, da ein findiger Fabrikant ein Rezept präsentierte, das die gegensätzlichen Meinungen versöhnen sollte, nämlich ein aus Blau, Weiß und Rot gewebtes ›Trikolore-Tuch‹. Die weißen und die roten Fäden waren dabei in der Minderzahl, so daß der Farbeindruck insgesamt ein von roten Punkten übersätes Hellblau war; das ist die Entstehungsgeschichte des himmelblauen Tuches, das sich vom Trikolore-Tuch nur durch Weglassung der roten Fäden unterscheidet, welche zur Vereinfachung des Webvorganges und im Interesse der Produktionssteigerung beschlossen wurde.« Dieser Auszug aus dem Almanach Hachette von 1916 ist außerordentlich aufschlußreich für eine Analyse der neuesten Metamorphosen des Soldaten: *Man geht von der Vereinheitlichung zur Unsichtbarkeit über;* die durch die moderne Bewaffnung verursachten Verheerungen machen erforderlich, daß das kämpfende Korps aus dem Gesichtsfeld verschwindet und in der Umgebung Deckung findet. Sich aufzulösen statt überhaupt zu verschwinden, das ist das Ziel, daher die Varianten neutraler, stumpfer Farben, die Palette der mehr oder weniger ockerfarbenen Grautöne. Eine Entwicklung, die auch die Offiziere erfaßt, verlieren sie doch ihre spezifischen Kennzeichen, die Tressen, und tragen nur noch ihre Regimentsnummer. Die Selbstmordkommandos mit weißem Federbusch und weißen Handschuhen verstoßen zwar gegen das Reglement, aber sie laufen ja kaum Gefahr, bestraft zu werden...

Ein Problem bleibt bestehen: *Es ist schwierig, eine unsichtbare Farbe zu finden, die sich von den Farben der Nachbarn unterscheidet.* Man will sich vor den Schüssen, vor den Einschlägen der Geschosse verstecken, aber auch ein Minimum an »nationaler Zeichengebung« erhalten, damit auf dem Schlachtfeld zwischen Verbündeten und Gegnern unterschieden werden kann. Der Kampfanzug ist gewissermaßen der Arbeitsanzug des Kriegers, in ihm kann er anläßlich der gigantischen Bauarbeiten der öffentlichen Hand, die man zu dieser Zeit im Nordosten Frankreichs unternimmt, im Schlamm der Schützengräben herumkriechen.

So wenig wie ein Arbeiter in seinem »blauen Anton«, in seiner »blauen Heizermontur« sich vom andern unterscheidet, so wenig unterscheidet sich auch ein Soldat in seinem »Himmelblauen« vom anderen; die Ausgehuniform ist gewissermaßen »der Sonntagsanzug« des Urlaubers... Dieser Unterschied zwischen den Franzosen und ihren Partnern, nämlich daß erstere an typisch nationalen Farben festhielten, sollte den Ersten Weltkrieg nicht überleben. Der Vorgang der Uniformisierung macht ein umfassenderes Verschwinden erforderlich. Nach der Verherrlichung des Kämpfers durch die klassische Uniform, die den Helden auf der Bühne der militärischen Operation möglichst grell beleuchten sollte, findet nun die Vereinheitlichung einer totalen Vermummung der Mannschaft statt, wobei jede Nation ihren Typus des Verschwindens, ihre *unsichtbare Farbe* bestimmt. Das bedeutet bei manchen eine Rückkehr zur Erde, vom Ockergelb bis zum Graugrün, für *eine* Nation aber die Bläue der Fernc, *die blaue Linie der Vogesen*, als ob Blériots und Védrines' Land sich durch eine Luftfarbe kennzeichnen wollte. Die Truppe ist nicht mehr die »Theatertruppe« des 17. Jahrhunderts, Hauptrollen gibt es bereits nicht mehr, selbst wenn manche Offiziere anläßlich eines Angriffs noch ihre *Ausgehuniform* anziehen, wobei sie dann wirklich und endgültig von der Bühne abtreten... es gibt nur noch Statisten, Massen von Statisten, die zwecks zahlenmäßiger Ballung zusammengezogen werden. Nach dem zu auffälligen Krapprot hätte man sich auch für das etwas fade Rosa der Haut, das Fleischrosa der weiblichen Dessous, für das *Kanonenfutterrosa* entscheiden können. Denjenigen, die Khaki wählten, diese Farbe, die weit mehr als eine Farbe ist, schwebte nicht so sehr eine Identifikation, vielmehr ein Zerfallsprozeß vor, leitet sich doch das Wort vom hindustanischen *khâki*, staubfarben, ab.

Der kämpfende Mann ist bereits keiner mehr, er ist eine Nummer, eine Matrikel, die man ihm abnimmt, wenn er tot ist. Bei solchen Kämpfen im offenen Gelände haben Intelligenz und Erfindungsreichtum gegenüber einem dichten Kugelhagel und dem Stahlgewitter der Kanonade keine Chance; der Körper des Menschen ist nurmehr ein Nichts. Viele Soldaten gestehen, sie hätten diejenigen, die sie in der Ferne erschossen, nie gesehen, wobei die Angst meistens durch die unsichtbare Anwesenheit des Feindes ausgelöst wird.

In den Berichten über diesen Grabenkrieg gibt es sehr bezeichnende Episoden: In der Somme-Schlacht zum Beispiel war es nicht möglich, Sandsäcke aufzuschichten, weshalb man Bollwerke aus Leichen errichtete, und in manchen Schützengräben, die in einer von Leichen gesättigten Erde immer wieder neu ausgehoben wurden, hängte man den Brotbeutel und das Eßgeschirr an herausragenden Gliedmaßen auf...

Der moderne Krieger wird durch den Schrecken des Angriffs nicht nur desozialisiert; auch seine Animalität kommt abhanden. Einst hatte er sich mit dem Löwen, dem Adler, dem Falken des heraldischen Bestiariums identifiziert, nun hat er alles verloren, ist zum *Gespenst* geworden. Der Kämpfer, der den Körper nicht mehr erkennen kann, ist bereits nur noch ein Leichentuch vor dem Soldatenfriedhof (diesem Soldatenfriedhof von Douaumont, der dann die Gestalt des raketenförmigen Geschosses annehmen sollte, welches das Verschwinden der Soldaten verursacht hatte).

Dieses Phänomen wiederholt sich bis zum Ende des Ersten Weltkrieges; der *trompe-l'œil*, die Täuschung, die Tarnung an den Flanken der ersten Sturmpanzer, diesen »Bodenpanzern«, wie man sie damals nannte, tauchen wieder auf.

Zwanzig Jahre danach, im Laufe des Zweiten Weltkrieges, entwickelt sich, zuerst bei den Fallschirmjägern, der in neutralen Farbtönen gescheckte Tarnanzug. Dann kommen die finnischen und russischen Truppen in ihren weißen Winteruniformen, doch neben dem nun schon in allen Armeen verwendeten Khaki eröffnet uns die wie ein Leopardenfell gefleckte Uniform eine Welt der Künstlichkeit, in der es sich nur noch darum handelt, in etwas anderem vollkommen aufzugehen, manchmal sogar, so zu tun, als wäre man der Gegner. *Der Übergang von der Vereinheitlichung zur »nationalen« Unsichtbarkeit beinhaltet auch den Schritt von der Anpassung zur Verschmelzung.* Der als Pflanze verkleidete Soldat steht am Beginn einer Entwicklung, die zum Verschwinden des animalischen Körpers führt, wobei sich der Kämpfer die verschiedensten Komponenten seiner Umwelt zu eigen macht: Astwerk und Pflanzen der Jahreszeit, das Weiß des Schnees ... Aber auch militärische Komponenten: Die in der Uniform des Gegners verkleidete Truppe übernimmt zuweilen eine sonst dem Spion übertragene Rolle, das Bataillon *Brandenburg* eignete sich im Zuge seines Vorrückens wie ein Chamäleon alle Erscheinungsformen seiner Gegner an ...

Man weiß nicht mehr, wer wer ist, man kann vielmehr durch gezielte Verwandlung irgend jemand, irgend etwas werden. Äußerstenfalls, und so wird die Entwicklung wohl verlaufen, könnte man den Kampfanzug, der zu suggestiv ist, einfach aufgeben und durch eine Art Zivilkleidung ersetzen, was die Polizei übrigens seit langem praktiziert. Man ist wieder am Ausgangspunkt angelangt, *die Entkörperlichung des kämpfenden Menschen ist nicht minder fortgeschritten als seine Deterritorialisierung*, jeder Soldat ist ein »unbekannter Soldat«, der Krieger ist zum Gespenst geworden, aber zu einem Gespenst, das sich verwandelt, ein Mädchen für alles: Ordnungsdienst, Ersatz in Streikfällen (Straßenkehrer, Postbeamte, Fluglotsen ...), wobei militärische und zivile Proletarisierung spektral ineinander übergehen. Kurzum, der kämpfende Mensch, zunächst eine durch

Farbeffekte unterstützte Inszenierung auf der Kriegsbühne des Ancien Régime, dann brutal versteckt unter dem alles ermöglichenden Mantel des industriellen Krieges, ist vollkommen verschwunden in einer Vermummung, die seine formale Wirklichkeit auflöst, als Täuschung erscheinen läßt, welche bereits das Verschwinden der Unterscheidung zwischen »zivil« und »militärisch«, eine besonders unheilvolle politische Verschmelzung, ankündigt... Fügen wir noch hinzu, daß diese körperliche Entseelung des Soldaten eng mit der Mechanisierung der Armee verbunden ist. Der kämpfende Mann verschwindet in der khakifarbenen Uniform des Infanteristen, im Leichentuch des Gebirgsjägers oder im gefleckten Anzug des Fallschirmjägers, aber auch im Kampffahrzeug, das ihn vereinnahmt; die Entseelung und Deterritorialisierung des Kriegers erreichen mit dieser »Verschalung« einen neuen Höhepunkt: der Körper im Leichentuch und der Pilot im Gehäuse seiner Mirage III oder seiner Phantom... der moderne Kampfanzug ist tendenziell nur noch eine technische Prothese, was sozusagen einen Rückgriff auf die Ritterrüstung darstellt; *das deutlichste Zeichen einer Wiedererweckung des kämpfenden Leichnams ist das Fahrzeug oder, genauer gesagt, seine Geschwindigkeit*, die ihn ihrerseits verhüllt, gewissermaßen wie den Passagier der »Maschine zur Zeiterforschung«; der moderne Kämpfer ist lediglich mit seiner Schnelligkeit ausgestattet, *er flitzt in Erwartung des Todes vorbei.* Der moderne Krieg ist nicht mehr eine Kunst des kämpfenden Mannes, er ist plötzlich zur Kunst des kämpfenden Motors geworden.

Die Unsichtbarkeit der Geschwindigkeit ist an die Stelle jener Unsichtbarkeit getreten, die die Maske, der Schild oder die Mauer verschafft hatten.

Die neue militärische Ordnung ist eine Geschwindigkeitsordnung, eine *Dromokratie*. Die Bewaffnung kennzeichnet und hierarchisiert die Kämpfer weit stärker als die Ausrüstung des Korps, wobei man aber unter Bewaffnung »die verschiedenen Mittel eines Eindringens« in den Raum, in das Hindernis, in die Körper zu verstehen hat. So sagte General Fuller: »Als die Kämpfer mit Speeren aufeinander zielten, war die Anfangsgeschwindigkeit dieser Waffe so, daß man sie auf ihrer Flugbahn verfolgen und ihrer Wirkung mit Hilfe des Schildes begegnen konnte, aber als der Speer durch die Kugel ersetzt wurde, war die Anfangsgeschwindigkeit so groß, daß ein Parieren unmöglich wurde.«

In der Generation des »Kampfmotors« besteht das Parieren im großen Zirkus der Kriegsapparaturen, wobei der Krieger in die kinetische Kraft des Geschosses eingebunden wird; seine letzte Ausformung stellt der japanische Granatenmensch, der Kamikazeflieger oder Einmanntorpedo dar, sozusagen eine pyrotechnische Apotheose, bei der das Projektil-Subjekt mitsamt seinem Ziel zerfällt.

Nun sind es die Maschinen, die man vor dem Gegner verbergen muß; das Vehikel wird, wie früher der Kampfanzug, bemalt, seine Umrisse verschwinden unter einer vielfältigen Tarnung: Bei den Panzerfahrzeugen reicht die Skala von Graugrün bis zu Sandgelb und manchmal auch bis zum buntscheckigen Anstrich, der das Zwielicht im Unterholz evoziert. Das Flugzeug weist zwei Farbgebungen auf, die es in die Boden- und Luftelemente einbinden: auf dem Bauch der Maschine ein Hellgrau, das der Beobachter am Boden mit der Helligkeit des Himmels verwechseln kann, oben dagegen ein grünlicher Ton, der die Maschine bei der Landung der Vegetation angleichen soll. Aber auch dieser Landungsplatz ist getarnt, die Flugzeughallen tragen »Kriegsbemalung«, Tarnnetze. Das Taschenspielerkunststück, das Aus-dem-Gesichtsfeld-Verschwinden bezieht sich hier auf den Ort, den territorialen Körper:

»Im Nu ist der Flughafen tatsächlich zum Wald oder zur Wiese, zum See oder zum Dorf geworden... Der Traum des Menschen, sich unsichtbar zu machen, kann offenbar noch nicht verwirklicht werden, aber die Kunst, sich den Blicken zu entziehen, hat dafür bereits ein beachtliches Ausmaß erreicht. Heute macht der Krieg die Mimikry erforderlich; es handelt sich nicht nur darum, sich selbst einen Augenblick lang unsichtbar zu machen wie bei einem Spiel, sondern darüber hinaus, auf lange Dauer riesige Gegenstände, weite Bereiche zu verstecken. Die Verwirklichung einer solchen Aufgabe ist eine Wissenschaft für sich, und der Mensch, der so etwas ins Werk setzt, muß über ein scharfes Gespür für unvorhergesehene Gefahren und vor allem für das Unwahrscheinliche verfügen; der Architekt der Tarnung ist das ganze Gegenteil eines Propagandisten: Während dieser jedermann deutlich zeigen will, worum es geht, macht unser Verwandlungskünstler das Umgekehrte; man hat ihm die Aufgabe gestellt, die Welt zu verwandeln, und er läßt es sich angelegen sein.«

Zwanzig Jahre nach dem Ersten Weltkrieg schildert uns dieser Artikel aus der deutschen Zeitschrift *Signal* von 1943 die Entwicklung des Prinzips der Verstellung und der Tarnung. Der totale Krieg hat das Schlachtfeld erweitert, die vergrößerte Reichweite der Waffen, der Aktionsradius der Maschinen haben zu einer Minderung der taktischen »Dimension« der Konflikte zugunsten ihrer strategischen und logistischen Dimension geführt.

So schrieb von Bülow, die Strategie sei die Wissenschaft der kriegerischen Bewegungen *außerhalb*, die Taktik dagegen die Wissenschaft innerhalb *des feindlichen Gesichtsfeldes*. Von nun an erweitert sich der strategische Bereich im gleichen Rhythmus wie die verschiedenen Formen des Verschwindens: Die Fahrzeuge, die Infrastrukturen, die dem Bombardement ausgesetzten Städte oder gar Regionen wie beispielsweise die Grenzzonen, das ist das große *Blackout**. Nichts, was nicht in die Zerstörungsplanung einbezogen würde, wobei die Tarnung des Territoriums das deutlichste Zeichen einer solchen Erweiterung ist. *Momentan verschwinden, um nicht endgültig zu verschwinden*, das ist offenbar die neue militärische Alternative. Die enorme Wirksamkeit der Sprengstoffe und die Hypergeschwindigkeit der Fahrzeuge führen zu dieser totalen Mobilisierung, wobei gerade die Schnelligkeit der Intervention, die ja schon vorher die Abschaffung der Nationaluniformen erforderlich gemacht hatte, den Gebrauch von Fahnen und Standarten verbietet. Die *Bekleidung* des Piloten oder Fahrers von Maschinen ist nur noch eine Unterbekleidung in der *Kabine*...

Zu Zeiten der geordneten Feldschlachten hatten der Prunk der Kleidung, die Banner und Oriflammen etwa die gleiche Bedeutung wie ein Radiosignal, man wollte sich dem Feind ankündigen und mit den Verbündeten Kontakt aufnehmen. Bei den heute vorhandenen Kom-

* Daß schon sehr früh eine Kamera über dem Lauf der Maschinengewehre der Luftjäger montiert wurde, um mittels des Objektivs die Registrierung der abgeschossenen Feinde zu erleichtern, erklärt sich durch die von Anfang an bestehende Verschmelzung der Funktion der Waffe mit derjenigen des Auges beim Zielen, bei der Augenmuschel der Gewehre mit Zielfernrohr und den Artillerie-Zielgeräten mit großer Reichweite. Nadars Erfindung der »aerostatischen« Photographie und die systematische Industrialisierung des Bildes durch die Luftaufklärung im Laufe des Ersten Weltkrieges waren übrigens ausgezeichnete Illustrationen dieser kinetischen Dimension einer auf ganze Regionen ausgedehnten Zerstörung, einer ununterbrochenen Umwälzung der anhand aufeinanderfolgender Klischees sogleich wiederhergestellten Landschaft, kinematographische Verfolgung eines Niemandslandes, Auflösung und geographische Wiederzusammensetzung, wobei der Film die Nachfolge der Generalstabskarte antrat. Der totale Krieg sollte diese szenische Mutation der Schlacht noch beschleunigen. (Vgl. P. Virilio, *Krieg und Kino. Logistik der Wahrnehmung.*)

munikationsmitteln erübrigt sich dieses Protokoll fast gänzlich, die »Radiostörung« oder die »elektronischen Gegenmaßnahmen« machen die Vermummung des Körpers wieder aktuell. Schließlich ist gerade das die Strategie der Geschwindigkeit: der Blitzkrieg, der ein Vorspiel ausschließt; man kündigt sich nicht mehr an, alles spielt sich im Augenblick der Kriegserklärung und sogar meistens vor einer solchen ab. Auch hier wieder schaffen Schnelligkeit und Aeromobilität der Streitkräfte nicht nur den Schmuck der Korps, sondern auch die Kriegskonventionen ab. Wie im 19. Jahrhundert, wo in Frankreich die Formierung der neuen *Geheimpolizei* stattfand, kann man heute in den regulären Armeen eine Tendenz beobachten, die zum »Soldaten in Zivil« führt, wobei der Soldat sich lediglich durch die Leistung seiner Kommunikations- und Angriffsmittel vom Zivilisten unterscheidet. Der Slogan des Bürgerkrieges wird zum Slogan der offiziellen Streitkräfte: *Die Front ist nirgends, der Feind überall*; die Schnelligkeit der mechanisierten Konflikte hat nicht nur das Gesicht des Kriegers, die Form der Waffen, den Umriß der Gebäude, sie hat die Front zum Verschwinden gebracht. Im Laufe der Jahrhunderte war das *Schlachtfeld* vom *Vorfeld* und dieses wiederum von der *Frontlinie* abgelöst worden, im Blitzkrieg existiert auch diese letzte Abgrenzung nicht mehr; in diesem Sinne erklärte General Gudérian: *»Die Front ist dort, wo sich die Panzer befinden.«*

Anders ausgedrückt: Wo sich die Kriegsmaschine befindet, da ist der Krieg. Doch um welchen Ort handelt es sich eigentlich, da ja Bezug genommen wird auf eine Angriffsmaschine? Der Krieg ist überall, aber die Front ist nirgends, und die Offensive der Panzer ist im Grunde einfach eine motorisierte Guerilla, ein strategisches Wiederaufgreifen des Kampfes der Armen, der zwangsläufig ein im Verborgenen geführter Überraschungskampf der

Minderheiten ist. In Schweden zum Beispiel erhalten die Soldaten gegenwärtig eine Partisanenausbildung; der Staat faßt einen sogenannten *freien Krieg* ins Auge – eine andere Bezeichnung dessen, was man früher Guerilla nannte –, doch handelt es sich in diesem Falle um eine totale Guerilla, eine Guerilla der Mehrheit; *im Grunde befreit man den Krieg von allen Konventionen, allen Regeln, aller Rücksichtnahme*. Das Atom-U-Boot ist der zur Zeit am meisten gefürchtete Vektor der strategischen Streitkräfte, aber nicht so sehr auf Grund seiner Schlagkraft, sondern weil man es nicht orten kann, das heißt, weil es *nicht in Erscheinung tritt*. Da es nicht aufzuspüren ist, stellt es die Abschreckung schlechthin dar... die unbekannte Waffe ist ein Pendant zum unbekannten Soldaten, das Wahrgenommene, Sichtbare fällt in die Zuständigkeit der Hilfstaktiken, die eigentliche Macht ist das Verborgene, das nicht zu Ortende ist die Parade. Ein äußerster Kraftaufwand an Vermummung also, diesmal jedoch einer geostrategischen Vermummung, wobei das Kosmische der Kosmetik neue Dimensionen verleiht... die geschminkte »femme fatale« taucht jetzt wieder auf als Verhängnis einer Welt, welche sich hinter den endlosen Arabesken versteckt, die die Maschinen ziehen, um »strategisch« zu bleiben, das heißt unsichtbar, also »unschuldig«. Die friedliche Koexistenz der Nationen hat den diskreten Charme fabrizierter Unschuld, die politische Künstlichkeit des Erdballs ist eine Wiederaufnahme der Künstlichkeit der Geographie, dieser auf die Darstellung des Siedlungswesens angewandten Geometrie mit ihren Grenzringen, mit diesen Farben und kartographischen Linien, die das Gelände genausowenig verkörpern wie das Make-up die strahlende Gesundheit. Hatte der Marschall von Sachsen nicht schon seinerzeit erklärt, er sei nicht für Schlachten und habe die Überzeugung, daß ein geschickter General sein Leben lang Krieg führen könne, ohne Schlachten zu schlagen ... man müsse den Feind gewissermaßen verschmoren lassen ... Die Entwicklung sollte ihm recht geben, ist es doch eine Folge der geradlinigen kriegerischen Aktivitäten, die von der kartographischen Standortbestimmung über diese Narben, diese Kriegsbemalungen, die die Infrastrukturen der Eisenbahn, der Autobahnen usw. ja darstellen, bis zur elektronischen Teledetektion führen, daß die Welt so diffus geworden ist ... die Geradlinigkeit der Strecken erinnert an die Geschichte der Schnelligkeit, *die Gerade ist das Fossil der Gewalt*, der Gewalt der Geschützkugel auf dem Boulevard als auch derjenigen des Panzers auf der Reichsautobahn ...

Das Verschwinden charakteristischer Merkmale der Korps durch Vereinheitlichung der Uniform geht mit dem Verschwinden der Körper in der einseitigen Ausrichtung der Geschwindigkeit einher. Die allgemeine Mobilmachung ist die letzte Form der Vermummung, und der Verlauf der Eisenbahnlinien und Schnellstraßen ist mit den Tarnspuren an den Wänden eines Gebäudes vergleichbar, wird doch in beiden Fällen Einmaligkeit zugunsten von Gleichförmigkeit unterdrückt. Frankreich hat, von den Luftkabeln bis zu den Kondensstreifen der Jets am Himmel, die den azurblauen Raum quadrieren, bis seine Farbe vollkommen verblaßt, das verunstaltete Gesicht eines unter seinen Kommunikationsmitteln zusammenbrechenden, maßlos vermummten Soldaten.

Uns kommt tatsächlich die unmittelbare Sicht auf die Dinge immer mehr abhanden ... die Karte anstelle des Geländes, die Statistik anstelle von Tatsachen; so schrieb Winston Churchill denn auch im Jahre 1948: »In den früheren Kriegen wurde die Entscheidung eher durch Episoden als durch Tendenzen herbeigeführt, im modernen Krieg sind die Tendenzen unendlich viel wichtiger als die Episoden.«

Verschmoren, verschmelzen, verblassen; die Konflikte scheinen eine Ästhetik des Verschwindens aufzudecken, der sich auch die obersten Autoritäten nicht entziehen können: Führer, Befehlshaber, Offiziere oder Strategen, sie alle steuern abstrakte Vorgänge, die sie nur noch bedingt unter Kontrolle haben. Zuerst war der Soldat, dann die Armee unbekannt, nun wird es auch das Ziel. Der Kapitän, der Kommandant des U-Bootes, das Torpedos ausstößt, verfügt nur noch über das Gedächtnis des Zielrechners; das ablaufende Magnetband speichert die Flugbahn des Flugkörpers bis zu seinem Ziel etwa in der Art, wie sich auf der römischen Landstraße die Macht des Imperiums durch Ortsveränderungen seiner Legionen angereichert hat.

So symbolisiert die Gerade, ob nun aufgerollt auf ihrer Spule oder in die Ebene abgespult, das Unendliche, ist sie doch *sich selbst immer gleich*; in ihrer Eigenschaft als militärisches Vorfeld ist die gerade Linie das Projekt der Gewalt, allerdings einer nicht sanktionierten Gewalt, für die Bewegung alles und das Ziel belanglos ist. Ihr bedeutet, wie der Kurtisane, der Erfolg nichts; was zählt, ist allein der Vorgang, sie verführt zum Aufbruch, ihre Unberührtheit wird zur Falle der Reise. Aufreizend, wie die Dirne den Soldaten in ihre Kammer lockt, führt sie auf den Horizont zu.

Vom Ort der Wahl zum Ort der Ausscheidung

»Also wird mein Volk verschleppt werden aus Mangel an Einsicht.«

Kann man hier über Architektur sprechen? Sicherlich, sofern Nostalgie den Diskurs bewirkt. Ich studierte kürzlich einige Aufnahmen von Berlin, genauer gesagt, des Alexanderplatzes; diese Photographien aus den dreißiger Jahren bis heute machten nicht so sehr den Ortsbefund als vielmehr die Schnelligkeit, mit der diese Orte verschwanden, einsichtig, alles in allem eine Überblendung. Kann diese jähe Beschleunigung des Stadtbildes dem Krieg zugeschrieben werden? Vielleicht, doch selbst wenn der Verschleiß des Raumes auf die Verödung der europäischen Städte zurückzuführen ist, so gewinnt diese Tendenz auf unserem Kontinent erst ab 1945 Kontur oder, anders ausgedrückt, bringen die Entscheidungen schlechter Planer und anderer Drahtzieher die Stadtlandschaften und insofern den territorialen Körper insgesamt erst von diesem Zeitpunkt an durcheinander. Der Erhaltungstrieb der Historizisten, die heute offenbar eine Renaissance der alten Modelle befürworten, was sich nicht nur auf die Hallen von Paris erstreckt, amüsiert mich fast genauso, wie mich die sogenannten Neuerungen belustigen: Besteht doch das Neue von nun an nicht mehr in der Veränderung oder Erneuerung von Formen, sondern in der Schnelligkeit, in der Beschleunigung der zyklischen Bewegung Tradition/Neuerung, in der reinen Geschwindigkeit. Die stilistischen Zeitabschnitte des Alten und des Modernen ziehen so schnell an unseren Augen vorüber, daß sie bereits nichts weiter mehr sind als Sequenzen einer allgemein verbreiteten Abwesenheit der Architektonik, und zwar in einem Maße, daß uns heute bei einer Strukturanalyse der Auflösung von Städten wie Berlin, aber auch Paris und New York Mareys Chronophotographie sehr zustatten käme...

Der Bankrott der Riesenstädte ist jedoch nur Vorzeichen eines größeren Debakels; im Grunde verschwinden mit der Hyperfrequenz der Ausbreitung von Gruppen im territorialen Ganzen die Mythen von Konzentration und Integration. Vor zehn Jahren hielt man es für einen Erfolg, daß in Manhattan Baugenehmigungen nur unter der ausdrücklichen Bedingung zu erhalten waren, daß man gleichzeitig eine »Abrißgenehmigung« beantragte. Die Fixierungsfrist für das architektonische Bild war auf zwölf Jahre begrenzt. Diese phänomenale Kinetik des Stadtbildes hatte sogar seine Theoretiker, vor allem in Japan: die *Metabolisten*. Dazu der Hinweis, daß das gezielte Verschwinden dort in weniger als zehn Minuten ja zweimal stattgefunden hatte: in Hiroshima und in Nagasaki... Heute beklagt Kenzo Tange, einer dieser Theoretiker, in der Fachpresse das bevorstehende Verschwinden nicht mehr der Architektur, sondern diesmal des Architekten; gerade er, der letzteren in einen Zauberkünstler ummodeln wollte, tritt jetzt als Karnickel im Zylinder oder vielmehr als japanische Schattenspielfigur auf. Das schnelle Veralten, diese Ästhetik des Verschwindens, ist offenbar etwas ganz anderes als eine Folge des »industrial design«. Allmählich begreifen wir den hintergründigen Zusammenhang zwischen dem Auftauchen der Eisenbahn und der Erfindung des Kinematographen durch die Brüder Lumière, als ob die Revolution des Transportwesens vor knapp hundert Jahren gleichsam die letzte kulturelle Revolution des Abendlandes gewesen wäre. In der »belle époque«, mit der Einfahrt eines Zuges in den Bahnhof von La Ciotat kommt alles ins Rollen, wird lebendig, wird Flugbahn, Projektionsgeschwindigkeit sowohl des Bildes als auch des Geschosses der Artillerie und der Luftwaffe. Schließlich stellt im Jahre 1905 ein Gelehrter unter dem Titel »Zur Elektrodynamik bewegter Körper« eine These auf, die bald ein noch gründlicheres Verschwindenlassen ermöglichen sollte; ihr Autor heißt Einstein. Aber diese Bewegung, die heute in ihrer Tragweite und historischen Bedeutung klar durchschaubar ist, geht gleichzeitig mit einer totalen Mobilmachung, das heißt, einer Vereinzelung durch die Geschwindigkeit und in ihr einher.

Anläßlich einer Ausstellung im Jahre 1973 im Pariser Kunstgewerbemuseum wurden Ansichten der näheren Pariser Vororte, die vor etwa siebzig Jahren aufgenommen worden waren, sowie neuere Aufnahmen davon gezeigt, was die heutige Auflösung des Stadtgefüges augenfällig machte. Vom Verschwinden der Vegetation und dem veränderten Maßstab der Gebäude einmal abgesehen, war bei den neueren Ansichten die scheinbare Abwesenheit von Einwohnern dieser doch sehr dicht besiedelten Gebiete besonders auffällig. Aber diese plötzliche Leere war nur eine Folge der seit Anfang des Jahrhunderts erreichten Geschwindigkeit. Die Bevölkerung war zwar vorhanden, aber ständig unterwegs, gerade vorbeigefahren oder noch nicht eingetroffen. Diese »Bilder der Zeit« in einer verödeten Stadtlandschaft waren eine glänzende Veranschaulichung des SCHNELLEN als neuer LEERE, der Anwesenheit-Abwesenheit des in seinem Vehikel der Auflösung ausgelieferten, durch die Gewalt der Bewegungsenergie isolierten Passagiers, dieses ins Abseits einer beschleunigten Fahrt gesperrten Verkehrsteilnehmers, der von nun an nicht so sehr »Einwohner« als vielmehr »Überlebender«, nicht so sehr »Gesellschafter« als vielmehr »Zeitarbeiter« ist.

Ein Beispiel: 80 Prozent der Einwohner des XIV. Arrondissements in Paris sind tatsächlich einfach Passagiere, wobei berücksichtigt werden muß, daß die Flut der lediglich durch die Porte d'Orléans oder die Porte Châtillon nach Paris Zurück- oder aus der Stadt Hinausfahrenden nicht mitgezählt worden ist; in Betracht gezogen sind diejenigen, die an Ort und Stelle bleiben, mit Ausnahme derer, die in den Verkehrsadern zirkulieren, was eine erste bedeutsame Streuung beinhaltet. Trotzdem bleiben von denjenigen, die sich angeblich an Ort und Stelle aufhalten, 80 Prozent nicht dort, weil sie entweder nur zur Arbeit hinfahren, aber anderswo wohnen, oder zwar da wohnen, aber jeden Morgen wegfahren, um außerhalb, und oft sehr weit außerhalb, zu arbeiten... Beispiele einer »wechselseitige Wanderung« genannten Gyrovagie, die die soziale Lokalisierung endgültig aufgelöst hat.

Wo ist also der Stadtmensch? Welches ist sein letztes Quartier? Hat er irgendwo noch eine Bleibe, es sei denn, er ist als Kleinkind, durch Alter oder Krankheit ans Bett gefesselt? Befragt man die Verkehrsteilnehmer, antworten manche zuweilen ganz naiv: »Ich wohne im Autobus, da lerne ich Leute kennen, er ist mein Treppenflur zwischen dem Arbeitsort und meiner Wohnung.« Andere nennen den Vorortzug, in welchem sie täglich mehrere Stunden verbringen und Bekanntschaften anknüpfen, wobei sie sich nach Erreichen ihres Bestimmungsortes zurückziehen, um zu essen oder sich nachts in ihrer Wohnung auszuruhen. Das Quartier, in dem man lebt, hat nichts mehr zu tun mit irgendeinem städtischen Arrondissement, es fungiert als eine Art Hand mit abgespreizten Fingern. Wenn wir angesichts dieser neuen Topographie noch die Sequenzen der Flucht in die Wochenendfreizeit oder die in weiterer Ferne liegenden Ferien berücksichtigen, wird der Raum im Hinblick auf die Dimensionen des Landes, des Kontinents oder der gegenüberliegenden Hälfte des Erdballs aufgeteilt. Der Bereich des Passagiers, dieses Bürgers auf Zeit, entpuppt sich somit als ein Feld, das sich jeder Lokalisierung entzieht. Die Vereinzelung durch den Transport und die Streuung sind also sehr charakteristisch für unsere Zeit, obwohl das städtische Ballungsgebiet auf den ersten Blick bedeutsamer erscheint als jemals; man kann die Riesenstadt nicht mit ihrer »Bevölkerungsdichte« gleichsetzen, trägt man doch sonst noch zum Anwachsen der sozialen Auflösung, zur Vereinzelung in der gewaltsamen, beschleunigten Ortsveränderung bei, die ohne unser Wissen die gleiche Wirkung zeitigt wie früher die Absonderung durch Mauern und Zäune. Man hört oft, daß von neuen Städten gesprochen wird... Wenn es neue Städte gäbe, hätte man doch davon gehört! Eine Stadt mehr, da oder dort, ist nichts weiter als eine tautologische Wiederholung in der Umgebung der Hauptstädte: in London und in Frankreich markiert man städtische Agglomerationen, aber die Neuerung ist der Bankrott der Satellitenstädte, das Neuartige ist die unerhörte Entwicklung der Transitlandschaften (*sic transit*), Flughäfen und anderer Orte der Ausscheidung, die zunehmend unsere ehemaligen Orte der Wahl ersetzen. Im Grunde bewirkt das Ende der nordamerikanischen Dienstleistungsstadt bereits das Ende des Mythos der Agglomeration als eines Ortes sozialer Integration der zuwandernden Bauernbevölkerung und des Proletariats; hier liegt der Ausgangspunkt eines weitreichenden *Loslassens*, das in mancher Hinsicht mit der Dekolonisation vergleichbar ist. Der in seinen Terminals und anderen Kontroll- und Überwachungsposten hyperkonzentrierte anationale Staat schickt sich an, bei der Stadtbevölkerung die Festmacher loszuwerfen; ihr Milieu ist von nun an der Nicht-Ort der Geschwindigkeit, das Nicht-Territorium einer im wesentlichen vektoriellen Politik, wobei die Zeit bereits in einem Maße Vorrang hat vor dem Raum, daß man in Frankreich ganz ernsthaft die Schaffung eines Ministeriums der Zeitaufteilung in Erwägung zieht...

Sehen wir uns die Strategie der beiden multinationalen Ost-West-Blöcke an: Die Städte haben für sie, sieht man von gewissen Häfen und Inseln (Mittelmeer, Indischer Ozean usw.) ab, die für die Kontrolle des Ozeans wichtig sind, nur noch den Stellenwert von Einsätzen beim Spiel, von Zielscheiben, die man besser nicht verteidigt. Das allerdings ist jetzt die Neue Stadt, eine zugleich offene und dargebotene Stadt, der Spieleinsatz eines terroristischen Gleichgewichtes, wobei sie angesichts der allgemein praktizierten Abschreckung lediglich als Geisel dient. Das zeigt eine Anekdote: Anläßlich einer Begegnung berichtete mir der *negropontische* Architekt und Informatiker, das Pentagon verfüge über eine neue Art von Planisphäre, die ein Ergebnis der Überprüfung der Versorgungsquellen des Erdballs durch Spionagesatelliten sei. Im Zuge der Kontrolle ganz verschiedenartiger Bewegungen überprüfen die Militärs jede Woche auch den Zustand der Städte: Sobald in einem Viertel ein Bauwerk fertiggestellt ist, welches das Relief einer Agglomeration verändert, wird es in den Weltkataster der amerikanischen Armee aufgenommen, was für jede Stadt in allen Staaten, allen Nationen gilt. Das Gebäude wird zahlenmäßig erfaßt, wie früher topographische Pläne der eroberten Gebiete aufgenommen wurden; heute nimmt man die Morphologie der Großstadt auf... um gegebenenfalls...!

Da haben wir sie, die berüchtigte »Stadt-Entplanung«! Noch vor kurzem mußte man beim Bau einer Brücke ihre Zerstörung im Kriegsfall vorsorglich einkalkulieren. Vor zehn Jahren hatte man in New York eine »Abrißgenehmigung« zu beantragen, sofern man bauen wollte; im Zuge der nuklearen Geopolitik wird eine solche Zerstörungsgenehmigung im Maßstab der gewaltigen, weltweiten Agglomerationen geduldig und unerbittlich vorbereitet*; alles in allem Perspektiven, die das Ende der Städte ankündigen. Früher ein Fixpunkt der Macht, Fixpunkt des Widerstandes mit der Staats-Zitadelle und ihren Bollwerken, taugt die Stadt heute nur noch als Geschenk seitens der Zivilisten an die Militärs beider Lager... vergängliches Talmi, wie man es den »Barbaren« schenkte, ist die Stadt eine Art Vitrine, die man plündern darf. Westberlin ist ein gutes Beispiel für dieses Schema: Obwohl es bereits in Trümmern lag, wurde es wiederaufgebaut, aber lediglich als Schaufenster des Westens. Nachdem es seinen Status als Hauptstadt Deutschlands verloren hatte, sollte es auch noch einen Teil seiner städtischen Wirklichkeit einbüßen; spektakuläre, nach Osten geöffnete Metropole, Transit für Flüchtlinge, Abenteuerspielplatz für eine Architektur mehr oder weniger provisorischer internationaler Ausstellungen, wirklicher als Symbol denn als lebendiger Ort, das ist Berlins neuer Status. Heute ähnelt die Krise New Yorks derjenigen Berlins in mehr als einer Hinsicht; die große Metropole, Ostfassade der Vereinigten Staaten, Einwanderungshafen und ehemalige Vitrine des amerikanischen Traums, verliert gleichfalls ihre wirtschaftliche und politische Substanz zugunsten Washingtons oder vielmehr des

* *Muß man die Vorstädte schleifen?* Zur Stunde, wo ihre Bewohner auf ihre spezifische Lage aufmerksam machen, spielt sich in den großen Ballungsgebieten der sechziger Jahre eine Art Revolution ab. In La Courneuve schickt man sich an, 1500 Sozialwohnungen zu zerstören, in Gagny 500 Wohnungen, usw. Dieses Problem stellt sich überall im Umkreis der Großstädte. Eine wirtschaftswissenschaftliche Studie der »Gesellschaft zur Entwicklung der Kommunikation« kommt zu folgenden Ergebnissen: »Der Abriß von 300000 Wohnungen innerhalb von fünf Jahren würde zehn Milliarden Francs pro Jahr kosten, wodurch aber mehr als 100000 Arbeitsplätze geschaffen würden. Mehr noch, nach Ablauf dieser fünf Jahre wären die Steuereinnahmen aus dieser Operation Abriß/Wiederaufbau um sechs bis zehn Milliarden Francs höher als die an öffentlichen Geldern investierte Summe. Warum also nicht?« A. Silber, *Le Nouvel Observateur*, 1982.

Terminals der Western-Zivilisation: des Pentagons. Für die Akteure der modernen Geopolitik bleiben lediglich zwei Städte übrig: Moskau und Washington. Nur sie verfügen noch über eine Glaubwürdigkeit, die den beiden sich konstituierenden anationalen Staaten angemessen ist; sie sind die letzten Städte, die eine Zeitlang noch eine intakte politische Wirklichkeit vorweisen können.* Diese Kongruenz ist hinsichtlich ihrer praktischen Folgen nicht genügend durchschaut worden: Der Verfall einer gleichzeitig gesellschaftlichen und räumlichen Struktur, wobei die Synözie ihre Wirkungen unbegrenzt reproduziert, vom Niedergang der Dörfer infolge der Entstehung des Stadtstaates bis zum Verfall der Provinzstädte beim Auftauchen der Hauptstadt des Nationalstaates. Heute zieht die transnationale Resorption jede Großstadt, jede Hauptstadt im Osten wie im Westen in Mitleidenschaft, diese Städte sind bereits nur noch Orte einer untergeordneten Politik, wobei jede unmerklich ihre Vorrechte einbüßt; das gehört zur normalen Entwicklung, und Prag war nur ein besonders brutales Beispiel unter anderen.

* Aus dieser Perspektive ist die Notlage gewisser amerikanischer Großstädte insbesondere östlich des Mississippi besser zu verstehen, da sich dort von Chicago bis Washington, von St. Louis bis Boston die Stadtzentren in Rekordgeschwindigkeit entvölkern und das ökonomische Gleichgewicht der Ballungsgebiete an der Atlantikküste und im Middle West bedrohen. *In zehn Jahren hat St. Louis 27 Prozent seiner Einwohner verloren, Cleveland 23 Prozent, Detroit mehr als 20 Prozent...* Manche Viertel dieser Städte ähneln bereits den vom amerikanischen Kino unsterblich gemachten Phantomstädten. Das gleiche gilt für Europa mit seiner Krise der Industriestädte: Liverpool und Sheffield in Großbritannien, Dortmund in der Bundesrepublik, nicht zu reden von der Situation des Großraums Lyon in Frankreich, wo der Minister für Wohnungswesen, Roger Quilliot, kürzlich *ein Programm für den Abriß einer Million Sozialwohnungen* eingehend hat prüfen lassen, da sie als dem neuen »Lebensstil« nicht mehr angemessen galten; die Baufälligkeit war also nicht mehr das einzige offizielle Kriterium, der einzige Vorwand für den Abriß der Gebäude... *Sollte der Abriß der großen Industriestädte allmählich die Funktion übernehmen, welche bisher die in Zeiten ökonomischer Krisen traditionelle Politik großer Bauarbeiten der öffentlichen Hand wahrgenommen hatte?*

Da und dort kann man einer Neuorganisation der politischen Geographie beiwohnen: erneute industrielle Entfaltung in der Dritten Welt, internationale Arbeitsteilung mittels multinationaler Unternehmen usw. Da haben wir sie, die berühmte Förderung regionaler Eigenständigkeit, die von den Verfechtern einer weltweiten politischen Ordnung gepriesen wird! Im großen Prozeß der terroristischen Koexistenz eines atomaren Friedens ist die Demographie der Städte weniger wichtig als ihre geopolitische Lage, es gibt kaum mehr einen Unterschied zwischen New York, London und Paris, sowenig übrigens wie zwischen Warschau, Prag und Leningrad, es bleiben nur die beiden einsamen Zitadellen Moskau und Washington übrig. Die Einheitlichkeit oder sogar völlige Übereinstimmung der Stadtarchitektur von Ost bis West hätte uns indessen hinsichtlich dieses Phänomens die Augen öffnen sollen, beinhaltet doch das »Identische« immer auch ein einschneidendes Verschwinden; die Tilgung der Zeichen der Vielfalt und Gegensätzlichkeit kündigt den kulturellen und politischen Verfall an. Als Mao Tse-tung die zeitgenössischen Konfrontationen als ungeheuren Stadt/Land-Gegensatz weltweiten Ausmaßes darstellte, machte er sich noch Illusionen über das Fortbestehen, das Beharrungsvermögen der Städte. Zwar haben die Städte den historischen Aufstieg des abendländischen Staates mitgemacht, doch die industrielle Revolution bezeichnete den Beginn ihrer Auflösung; wir haben uns, was ihre Überlebensfähigkeit angeht, infolge ihres extremen Wachstums im Laufe des vergangenen Jahrhunderts alle getäuscht. Das Endprodukt dieser militärisch-industriellen Revolution war, wie sich bald herausstellte, die Antriebskraft, die Geschwindigkeit des Geschosses. Das und nichts anderes bedeutete der Plan der Industrie. Im Grunde war die städtische Konzentration nur eine Zusammenziehung, eine Episode der Massenaushebung der vereinigten Bevölkerung vor dem Angriff, der Streuung.* Heute erscheinen mir die bidonvilleartigen Agglomerationen des südamerikanischen Kontinents wie die Vorwegnahme eines Zukunftsplans: riesige, verlassene, der Illusion der Selbstverwaltung hingegebene Zonen einer immer schlimmer werdenden Verelendung wie Villa Salvador bei Lima mit mehr als 100 000 Einwohnern ... Abenteuerspielplatz für eine vergängliche Eigenkonstruktion der Masse mit ein paar verstreuten *Transithauptstädten*, Häfen oder Flughäfen, Transferstädten wie früher Manhattan, die das Perpetuum mobile einer politischen, wirtschaftlichen und kulturellen Delokalisation sicherstellen sollen, ununterbrochenes Durcheinanderquirlen des Gesellschaftskörpers, welches dessen Phasenverschiebungen zu gewährleisten hat, Vorspiel einer weltweiten Biopolitik.

Manche Theoretiker preisen diese Praktiken als eine »erneute Machtergreifung« des Volkes hinsichtlich seiner unmittelbaren Umgebung, wobei sie offenbar nicht bemerken, was es mit einer solchen Trennung von Milieu und Politik auf sich hat. Die Utopie der Metabolisten und die Euphorie einer Tischgenossenschaft der Eigenkonstrukteure tauchen somit nach zehn Jahren wieder auf, aber was früher von Tange und Isosaki als Fortschritt der Konstruktionstechniken oder von Friedmann als mobile Architektur verstanden worden war, ist in Pauperismus, in Verelendung umgeschlagen.

Schon der Hafen war ja nie eine Stadt ganz wie die anderen, aber der Flughafen ist nur noch ein Projektor, ein Ort beschleunigter Ausscheidung mit verbotenen Zugängen, wo man infolge von Lärm und Verschmutzung nicht leben

* »Eine echte Dezentralisierung muß von einer breit angelegten Dekonzentration begleitet sein, insbesondere in den Bereichen Städtebau und Wohnungswesen.« A. Mauroy, *Le Matin*, 21. April 1982.

kann, ein Ort, wo der einzelne Mensch eigentlich kein Einwohner, eher schon ein simples Rädchen im Getriebe ist. Man braucht nur die Entwicklung zu studieren, die die Flughafenarchitektur seit einem halben Jahrhundert sowohl in Frankreich als auch in den Vereinigten Staaten genommen hat. Als Beispiel der Flughafen Le Bourget: Es handelt sich um einen in den dreißiger Jahren erbauten Palast mit symmetrischem Grundriß und zentralem Kontrollturm sowie einer Halle, die mit der Halle irgendeines Hauptbahnhofes vergleichbar ist. Orly weist zwanzig Jahre später kaum wesentliche Unterschiede auf, es ist gleichfalls noch ein Palast, ein rechteckiger Glaspalast mit einer allerdings bereits sehr ausgebauten Autobahnzufahrt... dann Roissy, eine Verlademaschine, ein kreisförmiger Verkehrsknoten mit peripheren Satelliten, wo man wie durch ein Wunder Zutritt zum Jet erlangt... Im Grunde wechselt man vom Automobil über die Rolltreppe bis zum Rumpf des Flugzeugs übergangslos oder nahezu übergangslos von einem technischen Vehikel ins andere. Den gleichen Bruch kann man jenseits des Atlantiks zwischen dem Kennedy Airport und dem neuesten Flughafen von Dallas beobachten, welcher einem Computer zum Verwechseln ähnlich sieht. Seine Ausdehnung ist mit derjenigen des Pariser Großraums vergleichbar und stellt übrigens den Umschlag einer entsprechenden Bevölkerungszahl von zehn bis fünfzehn Millionen Passagieren pro Jahr sicher. Die »Flughafenarchitektur« sollte somit für einen Städtebauer genauso bedeutsam sein wie die »Flughafenkunst« für einen Ethnologen, der sich des Niedergangs der Kulturen bewußt ist. Wenn man wirklich profund über moderne Architektur befinden will, muß man sie hier und in den Autobahn- und Industrielandschaften suchen; die Architektur, Infrastruktur der Gesellschaften, Basis der animalischen Energie und statisches

Vehikel, hat die Tendenz, sich im Zyklus motorisierter Prothesen zu verlieren. Die Lücke zwischen dem Aufzug, der U-Bahn oder dem Zug wird dank dem Rollsteig bereits geschlossen… schon bald wird von einer Maschine zur anderen kein Raum mehr sein mit Ausnahme der großen leeren Gelände der Besiedlung. Die dem Vehikelsystem untergeordnete Architektonik wird auf einige widerrufliche, mehr oder weniger gigantische Apparate reduziert werden, »Kunstwerke«, wie man sie nennt, um das Gesicht einer Zeit ohne Zivilarchitektur und bald auch ohne Kunst zu wahren.

Dem Futuristen Marinetti zufolge war ein Rennwagen schöner als die Nike von Samothrake… möglich, aber heutzutage braucht man nur die neuen »Formel-1«-Rennwagen und die rapide Entwicklung der Aerodynamik seit 1910 zu betrachten, um zu ahnen, daß ein Fahrzeug weiter nichts ist als eine Geschwindigkeitslarve, der Embryo eines immer wieder hinausgeschobenen Werdens, die vorläufige Figur einer Abwesenheit, deren Ende man nur dank dem Auftauchen einer anderen Maschine, einer größeren Geschwindigkeit wahrnimmt.

Die Größe der Geschwindigkeit… was bedeutet ein solcher Satz? Man begreift zwar recht wohl, daß eine Geschwindigkeit höher sein kann als eine andere, aber ihre »Größe«… das ist ein Unsinn, der die Tatsache verschleiert, daß die Überlegenheit der Geschwindigkeit darin besteht, jede andere meßbare Größe zunichte zu machen. Heidegger erklärte, wobei er Platon paraphrasierte, die Größe liege allein im Angriff, aber hierbei handelt es sich um Rausch, um einen Rausch, der vergleichbar ist mit demjenigen des Tiefsinns, um den Rausch der Größe, der den Metaphysiker zu der Aussage veranlaßt, wir sollten von hienieden schnellstens nach da oben fliehen und dort das Hier und Jetzt der Materie und der (animalischen, sozialen, territorialen) Körper zurücklassen, Formwerdung einer Vergänglichkeit, die in einem solchen Maße mit einer verallgemeinerten Zurückweisung einhergeht, daß die Ästhetik des Verschwindens jäh ins Verschwinden der Ästhetik umschlägt.

Im Jahre 1976 wurde das 80jährige Bestehen der letzten Kunst, der siebenten ihres Namens, gefeiert. Indessen ahnte niemand, wie verhängnisvoll »die Einfahrt des Zuges in den Bahnhof von La Ciotat« sein sollte, obwohl die ersten Zuschauer offenbar zurückwichen, als die Lokomotive vor ihnen auftauchte... Reflex, Ahnung, wohin werden wir morgen zurückweichen? Vielleicht dorthin, wo überhaupt nichts oder fast nichts sich bewegt, unter die Erde, in eine dichte Ummantelung, wo die letzte Kolonisation beginnt, diejenige der von Erdrinde erfüllten Welt, in welche man nur mit Hilfe der unterirdischen Architektur eindringen kann, in diese Netze von Galerien, diese Vehikel einer Besiedlung des Schattens, in dieses moderne Schattenspiel.

Wie soll man die zahlreichen internationalen Abrüstungskonferenzen nach dem Ende des Zweiten Weltkrieges deuten? Handelt es sich dabei um eine der Notwendigkeiten der Koexistenz? Um einen großen, weltweiten Befriedungsplan? Oder um einen neuen Typus des Manövrierens, eine Art neues strategisches Spiel, bei dem die Großmächte bemüht wären, durch ständige Hinweise auf ihre Batterien ihre Überlegenheit um so sicherer weiter auszubauen, indem sie den Ort der Konfrontation ununterbrochen wechseln?

Nach dem Verbot biologischer Waffen, nach der Begrenzung der strategischen Rüstung ist jetzt das Verbot des meteorologischen Krieges und seiner logischen Folge, des geodätischen Krieges, an der Reihe. Das Spiel wird mit hohem Einsatz weitergespielt, aber es geht im Gegensatz zu früher nicht mehr darum, auf dem Schachbrett das Symbol für die Divisionen und die Markierung der Armee-Einheiten zu verschieben, es handelt sich heute darum, das Terrain oder vielmehr den Operationsraum ständig zu wechseln. In diesem *Kriegsspiel*, das plötzlich zum *Friedensspiel* geworden ist, ähneln die Partner jenen ehebrecherischen Paaren, die sich vorher einige Male an verschiedenen Orten treffen, um der Aufsicht durch den Ehegatten zu entgehen! Mit dieser *Strategie der Überschreitung* muß man von nun an den Einsatz innerhalb des Spielraums suchen, innerhalb dessen, was nie angesprochen wird. In der Tat haben wir ja gesehen: Was sich zeigt, ist aus dem Rennen, unter Berücksichtigung der Dialektik von Waffe und Panzerung kann das Sichtbare gleich abgeschrieben werden, da es für die Vorausschau, diese Regel des strategischen Spieles, uninteressant geworden ist. Was der Gegner nicht kennt oder was einfach noch nicht in Erscheinung getreten ist, gehört zur *Armierung* im maritimen Sinne: zur Vorbereitung des Aufbruchs, zur Ausrüstung, zum Angriff mittels Ortsveränderung. Versuchen wir uns also vorzustellen, was sich hinter der großen Schnitzeljagd des totalen Friedens verbirgt. Es dürfte mehr als wahrscheinlich sein, daß die *Antistadt-* und *Antikraft-*Strategie nur ein Scheinbild zur Täuschung des Gegners ist; was die gegenwärtige »Verhärtung« der verschiedenen Kampfmittel angeht, so ist sie nichts weiter als die Veranschaulichung der Illusion des Schutzwalls, ein Überbleibsel des Prinzips der Befestigung, ein riesenhafter Betrug, der die Friedfertigkeit der berüchtigten russisch-amerikanischen Gegner/Partner glaubhaft machen soll... Anläßlich technischer Erörterungen wird viel von der Miniaturisierung der Sprengladungen, der präzisen Steuerung der Maschinen geredet... man versieht die Vektoren offenbar mit mehr Autonomie, die Raketen mit mehr Flexibilität im Einsatz... man stellt jetzt die ganze Skala von Waffen und Munition vom Dolch des Kommandos über den Sturmpanzer und das Erdkampfflugzeug bis zur Interkontinentalrakete her... Immer mehr Publikationen beschäftigen sich mit dem Rüstungswesen und erfreuen sich großer Beliebtheit, die Militärsalons und -ausstellungen, die militärischen Demonstrationen schießen aus dem Boden, bei den Festen in den Tuilerien und in Le Bourget sind die Kinder nicht mehr auf Bleisoldaten angewiesen, sondern können anläßlich der verschiedenen Aktionen der »offenen Tür« mit richtigen Soldaten spielen. Im Zeughaus, in den Kasernen zeigt man alles her, *man verrät offenherzig das Geheimnis der Mittel und wahrt dasjenige des Zwecks um so sorgfältiger.* Da und dort eröffnet man neue »Kriegsmuseen«, wo die abgelegten Klamotten der jüngsten Vergangenheit sich stapeln, die Unterseeboote des Ersten Weltkrieges werden wieder flottgemacht, die Panzer des Zweiten Weltkrieges ausgegraben und in die Vitrine gestellt, die fliegenden Festungen halten im Luftfahrtmuseum, die Flugzeugträger im Marinemuseum Einzug, es herrscht der »Friede der Tapferen«, man macht Familienausflüge zu den Schlachtfeldern, notfalls rekonstruiert man, so in Großbritannien, die Kämpfe... Die Fernsehshow über »Große Schlachten der Vergangenheit« erfreut das Herz der Franzosen, während in der Bundesrepublik ein gewisser Karl-Heinz Hofmann eine kleine Privatwehrmacht unterhält, die er zur großen Freude der Nostalgiker an jedem Wochenende Manöver abhalten läßt. Überall gruppieren sich anläßlich verschiedener öffentlicher Festivitäten die Vereine ehemaliger Kriegsteilnehmer neu, manche organisieren Konvois mit alten Ausrüstungen und defilieren auf den Champs-Élysées, andere wiederholen unermüdlich berühmte »Kriegsspiele«... es herrscht ein großer Karneval des

Ruhmes. Aber soll man sich diesbezüglich etwas vormachen? Kommen etwa wieder freudige Mörderhorden im Marschschritt zum Klang ihrer Pfeifen auf uns zu? Steht uns wieder ein Panzerangriff bevor, worauf die jüngsten Konflikte mit konventionellen Waffen im Nahen Osten ja hinzuweisen scheinen? Mit Sicherheit nicht; die Kriege, *die ein paar Tage oder ein paar Stunden dauern, sind selbst museographisch;* trotz des Unheils, das sie anrichten, sind sie bereits nur noch »Vorstellungen« in Lebensgröße, bei denen winzige Schauspieler agieren, die das große Spiel des totalitären Friedens fast überhaupt nicht stören. Im Grunde sind diese militärischen Aktionstheater lediglich militärisch-industrielle »Prüfstände«, nichts weiter... Früher nahm man in Kauf, daß ein Testpilot zu Tode kam, weil man eine Maschine perfektionieren wollte, heute akzeptiert man ohne allzu große Skrupel die Auslöschung von »Testbevölkerungen« im Golan und im Libanon, um die elektronischen Gegenmaßnahmen der Phantom oder die Präzision der SAM-Raketen zu verbessern, aber das Wesentliche ist anderswo, ist in der Evidenz verborgen. Im Gegensatz zum Ersten Weltkrieg hat sich der Zweite Weltkrieg tatsächlich über den ganzen Erdball ausgebreitet, er hat eingeleitet, was im Jahre 1960 vollendet werden sollte: die Eroberung des Raums. In Wirklichkeit hat der totale Krieg das Ende des Weltkriegs herbeigeführt, und seither hat der Krieg trotz Korea und Vietnam sein Terrain eingebüßt. Der moderne Krieg hat sich wie die geländegängigen Maschinen, die Amphibien- und Luftfahrzeuge, die er in Hülle und Fülle einsetzt, delokalisiert und deterritorialisiert, und man braucht sich nicht zu wundern, daß die verschiedenen in Konfrontation befindlichen Streitkräfte abwechselnd ihre vordersten Stützpunkte – mit Ausnahme einiger Transitstellen, Häfen oder Flughäfen, was die Regel nur bestätigt – aufgeben. Konnte man vor kurzem in bezug auf die Armeen noch mit Fug und Recht von »Manövern im Felde« sprechen und das Camp mit dem Feld in Verbindung bringen, braucht zur Zeit das Manöver, soweit es überhaupt noch stattfindet, auf der Ebene der großen Militärpakte kein Terrain, kein Feld mehr. Der plötzliche Überfall tritt die Nachfolge der weltweiten Invasion an, *der Countdown ist zum Ort der Konfrontation geworden*, zur letzten »Grenze«; der Krieg der Zeit ersetzt den Krieg im territorialen Raum, weshalb die beiden großen Blöcke auch so ohne weiteres bereit sind, die geodätischen und meteorologischen Kriege zu verbieten.

Was in Genf mit der Begrenzung der strategischen Rüstung (SALT) zur Debatte steht, ist bereits nicht mehr der Sprengstoff, sondern der Vektor (cruise-missile, backfire...), der sogenannte *Befreiungsvektor* oder, genauer gesagt, seine Leistungen, seine Schnelligkeit.

Während der *nukleare Sprengstoff* vor mehr als dreißig Jahren den Krieg des Raums beendet hat, eröffnet gegen Ende dieses Jahrhunderts der *implosive Vektor* jenseits der erworbenen Territorien den Krieg der Zeit. Die Geschwindigkeit der Vektoren befreit uns mitten in der Koexistenz ohne Erklärung von Feindseligkeiten mit größerer Verläßlichkeit als irgendein wissenschaftlicher Sprengstoff vom territorialen Raum. Wenn *schnelles Reagieren das Wesen des Krieges ausmacht,* wie Sun Tse vor sehr langer Zeit schrieb, müssen wir uns überzeugen lassen, daß heute die Geschwindigkeit der Krieg selbst, das Ende der Zeit ist. Da haben wir ihn also, diesen *ökologischen Krieg*, diesen Krieg im Siedlungsgebiet des Menschengeschlechts, dessen »Antistadt-Strategie« nur einer seiner Aspekte ist. Aber holen wir etwas weiter aus: Im entscheidenden Augenblick der Kubakrise im Jahre 1962 beträgt die Frühwarnfrist für einen Atomkrieg noch *fünfzehn Minuten*; die Aufstellung von Abschußrampen für russische Raketen auf Castros Insel hätte diese Frühwarnung auf *dreißig Sekunden* reduziert, was für Präsident Kennedy unannehmbar war. Wir kennen die Folge, nämlich die Einrichtung des direkten heißen Drahtes... Zehn Jahre später, da die »normale« Frist bereits nur noch einige Minuten beträgt (zwischen fünf und zehn Minuten), zielt das SALT I-Abkommen zwischen Nixon und Breschnew nicht so sehr – wie sein Sigel anzudeuten scheint – auf eine Begrenzung der strategischen Rüstung als auf die Erhaltung der »menschlichen« politischen Macht der Protagonisten ab, da bei der ständig gesteigerten Schnelligkeit der Vektoren die Frühwarnfrist eines Tages weniger als die schicksalhafte eine Minute betragen könnte, *wobei dem Staatschef* (im Osten wie im Westen) *die Möglichkeit der Überlegung und Entscheidung ein für alle Mal genommen würde* zugunsten einer reinen, simplen Automatisierung, so daß die Kriegserklärung von nun an nur noch Sache der strategischen Computer beider Lager wäre.* Erinnern wir auch daran, daß der perfektionierteste Flugkörper nur *drei Kilometer in der Sekunde* zurücklegt, während die Laserwelle *300 000 Kilometer in der Sekunde* zurücklegt. Schließlich sei auch vermerkt, daß ein Großteil der elektronischen Forschung gegenwärtig mit der Planung von Laserwaffen befaßt ist... Vom *Belagerungszustand* der Kriege des Raums zum *Ausnahmezustand* des Kriegs der Zeit verstreichen nur ein paar Jahrzehnte, dann wird die Ära des Staatsmanns von der Ära des Staatsapparats abgelöst.

* »Beide Seiten verfügen über hochpräzise Flugkörper, welche die des Gegners zerstören sollen, ehe sie zum Einsatz gekommen sind. Um ihr Ziel zu erreichen, müssen sie abgefeuert werden, bevor die feindlichen Flugkörper den Boden verlassen haben. *Die Reaktionszeit ist so kurz geworden, daß in Krisenzeiten der Computer über Krieg und Frieden entscheidet.*« R. Barnet, *Le Monde diplomatique*, April 1982.

Nach dem Blockadezustand des Stadtstaates und des Nationalstaates muß man sich damit abfinden, daß *der Ausnahmezustand die neue Stadt ist.* Weltende oder vielmehr Untergang der Orte, dessen lastende Wirkung die Palästinenser als erste ermessen haben; als »Menschen ohne Land«, als Luftpiraten haben sie zwangsweise das Selbstmörderische des *air-terminal* erkannt. Nach der Flughafenkunst und -architektur kommt jetzt die *Flughafenpolitik* auf... aber diese Flughäfen haben nichts mehr von dem Spielerischen an sich, das die reisende Bourgeoisie ihnen verliehen hatte; es handelt sich um den tragischen Flughafen des Vernichtungslagers. Abfertigungsstelle, Endstation und Tore der Antistadt, die sich ins Nichts eines verschwundenen Territoriums öffnen, Orte der Ausscheidung, die man benutzt, um in einem Bogen, leer vom beschleunigten Umherirren, wieder an den Ausgangspunkt zurückzukehren, air-terminal, Spektroskop, vor dem das Volk, Wandernde, Gespenster der letzten Revolution, *der Revolution der ewigen Wiederkehr,* im Transit, auf Bewährung, schattenhaft vorbeidefiliert... Da ist sie, die Antistadt-Strategie, die Strategie, wo die Massen insgesamt gekidnappt werden, die Strategie, wo die Entführung zum eigentlichen Wesen des *transnationalen* politischen Spiels wird, jenseits der alten Praktiken der Beschlagnahme, des Ghettos und der *nationalen Einengung.*

Bevor der Magnat der »Hughes Aircraft Corporation« in einem Jet starb, hatte er für gut befunden, gleichzeitig die Luftfahrtindustrie und die Kinoindustrie zu finanzieren, weil beide als Vehikel der gleichen kinematischen Illusion gelten konnten. Für »Citizen Hughes«, den Eigentümer einer großen Luftfahrtgesellschaft, war die Welt schon derart eng geworden, daß er sich mehrere Dutzend Wohnungen, sogenannte Zweitwohnungen, erworben hatte, die über den ganzen Erdball verstreut waren. In jeder die gleichen Möbel, die gleiche Zeitung und die gleiche Mahlzeit, die gleichzeitig zur gewohnten Stunde aufgetragen wurde. Und zwar, damit der Hausherr sich nicht fremd fühlte.

Ahnung des Endes, des Weltendes? Was bleibt heute, wo (schon zahlreiche) Reisende in Roissy in Frankreich eine Flugkarte nach Roissy in Frankreich lösen, von der Reise noch übrig? Sollte der letzte Nomadismus derjenige der Zeit, der verfließenden Zeit sein? Hier wie anderwärts ist Einsteigen lediglich eine »einfache Fahrt«, eine *Beschleunigung*, kein Aufbrechen mehr, weil anderwärts wie hier, in dieser Transitstadt, die Passagiere den Vektor ihres Verschwindens erwarten, in diesem »Saal der verlorenen Reisen«, der stark an die Wartesäle der alten Kinos erinnert, wo man in der heroischen Zeit, als der Kinematograph noch nicht *nonstop* lief, geduldig wartete...

Obwohl die Projektion des Reiseapparats immer noch nicht *nonstop* läuft, sondern noch vom Zeitpunkt der Abreise abhängig ist, sind diejenigen, die auf ihre Abreise warten, um (ohne irgendwohin zu fahren) zurückzukehren, den Kinofreunden sehr ähnlich. Das gilt für jene vierzig Amerikaner, die am 31. Dezember 1976 in Paris aus dem Flugzeug stiegen, eigens um da Silvester zu feiern, dann die *Concorde* zu besteigen und dort an Bord Silvester zu feiern, in Washington zu landen und in der französischen Botschaft Silvester zu feiern... so wie man sitzen bleibt, wenn ein Film einem gefallen hat, und ihn sich ein zweites, dann ein drittes Mal ansieht.

»Du hast aus dem, was eine Welt war, eine Stadt gemacht!«, warf der Galloromane Namatianus der Stadt Rom vor, aber das war damals weiter nichts als ein mediterraner Plan, ein Marseiller Scherz... hingegen wird Dallas-Airport laut Ankündigung schon bald mehr als hundert Millionen Passagiere im Jahr abfertigen, also das

Doppelte der Bevölkerung Frankreichs durcheinanderquirlen. Diese phänomenale technische Anlage wird nicht nur das lebensgroße Modell der Antistadt sein, sondern auch und vor allem das Modell der Antination. Deren vorläufige, in die Bordregister eingetragenen Bürger sind nicht zwangsläufig verschiedene Individuen, vielmehr auch Angehörige einer ringförmigen Identität, sogenannte »rotierende Passagiere«, Bewohner von Zeitzonen, topologische Wesen, deren Vorbild Sarah Krasnoff gewesen sein dürfte, die im Jahre 1971 auf der Flucht vor den Psychiatern in den Maschinen der KLM fünf Monate lang hintereinander praktisch ohne Unterbrechung den Atlantik mehr als 160mal überquerte, bevor sie ruiniert im Zimmer 103 des Hotel Frommer in Amsterdam starb.

Dritter Teil

Die Dromoskopie

»Das erste Opfer eines Krieges
ist die Wahrheit.«
R. Kipling

Die Bewegung steuert das Ereignis, die Geschwindigkeit verwandelt die Erscheinungen, indem sie Transparenz erzeugt; auf der abenteuerlich beschleunigten Reise entsteht wie beim *trompe-l'œil* ein Scheinbild; der Hintergrund der Landschaft, gleichsam ein nachgedunkeltes Bild, taucht wieder an die Oberfläche, am Horizont regen sich unbelebte Gegenstände, erscheinen nacheinander vor dem Firnis der Windschutzscheibe, die Perspektive kommt in Bewegung, der Fluchtpunkt wird zum Angriffspunkt, der seine Striche und Linien auf den reisenden Voyeur projiziert; das anvisierte Ziel ist ein Brennpunkt, dessen Strahlen auf den geblendeten, vom Vorrücken der Landschaften faszinierten Beobachter zuschießen. Diese scheinbar Bewegung erzeugende Achse ist dank der Geschwindigkeit der Maschine plötzlich etwas Konkretes, allerdings nur jenes ganz relative Konkrete des Augenblicks, wird doch der Gegenstand, der auf den Film der Windschutzscheibe zustürzt, genauso schnell wieder vergessen wie vorher zur Kenntnis genommen und fällt, sobald er im Heckfenster verschwindet, der Requisitenkammer anheim.

Kein Zweifel, wir sind hier mit der wahren »siebenten Kunst«, der Kunst des Armaturenbretts, konfrontiert. Im Gegensatz zur *Stroboskopie*, die die Beobachtung von Gegenständen, welche in schneller Bewegung befindlich sind, gleichsam im Zeitlupentempo gestattet, macht die

Dromoskopie leblose Gegenstände als gleichsam in heftiger Bewegung begriffen sichtbar.

Wer ein Fahrzeug besteigt, geht gleichzeitig an Bord und von Bord (zum Beispiel über die Bordsteinkante), und wer eine Ortsveränderung bewirken will, muß überdies vor einer Art Rahmen Aufstellung nehmen, der aus dem Bildschirm der Windschutzscheibe und der Schalttafel für die Apparaturen des Projektormotors besteht. Dieses *Armaturenbrett* vor den Augen des Fahrers bildet ein Ganzes, und bei Ortsveränderungen muß abwechselnd sowohl das Auftauchen von Gegenständen, die auf die Scheibe prallen (Bilder, aber auch Insekten, Kies, Vögel...), sowie das Ausschlagen der Meßkörper und Zähler im Auge behalten werden. Diese mit der Steuerung verbundene Faszination führt zu einem Doppelspiel einer Ausrichtung nach innen wie auch nach vorne; mittels des Lenkrades und des Schalthebels stellt der Autor und Komponist der Reise in der Tat Sequenzen von *Geschwindigkeitsszenen* zusammen, die insgeheim über den durchsichtigen Bildschirm der Windschutzscheibe laufen. Im Zuge der gleichförmigen Abfolge verschiedener Fahrszenen ist jeder bei der Vorwärtsbewegung in Tiefenschärfe wahrgenommene Gegenstand einen Augenblick lang ein hinausgeschobener Zusammenstoß; im Proszenium des Führerstandes provoziert der Fahrer im Vorrücken durch kreisende Ausweichmanöver solche überstürzten Bewegungen (und fürchtet sie andererseits); sind sie doch zu unwirklich, als daß ihn ihr selbstmörderischer Antrieb von seinem Vorstoß abhalten könnte. Im Grunde verdeckt das dromoskopische Scheinbild die teleskopische Gewalt der Fahrt; diese Täuschung bestätigt und beruhigt den Mann am Steuer hinsichtlich seines Tempos. Sofern das Fahrzeug dank seiner Aerodynamik weiter nichts ist als der Embryo eines immer wieder hinausgeschobenen Werdens, ist es infolge der Vervollkommnung der am wenigsten Widerstand leistenden Formen auch Figur einer allgemeinen Abwesenheit, eine Geschwindigkeitslarve, deren Entwicklung man nur dank dem Auftauchen einer besseren, noch höhere Geschwindigkeit ermöglichenden Form wahrnimmt. Dasselbe gilt für die durch das Anwerfen des Motors hervorgerufene dromoskopische Figuration; jedes Armaturenbrett ist im Grunde eine Momentaufnahme der Inszenierung, die auf dem Film der Windschutzscheibe abläuft; die überstürzte Fortbewegung der Landschaft ist lediglich eine kinematische Halluzination: Im Gegensatz zum Stroboskop existiert im Dromoskop eine stationäre Präsenz der Gegenstände nicht mehr, wodurch der Zuschauer und Akteur der Reisen hinters Licht geführt wird. Bei der Schnelligkeit der Ortsveränderung befindet sich der Reisevoyeur in einer Lage, die der Situation des Kinobesuchers entgegengesetzt ist: *Er selbst wird projiziert*; als Akteur und Zuschauer des Dramas der Projektion spielt er, solange die Reise währt, sein eigenes Ende.

Die Kunst des Armaturenbretts entpuppt sich somit gleichzeitig als Ersatz der Jagd mit ihren Szenen, aber auch als Ersatz des Duells mit seinen Finten; Schalthebel und Lenkrad haben entsprechende Funktionen wie Schwert und Schild, die Waffe der Geschwindigkeit schleudert die Angriffsmaschine über die Dekors der durchquerten Gebiete, durch Drehungen des Lenkrads wird den scheinbar vom gegnerischen Horizont ausgehenden Linien durch Schwenks ausgewichen. Auf dem Spiegel der Windschutzscheibe führen die Scheibenwaschanlage und die Scheibenwischer das Spiel der Transparenz weiter, jener Transparenz, die für die dromoskopische Steuerung der Bilder genauso notwendig ist wie die tiefendimensional erfolgende Loslösung der Straße für die Steuerung des Automobils. Trotz der Scheibe ist die Öffnung der Führerkabine nicht einfach eine Luke; sie ist eine Bühne, auf der die Zeichen der durchquerten Orte gemäß der Inszenierung wechselnder Bühnenbilder, wechselnder Geschwindigkeiten agieren. Da der Rahmen des Armaturenbretts das Gesichtsfeld der Passagiere verengt, trägt er dazu bei, daß alles noch schneller vorbeizieht, wodurch die Geschwindigkeit des Fahrzeugs zunimmt. Die dromoskopische Simulation ist Ergebnis dieser doppelten Reduktion: einer Reduktion der Zeitdistanz der Reise und einer Reduktion des Gesichtsfeldes durch den engen Rahmen des Armaturenbretts.

Im Grunde ist der automobile Führersitz einfach ein *Landschaftssimulator*; übrigens zieht man bei bestimmten Überschallvektoren die elektronischen Bilder des »Flugsynthesizers« der unmittelbaren Sicht auf die Umgebung oft vor. Desgleichen, wenn beim Flugunterricht der *Flugsimulator* dem Piloten die Illusion des Fluges vermittelt; in der Autofahrschule verwendet man die kinematographische Projektion: Der Fahrer, der die vorüberziehenden Sequenzen des Fahr-Films beobachtet, bahnt einer imaginären Ausstellung von Bildern der Armaturenbretter künftiger Reisen den Weg. In den Fahrszenen der Windschutzscheibe wird die Welt zum Videospiel, zum Spiel der Transparenz und der Durchbohrung, das der Regisseur, der das Fahrzeug in Gang setzt, steuert; die Befähigung zur Kontrolle ist für ihn gleichbedeutend mit der Befähigung zur Fortbewegung, das heißt, mit dem *Führerschein*.

Die Beherrschung der dromoskopischen Projektion gewährleistet die Sicherheit der Reise, anders ausgedrückt, die weitgehende Ruhigstellung der Reisenden durch den Komfort der Ortsveränderung; den Passagieren darf um alles in der Welt die brutale Wahrheit ihres Status nicht bewußt gemacht werden; wer schnell reist, muß – wie früher als Kind – »still wie ein Stilleben« im Anschnallgurt hängen und kann lediglich machtlos die Ausstellung von Bildern in verschwommenen Farben, die schnell an seinen Augen vorbeiziehen, zur Kenntnis nehmen. Solange die dromoskopische Simulation anhält, ist der Komfort der Passagiere sichergestellt; nähme diese hingegen bei einem Zusammenstoß ein jähes Ende, würden die Reisevoyeure plötzlich, wie Alice durch den Spiegel, durch den Spiegel des Armaturenbretts geschleudert, ein Todessprung, vor allem aber ein Wahrheitssprung ihrer Flugbahn, wobei die Zuschauer, da der Abstand von Saal und Bühne nicht mehr gegeben wäre, zu Akteuren würden; einer solchen *vorübergehenden Auflehnung der Passagiere* suchen die Sicherheitsgurte beizukommen.

Mit dem Dromoskop muß man sich zwangsläufig, bei Strafe schwerster Ahndungen, jeder Bewegungsphase anpassen; ganz anders als beim Cinemascope erfordert die Geschwindigkeitsveränderung, daß der Fahrer, der sie bewirkt, jede Sequenz auf dem Bildschirm der Windschutzscheibe ablaufen läßt: Nach dem Zeitraffer die Zeitlupe, und über das *Rückwärtstravelling* des Zurückstoßens auf dem Parkplatz die *feste Einstellung* des Halts.

Diese Rückläufigkeit der Bilder bei zunehmender Verlangsamung der Projektion ist der Rückläufigkeit der Geschwindigkeit im Getriebe vergleichbar; die Abwicklung der Phasen ist Ehrensache. So kann die erste, zweite, dritte oder vierte Etappe der Fahrt niemals übersprungen werden; der Fahrer, der die Bewegung bewirkt, muß die dromokratische Ordnung ihrer Diktatur respektieren.

Bei diesem Verfolgungsrennen wird das Land nie im eigentlichen Sinne durchquert, sondern eher durchbohrt, durchschaut, der Fahrer ist lediglich Kontrolleur dieser Perforation, bei der das Wirkliche sich scheinbar wie ein

Handschuh umstülpen läßt. Bei der Hin- wie bei der Rückfahrt ist die Fahrstrecke nichts weiter als ein Tunnel, in welchem sich die Bedeutung der Entfernung in ihr Gegenteil verkehrt. Bei einem Wechsel des Dekors, also der Geschwindigkeit, wobei der informative Inhalt der Orte sich ständig verändert, entspricht jeder Bewegungszustand der automobilen Maschine einer Etappe der Bedeutung durchquerter Gebiete; jede Geschwindigkeit wirkt dank ihrer dromoskopischen Figuration ein wenig wie ein *Zeit-Departement*, ein Departement der Durchfahrzeit. Die Öffnung der Windschutzscheibe ist also kein Fenster, sondern eine Art Fenstertür, die von den Passagieren ununterbrochen benutzt wird, eine Fenstertür, durch die die Reisevoyeure sich bei der bevorstehenden Ankunft drängen.

Der Bildschirm der Windschutzscheibe, vergleichbar mit dem senkrechten Drehkreuz einer Drehtür, funktioniert etwa so wie ein Tunneleingang, dessen horizontale Achse das Fahrzeug und dessen Flügel die Landschaften wären, die ringsherum nacheinander auftauchen. Bei dieser obszönen Umkehrung stellt das Land seine Dessous zur Schau; der territoriale Körper reizt, indem er seine Landschaften schürzt, den Mann, der den Raum im Griff hat, zu hoher Geschwindigkeit, zur Vergewaltigung der Strecke. Aber der durchlässige Bildschirm ist auch eine Art Skala, ein Meßkörper, der durch seine dromoskopische Simulation die Gewaltsamkeit der Fahrt anschaulich macht; wo die Kontrollichter und andere Meßgeräte an Bord den *Zustand des Motors* anzeigen, weist das Glas der Windschutzscheibe seinerseits auf den Stand des Fahrverlaufs hin, der dromoskopische Ausblick macht die doppelte Transparenz der Scheibe und des Wegs, die Entwicklung der körperlichen Welt *einsichtig*; die anläßlich der Reise simulierten Verformungen des Gesichtsfelds sind kostbare Hinweise auf den *Ortsbefund*. In der Bildergalerie der Armaturenbretter täglicher Beweglichkeit wird die Kulturrevolution des Transportwesens öffentlich zur Schau gestellt. Auf dem Bildschirm der automobilen Reise ruft die überstürzte Abfolge der Bilder den Eindruck einer tellurischen Bewegung hervor, deren Epizentrum im blinden Fleck der Ankunft läge; der Transportvektor ist in diesem Falle nur ein Implosiv, und die Benutzer dieser fahrbaren Katastrophe sind nicht so sehr privilegierte Begutachter der Landstraße als vielmehr Betrachter einer wilden Flucht der Umgebung. Infolge der Geschwindigkeit der Verfolgungsjagd zerstört das Ziel den Reiseweg; die Zielscheibe des (automobilen) Projektorprojektils scheint die Entfernung aufzuheben, und der Wunsch des Passagiers, das Ziel schnellstens zu erreichen, bewirkt auf Grund der mit einer Reise verbundenen Entfernung die brutale Zerstückelung der Landschaft. Die unwiderstehliche Anziehungskraft des Fahrens zieht eine Auflösung feststehender Gegenstände und damit auch der Zeit der Ortsveränderung, der *Zeitdistanz*, nach sich. Die kognitive Distanz zum Raum besteht zwar irgendwo noch weiter, wird aber immer mehr Erinnerung, beabsichtigtes Sicherinnern an frühere, schwach mobilisierte Fahrwege; die entfernteste Landesgrenze rückt zwar immer näher, aber das Beharrungsvermögen der Orte ist der Ästhetik der Geschwindigkeit zum Opfer gefallen; das Reiseziel wirkt – ein optisches Phänomen – wie ein *Ventil*, das Steuerwerk an Bord ermöglicht die unmittelbare Wahrnehmung jäh auftauchender Bäume, Häuser, Hügel, die die Wegstrecke abwechselnd markieren. Die außergewöhnliche Anziehungskraft der Ankunft verändert die Perspektive des Passagiers in der Weise wie die *Blende* der Kamera die Helligkeit einer Momentaufnahme.

Der Zeitraffer des Apparats für dromographische Aufnahmen findet seine Entsprechung in der fortschreitenden Verengung durch die Windschutzscheibe; der Wunsch, das Reiseziel möglichst rasch zu erreichen, beschränkt das Gesichtsfeld, die *Tiefenschärfe* der Reisevoyeure.

Heute bewerkstelligt das Kommunikationsmittel nicht nur, wie früher, den Transport von einem Punkt zum anderen (wie jede Brücke), das schnelle Transportmittel erzeugt auch diese flüchtige Figuration des Transfers. Das Kommunikationsmittel, welches ein Vorbeiziehen feststehender Dinge simuliert, spiegelt die unwahrscheinliche Wirklichkeit räumlicher Endlichkeit vor, das dromoskopische Scheinbild macht die Gegen-Wahrheit einer Schrumpfung der Welt wahrscheinlich.

Die bewegten Bilder spiegeln den Reisenden etwas vor hinsichtlich der kataklystischen Bewegung am Ende, hinsichtlich der *Ankunft des Endes*; die Windschutzscheibe ermöglicht wie ein Zauberspiegel einen Blick in die Zukunft. Im Grunde hat die (medienautomobile) Dromovision das Vorbeiziehen schon lange simuliert, bevor das (medienaudiovisuelle) Fernsehen die Nähe simulierte... bis zum durchaus vorstellbaren Zeitpunkt, wo plötzliche Allgegenwart mit dem Abstand auch den Raum abschafft und dadurch der dromovisuelle Apparat eine vollkommene Entsprechung zum audiovisuellen darstellt!

Dann hätte man, wenn man in ein Fahrzeug einsteigt, Gelegenheit zu einer *Erforschung der Projektion*; wir müßten etwa so, wie man ein Labor betritt, an Bord gehen und ein Rätsel – das Rätsel der Zusammenhanglosigkeit der motorisierten Irrfahrt – zu lösen versuchen, wir müßten versuchen, die Logik dieser Abwesenheit, die die Reise erzeugt, zu erahnen.

In der Geschichte der Architektur taucht das Fenster zuerst am Kultort auf und setzt sich erst später im profanen

Hausbau durch, gestattete doch seine Öffnung, den Himmel, die Zugänge zum Heiligtum zu betrachten, *ohne sie zu berühren*. Später, diesmal in der Geschichte der Malerei, ermöglichte der Rahmen des *Tafelbildes* ein solches Einhalten einer kritischen Distanz, die durch die perspektivische Geometrie wissenschaftlich untermauert wurde. Heute sieht es so aus, als beschwöre der Bildschirm des *Armaturenbretts* diese scheinbare Nähe mittels des Heckfensters, seiner verglasten Türen und seiner frontalen Windschutzscheibe aufs neue; das automobile Fahrzeug bildet ein *Quadriptychon*, wobei der passionierte Reisende Zielscheibe eines ununterbrochenen Ansturms ist, der die Perspektive des Bildes verändert; die Illusion bleibt die gleiche, aber sie erstreckt sich jetzt über die Oberfläche der Welt und nicht mehr nur über die Oberfläche der Leinwand. Das Fahren ersetzt die Grundierung; wer (fahrend) Bewegung erzeugt, versetzt den Reiseliebhaber in die transparente Grundierung seines Fahrens. Lenkte früher der Maler die Blicke des Kunstliebhabers auf die trügerische Tiefe seines Bildes, lenkt heute das dromoskopische Werk den Fahrer wie den Passagier in die trügerische Tiefe eines ganzen Landes; dem Licht der Ankunft entgegengeschleudert, bilden sie gemeinsam die »Seele« einer Art von durchsichtigem Schacht, wobei der Wechsel der Landschaft die Kalibrierung der Reise bewirkt.

Im Führerstand ist unmittelbare Nähe ziemlich belanglos; es zählt einzig und allein, was in der Ferne liegt; im Verlauf der Reise wird die Vorwärtsbewegung von dem gesteuert, was vorne befindlich ist, wobei die Antriebsgeschwindigkeit ihren eigenen Horizont erzeugt: Je *höher* sie ist, desto *ferner* ist der Horizont. Die Philosophie der Windschutzscheibe macht eine Vorausschau weit dringender erforderlich als die normale Sicht, wird doch letztere durch die Vorwärtsbewegung verfälscht; die stattfindende Fahrt ist zukunftsgesteuert, die Vergangenheit wird von der beschleunigten Irrfahrt überholt, die Bezugspunkte liegen im wesentlichen in der Zukunft, die dromovisuelle Maschine fungiert also vor allem als *Mittel der Exhumation, der Kommunikation* und teilt nur mit, was bei der zielgerichteten Fahrt bevorsteht. Was an Ort und Stelle verbleibt, ist schon lange untergegangen in der Archäologie des Aufbruchs. Für den Fahrer, den Prospektor der Reise, ist der Führerstand ein *Voraussichtsstand*, ein Kontrollturm hinsichtlich der Zukunft der Reise. Im Gegensatz dazu ist der Kontrollturm des Flughafens für den Fluglotsen der Führerstand der Luftfahrtlinien. Ob es sich um die scheinbare Bewegung der Landschaften auf dem Bildschirm der Windschutzscheibe oder, in diesem Fall, um die tatsächliche Bewegung der Flugzeuge auf dem Radarschirm handelt: Für denjenigen, der die Fahrt überwacht, zählt die Vorwegnahme, das vorausschauende Wissen.

Da die Taktik der Körper durch die Vektorentechnik ersetzt worden ist, kann man die Vision einer Welt, die untergeht, sobald sie wahrgenommen worden ist, recht gut mit einer *Siegervision* gleichsetzen, und zwar insofern, als das Funktionieren des Armaturenbretts gewissermaßen eine verkannte Form des Kriegsspiels darstellt. Erinnern wir uns daran, daß im Rahmen der Dialektik des Kriegs dasjenige, was sich zeigt, aus dem Rennen ist; Sichtbares kann gleich abgeschrieben werden, da es für eine Vorausschau, diese Spielregel der Strategie, nicht mehr in Betracht kommt. In diesem Sinne ist das Vorausschauen der Bewegung des gegnerischen Horizonts durch den Autofahrer mit dem Vorausschauen der Feindbewegung durch den militärischen Führer vergleichbar. Die Dromoskopie, eine hochentwickelte Form des Kriegsspiels, wäre gewissermaßen ein Videospiel der Geschwindigkeit, ein Blitzkriegspiel, bei dem sich die militärischen Praktiken des Führungsstabes ständig vervollkommnen würden; jedes schnelle Fahrzeug wäre letztlich ein Befehlsvektor, ein »command car«... Es ist übrigens aufschlußreich, die historische Entwicklung der verschiedenen »Führerstände« in Betracht zu ziehen; fuhr man früher noch in der freien Luft, im Kontakt mit der Atmosphäre, wobei man das Motorengeräusch sowie das Windgeräusch und das Vibrieren der Maschine zur Kenntnis nehmen mußte, kann man jetzt sagen, daß der Exzeß der Geschwindigkeit dazu beigetragen hat, den Fahrer immer mehr einzuschließen, zuerst hinter den Schirm der Brille, dann hinter der Windschutzscheibe und schließlich in die *innere Steuerung*.

Nach der »gefühlsmäßigen Steuerung« der Pioniere kam die »instrumentale Steuerung«, dann die »automatische Steuerung«, und die hundertprozentige Automatisierung der Automobilität steht wahrscheinlich bevor...

In der Tat stellt der Führersitz in den Fahrzeugen ein politisches Bild der Zukunft dar; das Armaturenbrett zeigt jedem, der es zu Rate zieht, die vorhersehbare Entwicklung der Macht an; die Bildschirme und Skalenscheiben, echte Kristallkugeln, erhellen mit ihrem Beschlag die bevorstehenden politischen Wege. Die neue »Kriegsmaschine« ersetzt die letzte »Überwachungsmaschine«, beide sind jetzt eins. Im Gegensatz zu früher herrscht keine Zweiteilung zwischen der Funktion der Waffe und derjenigen des Auges, die Angriffsmaschine zieht die Zielmaschine nach sich, und die Zerstörung der Sicht beleuchtet die Zerstörung des Lebens. Unglücklicherweise sind die direkten Folgen *dromoskopischer Unfälle* offenbar weniger spektakulär als diejenigen *teleskopischer Unfälle*; es bleibt kein Wrack übrig, und »sichtbar« kümmert sich niemand um die Sicherung der Sicht. Indessen sollten wir uns angesichts dieses Taumels, der den Passagier ergreift, wenn er in die Tiefen des Landes taucht, Gedanken machen; dieser *Rausch der Weite*, der ihn dazu verleitet, gewisse Beschleunigungsstufen zu überschreiten, ist furchterregend; die Weite der Welt, ihre Ausdehnung verschmelzen plötzlich mit dem Machtwillen der Fahrer: *Der Angriff verlebendigt die durchquerten Gegenden*, das Territorium existiert nur noch kraft der Heftigkeit des Vordringens, das Vorrücken ruft bei der Ankunft die Örterdämmerung hervor, der Reisevoyeur braucht sich im Gegensatz zu seinen seßhaften Kollegen nicht mehr hinter dem Schlüsselloch eines panoptischen Konvergenzzentrums aufzuhalten, seine Fahrt ist nurmehr ein langer Blick, wo Ort und Auge etymologisch verschmelzen.

So hat Martin Heidegger, der sich im Jahre 1933 der Philosophie des Führers anschloß, erklärt: »Der Anfang ist noch. Er liegt nicht *hinter* uns als das längst Gewesene, sondern er steht *vor* uns. Der Anfang ist als das Größte im voraus über alles Kommende und so auch über uns schon hinweggegangen. Der Anfang ist in unsere Zukunft eingefallen, er steht dort als die ferne Verfügung über uns, seine Größe wieder einzuholen.« Seither haben wir eine ganze Reihe von *Völkerführern* und anderer *mächtiger Steuermänner* hinter dem dromoskopischen Bildschirm der absoluten Macht auftauchen und wieder verschwinden sehen; beunruhigend ist aber auch die Armee in ihrem Gefolge: Motorradfahrer, Autofahrer, *Familienvorstände*, die durch ihre täglichen kleinen Ausbrüche die dromokratische Ordnung der großen Invasionen nachahmen. Welche politischen Auswirkungen zeitigt eine solche Aufteilung der Gewalt der Geschwindigkeit, welche demokratische Illusion, welche Liturgie wird dadurch erzeugt?...

In der Weise, wie die Seefahrt seinerzeit die Katastrophe des Schiffbruchs mit sich gebracht hatte, das heißt, den

Untergang des Schiffes im tragenden Element, hat der beschleunigte Verkehr eine neue Katastrophe, den Zusammenstoß, herbeigeführt und entwickelt: das heißt, das unvorhergesehene Verschwinden eines Fahrzeugs in einem andern. Der Brand anläßlich des Zusammenstoßes, ein *Spiegel von Geschwindigkeiten*, der das Gewaltsame der Fahrt auf den Gegenstand und die Personen, die die Ortsveränderung vornehmen, zurückwirft, wäre demnach im Grunde der Schiffbruch der Geschwindigkeit. Nimmt man übrigens den Begriff »Zusammenstoß« (frz. *téléscopage*) unter die Lupe, so muß man sich seine Doppeldeutigkeit bewußt machen: »von fern überprüfen« (Fernrohr) und »vermengen« (zusammenstoßen). Da die optische Täuschung des Fernrohrs einerseits darin besteht, Entferntes zur Überprüfung näherzurücken, die optische Täuschung des Automobils andererseits darin, Nah und Fern zu vermengen, wobei die beschleunigte Reise mit einer gewissen Wahrnehmungsstörung einhergeht, könnte man die Fahrt als eine mißbräuchliche Verbindung von Nah und Fern betrachten, weil das Fahrzeug nicht so sehr dem Transport des Passagiers als vielmehr, wie irgendeine Zusatzlinse, der Verschiebung der physischen Wirklichkeit, das heißt, der Modifikation der visuellen Erfahrungsebenen dient.

Die Geschwindigkeit, die unsere Kenntnisnahme von Distanzen (kognitiver Distanzen) zunehmend außer Kraft setzt, indem sie uns gewaltsame Nähe beschert, entfernt uns in gleichem Maße von der wahrnehmbaren Wirklichkeit; je schneller wir auf das Ziel unserer Ortsveränderung zusteuern, desto weiter fallen wir zurück, und zwar in dem Maße, wie die *Schnelligkeit in gewisser Weise als vorzeitiges Gebrechen, buchstäblich als Kurzsichtigkeit betrachtet werden könnte*. Während infolge Freilegung der Tiefe des Gesichtsfelds (Abholzung, Wüste, Glacis) das *Entfernte sichtlich näher-*

rückt, wirkt im Grunde bei beschleunigter Fortbewegung *die Annäherung, physisch gesehen*, entfernend, da der Horizont ununterbrochen in die Ferne rückt. Die »Überwachungsmaschine« (Wachtturm, Fernrohr) konnte den Horizont durch Überblick oder optische Eigenschaften der Linsen heranholen, die »Kriegsmaschine« (Fahrzeug, verschiedene Vektoren) hingegen entfernt den Reisenden, den sie dem Horizont entgegenträgt, in gleichem Maße von seiner Umgebung, so daß man die Annäherung eines Fahrzeugs als Rückwärtsbewegung, ja buchstäblich als Rückzug betrachten könnte.

Hier ist offenbar der Rückstoßantrieb gleichsam ein Symbol für die seit der Revolution der Transportmittel im Gang befindliche Bewegung. Der Schub hat, dromologisch gesehen, die Antriebskraft des Propellers ersetzt; bei Höchstgeschwindigkeiten des Luftantriebs stützt sich das Vehikel auf den Ausstoß einer gewissen Bewegungsmenge (durch Geschwindigkeit erzeugte Masse), *und zwar nicht in der Richtung, die es einschlagen soll, sondern in der entgegengesetzten Richtung*. Der Angriff ist somit Ergebnis eines Rückzugs der Kräfte; die *Schnelligkeit der Rückzugsbewegung treibt das Vehikel voran*, wie ja auch die Gewalt der Fahrt auf Verausgabung, auf Energieverlust beruht...

Bei der Projektion einer beschleunigten Fahrt wird der territoriale Raum im Grunde zurückgeworfen, in Kulissen der Fortbewegungsleistung umgewandelt; *das Territorium wird durch die beschleunigte Ortsveränderung ausgebeutet*, als ob der Verbrauch von Raum und Zeit den Verbrauch der Rohstoffe bezwecke und wiederhole, als ob die Dimensionen der Welt aus ihrer Nutzung als Wirkungsfeld resultierten.

Übrigens wird im Falle der Flugzeuge der Vektor von seiner Geschwindigkeit getragen, die Schnelligkeit seiner Flugbahn ist gleichsam sein Weg, die hohen Antriebsgeschwindigkeiten bilden von nun an die Infrastruktur von Reisen in großer Höhe. *Die Schnelligkeit*, die den Start der Maschine bewirkt, *befördert den Passagier in den Himmel*; nicht mehr nur die Freilegung der Tiefe des Gesichtsfeldes, der Weg, ermöglicht die Reise, *in diesem Fall ermöglicht die Schnelligkeit eine Überbrückung der Leere*.

Der Motor fabriziert in seiner Eigenschaft als »Geschwindigkeitsfabrik« *die Zubringerstraße*, der Exzeß (der Geschwindigkeit) verschafft Zugang zur Dimension der Atmosphäre über den Oberflächen des territorialen Raumes. Indessen ist anzumerken, daß der Nutzung der Welt als Wirkungsfeld durch die Erdkrümmung insofern Grenzen gesetzt sind, als die Gewaltsamkeit des Geschwindigkeitsexzesses zwangsläufig nur eine Regression, eine ewige Rückkehr (in den Hafen oder in den Flughafen) ist, die die Passagiere wieder auf den Nullpunkt zurückführt. *Da jede Reise wie ein Countdown abläuft*, ist die neue Katastrophe, der Zusammenstoß, darauf zurückzuführen, daß die Ankunft offenbar immer öfter mit der Abreise zusammenfällt: Das Überschallflugzeug, schneller als die Sonne, erreicht New York, bevor es von Paris aufgebrochen ist... Während man früher noch über die drei Begriffe Abreise, Reise und Ankunft verfügte, bleiben uns heute nur noch zwei: Abreise und Ankunft. Im Zuge der Revolution des Transportwesens ist der Abstand infolge immer größerer Beschleunigung immer geringer geworden; was zum Beispiel die Luftlinie angeht, so ist die (in Kilometern gemessene) »Raumdistanz« durch »Zeitdistanz« ersetzt worden, diese reine Dauer, bei der die Umgebung infolge der heftigen Vorwärtsbewegung der Maschine als Wirkungsfeld nicht mehr in Betracht kommt. Doch diese Schrumpfung, dieses Aufeinanderprallen setzt sich ja fort, jede Steigerung der motorischen Leistungskraft reduziert diese *Linie* des Luftweges; bald wird es nur noch die Ankunft geben, *den Ankunftspunkt*, da die Abreise ihrerseits in der Plötzlichkeit des Projekts versinkt. Das ist bereits der Fall bei den audiovisuellen Kommunikationsmitteln, wo sich Zuschauer und Zuhörer im Verbund miteinander, beziehungsweise vor dem Bildschirm befinden; *eine Abreise um einer Begegnung willen existiert nicht mehr, sie wird durch die Ankunft der Bilder* auf dem Bildschirm oder diejenige der Stimme im Kopfhörer *ersetzt.* Bei der telefonischen Kommunikation horchen die beiden Gesprächspartner aufmerksam auf das Eintreffen der Stimme des Partners, wobei das Nichtvorhandensein von Abreise und Ingangsetzung gerade auf das Nichtvorhandensein raumzeitlicher Distanzen des Zwiegespräches zurückzuführen ist. Hier wird die Symmetrie des Rückstoßes offenkundig: Jeder bleibt zu Hause in Erwartung der Ankunft einer (telefonischen oder vom Fernsehen übermittelten) Sendung, im Grunde existiert die Archäologie der Abreisen nicht mehr; *in Anbetracht der Schnelligkeit des Angriffs ist das Warten an die Stelle des Rückzugs, des Rückstoßes getreten.* Die Dromoskopie besteht somit paradoxerweise *im Warten auf das Eintreffen dessen, was an Ort und Stelle verbleibt;* die Bäume, die auf dem Bildschirm der Windschutzscheibe vorbeiziehen, die Bilder, die auf dem Fernsehschirm auftauchen... Die scheinbaren Bewegungen, Ersatz für die Wirklichkeit, sind lediglich Trugbilder. Nun muß man hier aber auf den Begriff der Sichtbarkeit und somit auch auf das Licht zurückkommen, *da das Sichtbare ein Effekt der scheinbaren Bewegung der am Horizont aufgehenden und untergehenden Sonne ist.* Die dromoskopische Täuschung einer Fortbewegung der Sonne hat entscheidenden Einfluß auf die Wahrnehmung der Umgebung, die Bewegung des Gestirns am Himmel oder im Fenster entspricht ganz genau der Bewegung der Gegenstände, die vor der Windschutzscheibe auftauchen, *und zwar dergestalt, daß der Horizont in der Ferne, dem die Reisevoyeure entgegenstreben, selbst nur ein Breitwand-Bildschirm* ist. Auf diesem Bildschirm werden die in astronomischen Dimensionen vorbeiziehenden Himmelskörper im (tagtäglichen) Augenblick der (jährlichen) Bewegung des Planetarfahrzeugs sichtbar, in welchem die Passagiere Platz genommen haben oder wo sie vielmehr für eine gewisse Zeit behaust sind...

Die Fortbewegung der Schatten auf dem Boden, eine kinematische Täuschung, macht – wie der Sonnenuntergang, das Ansteigen des Geländes und die Heraufkunft des fernen Horizontes – vor allem die Erdumdrehung bewußt; *das Sichtbare wäre somit der Wirklichkeitseffekt des Bildschirms der Atmosphäre, seine Transparenz der Effekt einer Gasbeleuchtung.*

Es ist übrigens aufschlußreich, über die intensive Erzeugung solcher »künstlichen Himmel« nachzudenken, über diese dromoskopischen Bildschirme, wie man die großen Glasfenster im modernen Wohnungsbau bezeichnen könnte, auch über die Erfolge der (totalitären) Ideologie sozialer Transparenz und die Mannigfaltigkeit audiovisueller Verfahren in immer zahlreicheren Gebieten: Kontrolle der Bewegungen, Fernlenkung, Überwachungen verschiedener Art. Bei exzessiver Geschwindigkeit wird die Sicht immer mehr zum Weg, zur Zubringerstraße, und zwar in einem Maße, daß *das tägliche Leben optisch zum »Vortag« wird, wobei die Sicht das Leben ersetzt,* als ob jedermann in der Erwartung anzukommen, ohne physisch aufgebrochen zu sein, sich von nun an damit begnügte, vor dem audiovisuellen Gerät in Wartestellung zu gehen, wohl in der Hoffnung, daß dafür die dromovisuelle Maschine die Plötzlichkeit der Allgegenwart erreiche...

Es gibt eigentlich nur noch eine einzige Vermittlung, nicht diejenige des Vektors, des Fahrzeuges, sondern die Vermittlung seiner Geschwindigkeit; zwischen dem audiovisuellen Medium und dem (dromovisuellen) Automobil besteht kein Unterschied mehr, tragen sie doch beide in ihrer Eigenschaft als *Geschwindigkeitsmaschinen* durch Erzeugung von Schnelligkeit zur Vermittlung bei und gehen ineinander über, da die Funktionen des Auges und der Waffe im Laufe der Revolution des Transportwesens wie bei einer Überblendung in eins verschmolzen worden sind.

Hier macht sich die euphorische Täuschung von McLuhans »Massagebotschaft« geltend: Die Vermittlung findet weder durch Übertragungs- und Kommunikationsmittel der geschriebenen oder gesprochenen Sprache noch durch das Bild statt, die wirksamer oder unwirksamer sind als das Manuskript oder die Druckpresse, *die Vermittlung ist eine Frage schneller Kontaktaufnahme der Gesprächspartner*, wobei letztlich die Verschiedenartigkeit der (audiovisuellen, automobilen...) Kommunikationsmittel kaum eine Rolle spielt, da alle zu »Kommunikationsmitteln der Vernichtung« geworden sind.

Doch kommen wir auf die Gewalt der Geschwindigkeit zurück: Wenn schnelles Reagieren das eigentliche Wesen des Krieges ausmacht und wenn, wie Kipling seinerzeit sagte, *das erste Opfer eines Krieges die Wahrheit ist*, dann muß man folgerichtig feststellen, daß die *Wahrheit das erste Opfer der Schnelligkeit ist*, was uns die Dromoskopie vor Augen führt und auch von Sun Tse zum Ausdruck gebracht wurde, als er darauf hinwies, daß die militärische Durchschlagskraft von ihrer Beziehung zum Schein abhängig sei. Da der Krieg eine privilegierte Form des Abenteuers der Erscheinungen darstellt, *wird die Kraft, das heißt, die Gewalt militärischer Bewegungen, der Steuerung durch den Schein unterworfen*, und zwar nicht nur durch Verstellung, Listen und Tarnung, *ist doch die Rüstung selbst Produkt des Ereignisses der Bewegung*, wofür die Fachleute den Ausdruck »Logistik« verwenden. Man sollte in diesem Zusammenhang auch auf eine fehlerhafte Einschätzung eingehen: Der *Wurf* der Waffen früherer Zeiten und der *Schuß* heutiger Waffen haben den Tod des Gegners oder die Zerstörung seiner Mittel nie als vordringliches Ziel angestrebt; sie bezweckten in erster Linie die Zerstörung seines *Projekts*, handelt es sich doch jeweils darum, ihn davon abzuhalten, beziehungsweise ihn zu *zwingen, die im Gange befindliche Bewegung zu unterbrechen*, ob es sich dabei um die Bewegung, die es dem Angegriffenen ermöglicht, den Angreifer zurückzudrängen, oder um einen Vorstoß handelt, ist unerheblich. *Die Bewegung steuert das (kriegerische) Ereignis und produziert die Rüstung*, wie schon Napoleon darlegte, als er erklärte, die Begabung zum Krieg sei identisch mit der Begabung zur Bewegung. Während aber früher schnelles Reagieren das Wesen des Krieges ausmachte, muß man jetzt feststellen, daß es heute zu seiner absoluten Form geworden ist. Nach der industriellen Revolution des Transportwesens ist *die Geschwindigkeit*, nicht so sehr als »Maschinenfabrik«, sondern vielmehr als »Geschwindigkeitsfabrik« begriffen, *der Krieg im Reinzustand, der reine Krieg*.

Der Notstand, Kriegszustand ohne Kriegserklärung, ist ein Überraschungszustand (anders ausgedrückt, ein Zustand »reiner Ankunft«), der dank Aufhebung von Raum und Zeit sowohl an der Aufhebung der Abreisen als auch der Absichtserklärungen teilhat. Dieser plötzlich eintretende Kriegszustand, reine Intensität, setzt auf der Welt (in ihrer Eigenschaft als Wirkungsfeld) mit der Wahrhaftigkeit der Materie die Wirklichkeit ihrer Dimensionen außer Kraft; die Geschwindigkeit, absoluter Krieg oder vielmehr letzter Krieg, ist gewissermaßen eine Entsprechung zum Ende der physischen Welt als dreidimensionaler Wahrheit; die Schnelligkeit, der Kriegszustand als Tatbestand, provoziert die Niederlage der Tatsachen. In der Folge verflüchtigt sich die Welt wie ein geliebtes Wesen, das man im Verlauf einer langen Reise vergißt; nach der Nostalgie, die sich auf Vorstellungen der Vergangenheit bezieht, verfallen wir in eine Nostalgie, die einer gegenwärtigen Welt gilt, welche rein imaginär geworden ist.

Was ist eigentlich, sofern die Dimensionen der physischen Welt aus ihrer Nutzung als Wirkungsfeld resultieren und die Geschwindigkeit zur Aufhebung dieser Dimensionen führt, eine Dimension?

B. Mandelbrot antwortet in seinem Buch, die Dimension sei eine Frage der Meßeinheit, und das numerische Ergebnis (von Null bis zu mehreren Dimensionen) hänge von den Beziehungen zwischen Gegenstand und Beobachter ab, das heißt, vom Abstand zwischen Beobachtetem und Beobachter.* *Da die räumlichen Dimensionen eigentlich nurmehr bruchstückhafte Botschaften seien, die von der Geometrie unausgesetzt interpretiert würden*, wäre somit die eigentliche »Dimension der Welt« nicht nur eine Frage der Meßeinheit des (geometrischen oder geographischen) Bildes, sondern auch eine Frage seiner Schnelligkeit, verändert sich (oder, wie Mandelbrot sich ausdrückt, hüpft)

* »Als Bestätigung kann angeführt werden, daß ein komplexer Gegenstand, nämlich ein Knäuel von zehn Zentimetern Durchmesser, der aus einem Faden von einem Millimeter Durchmesser besteht, gewissermaßen latent über verschiedene physische Dimensionen verfügt. Bei der Meßeinheit von zehn Metern wirkt er als Punkt, somit als nulldimensionale Figur; bei der Meßeinheit von zehn Zentimetern handelt es sich um einen Ball, also eine dreidimensionale Figur, bei der Meßeinheit von zehn Millimetern wirkt er als eine aus Fäden bestehende Einheit, somit als eindimensionale Figur, bei der Meßeinheit von 0,1 Millimetern wird jeder Faden zu einer Art Säule, und das Ganze entwickelt sich wieder zu einer dreidimensionalen Figur; bei der Meßeinheit von 0,01 Millimetern lösen sich alle Säulen in fadenförmige Fasern auf, und alles wird wieder zu einer eindimensionalen Figur, und so weiter, die Wertigkeit der Dimension hüpft ununterbrochen.« B. Mandelbrot, *Les objets fractals*, S. 13, Einführung, Paris 1975.

doch die Wertigkeit der dimensionalen Vermittlung, dromoskopisch gesehen, ununterbrochen, und zwar in dem Maße, wie die Geschwindigkeit der Beobachtung zunimmt. *Dabei sind die Kommunikationsmittel der Dimension*, Vektoren oder Vehikel (Feldmesser, Zusatzlinse, Mikroskop, Teleskop, Automobil, Satellit...) gleichzeitig *Mittel zur Vernichtung der Dimensionen*. Letzter Verkehrsunfall, bei dem diesmal der Wirklichkeitseffekt der sichtbaren Welt mit Lichtgeschwindigkeit aussetzen würde, Implosion, dimensionaler Zusammenstoß, der bewirkte, daß der Schein, die Erscheinungen im blendenden Licht der Geschwindigkeit untergingen.

Da das Sichtbare lediglich ein Oberflächeneffekt des unmittelbaren Lichtausstoßes ist und außerdem das immer schneller Vorbeiziehende zunehmend undeutlicher wahrgenommen wird, kann man sich der Einsicht nicht verschließen, daß das im Gesichtsfeld Befindliche dank Vermittlung von Phänomenen der Beschleunigung und Verlangsamung wahrnehmbar ist, die in allen Punkten von Belichtungsintensitäten identifizierbar sind. *Wenn Geschwindigkeit Licht, alles Licht auf der Welt darstellt, ist der Schein Beweggrund*, während das Erscheinen momentaner, trügerischer Transparenzen, die räumlichen Dimensionen selbst, lediglich flüchtige Erscheinungen sind, wie Dinge, die nur in dem Augenblick, wo der Blick auf sie fällt, dieser Blick, der gleichzeitig Ort und Auge ist, ins Auge fallen.

Die Geschwindigkeitsquellen (Generator, Motor) sind somit, wenn es sich um Dimensionen der Welt handelt, Licht- und Bilderquellen, Bilderquellen der Welt. Indem sie das Aufkommen und die Entwicklung der »Höchstgeschwindigkeiten« bewirkte, hat die dromokratische Revolution auch zur Entwicklung vieler Klischees beigetragen, die sich auf die neue Darstellung verschiedener physischer Größen beziehen; die Revolution des Transportwesens hat somit den industrialisierten Handwerksbetrieb der Erscheinungen ins Leben gerufen, welcher als *Geschwindigkeitsfabrik*, also auch als Licht- und Bilderfabrik, mit einem Mal *kinematische Projektion der Wirklichkeit* geworden ist, Fertigung der Welt, einer Welt von Scheinbildern, *eine Montage dromoskopischer Sequenzen, wobei die Optik der motorischen Täuschung an die Stelle der optischen Täuschung tritt.*

Die historische Funktion der Geometrie scheint also die fortschreitende und fortschrittliche Reorganisation der »Bewegkraft« gewesen zu sein, die Entwicklung einer Art von verallgemeinerter Logistik oder *Chronologistik*, die sich nicht nur auf den Bereich des Sichtbaren bezieht, da dieser ja nur der Wirklichkeitseffekt schneller Fortbewegung ist, sondern auf die Gesamtheit der physischen Realitäten. Dank der ständigen Verschiebung der Beziehungen von Schein und Beweggrund hätte somit die Geometrie die Steuerung der verschiedenen Kräfte der Durchdringung vorgenommen; durch die Bloßlegung der Erscheinungen und die Entlarvung der Materie als Perspektive, das heißt als Dimension, als Ziel, hätte so der geometrische Angriff ihre Zerstreuung beschleunigt, und zwar im Rhythmus der Vernichtung ihrer Dimensionen, so daß die Geschwindigkeit schließlich die Möglichkeit schafft, den Abstand zwischen Physischem und Metaphysischem widerstandslos zu bewältigen.

Licht der Geschwindigkeit

»Denn alles, was offenbar wird,
das ist Licht.«

Paulus von Tarsos

*Was sollen wir erwarten, da wir nicht mehr warten müssen, um anzukommen?** Auf diese Frage können wir heute antworten: *Wir werden die Ankunft des Bleibenden erwarten*; das ist die wahrnehmbare Folge des Lichtes der Geschwindigkeit, anders ausgedrückt, der Inszenierung der Revolution des Transportwesens. Mit der Heraufkunft des Motors geht in der Tat eine neue Sonne auf, die die Perspektive grundlegend verändert; ihr Licht verändert dann umgehend auch das Leben. Mittels des Doppelprojektors, der Schnelligkeit erzeugt und gleichzeitig (kinematische und kinematographische) Bilder verbreitet, gerät offensichtlich alles in Bewegung; der Zerfall des Sehens beginnt kurze Zeit vor dem Zerfall der Materie und der Körper, welcher sich anläßlich der ersten Studien über die (aerodynamischen) Formen des geringsten Widerstandes ankündigt, *wobei Geschwindigkeit und Elemente zusammenwirken, um dem Apparat Form zu verleihen*, und zwar dahingehend, daß sein Bewegungsspielraum völlig umgestaltet wird (auch im Hinblick auf den Atomzerfall...). Von nun an besteht ein Zusammenhang zwischen der Winderosion und der Erosion des relativen Windes der Geschwindigkeit, welcher gleichzeitig das Fahrzeug und die Landschaften gestaltet, bis die Passagiere akklimatisiert sind. Obwohl wir das Licht der Geschwindigkeit genausowenig abblenden wie das Sonnenlicht mit der Hand von uns abhalten können, wird *der*

* Vgl. *L'insécurité du territoire*, Stock, 1976, Kapitel »Véhiculaire«.

Zerfall der Übermittlung des (kinematographischen) Bildes und der Übermittlung des (kinematischen) Körpers schnell vollzogen sein, und zwar so, daß bald niemand mehr sich über die doch immerhin spektakulären Sehstörungen, die durch schnelle Fortbewegung hervorgerufen werden, wundern wird. *Dann faßt man die lokomotorische Täuschung als echtes Sehen auf, und die optische Täuschung erscheint als wahrhaftiges Leben.*

Wie haben wir den Irrtum begehen können, die Optik der kinematischen Täuschung von der Täuschung der kinematographischen Optik zu trennen, *das Vorüberziehende, das Defilee, mit Wahrheit gleichzusetzen?* ... Vielleicht weil die logistische Geschichte der Geometrie das Relative der Wahrnehmung seit langem verdunkelt hat und uns mittels des Kunstgriffs der *sukzessiven Dimensionen* dazu verführte, die perspektivische Ausrichtung auf ein Ziel hin als Wahrheit, das Visuelle als wirklich aufzufassen... *Wenn wir den Schein, allen Schein in Betracht ziehen, bedeutet eine Mißachtung des Beweggrundes, eine Beobachtung des Beweggrundes ohne Berücksichtigung seiner Schnelligkeit soviel wie eine Affirmation dieses »Fixismus«*, der von Kopernikus über Galilei und viele andere bis zu Wegener im Verlauf der kosmogonischen und geophysikalischen Geschichte immer wieder sein Wesen treibt. Heute bewohnen wir, so scheint es, nicht mehr so sehr unsere Wohnung (ihr Feld ist praktisch verschwunden) als vielmehr die Gewohnheit der Schnelligkeit; ihre wirklichkeitsverbundene Wahrscheinlichkeit entfremdet uns in einem Maße, daß die optische Wirkung der Schnelligkeit aussetzt und die durch Beschleunigung hervorgerufenen Wahrnehmungsstörungen als normal erscheinen.

Es handelt sich um die letzte Form des Anthropozentrismus, eine neue, ursprüngliche Form, die mit dem Aufgehen der zweiten Sonne, nämlich des Motors, dieses Brennpunkts von Geschwindigkeit und Bildern, einhergeht. Auf ihn *richtet* sich der »Reisevoyeur« ständig *aus*, und zwar in einem Maße, daß er sich schließlich in totaler Passivität *einrichtet*, da diese letztlich der Achsigkeit der geophysikalischen, im momentanen Blick verdichteten Ausdehnung entspricht: *Die Antriebswelle ist zum Baum des Lebens, zum axis mundi geworden.* Wir sind schon immer der Geschwindigkeit des Sonnenlichts ausgesetzt gewesen; von nun an werden wir überbelichtet im Licht der Geschwindigkeit der Fahrzeuge, das unsere Apparate erzeugen und projizieren. Das Rätsel der Bewegung ist also mit dem Rätsel des kinematischen Simulators verknüpft; während früher die dromoskopische Wirkung der am Horizont untergehenden Sonne (oder des Mondes) mit dem *Geozentrismus* die denkbar größte optische (kinematische) Täuschung erzeugte und die Verheerungen des Anthropozentrismus hervorrief, spaltet nun die wuchernde Industrie der Geschwindigkeitswellen das egozentrische Scheinbild und strahlt es unendlich zurück.

Mit der szenographischen Revolution der Geschwindigkeit wandelt sich die »Verfolgungsjagd« in eine Art »Jagd vom Anstand aus«, wobei die *Fahranlage* nun die Stelle der *Jagdausrüstung* einnimmt. Die wiederholten beschleunigten Ortsveränderungen projizieren eine letzte *imago mundi*; die ununterbrochen in Bewegung befindlichen Passagiere verlagern die Welt in den Projektionssaal der automobilen Fahrkabine wie in das blendende Weiß der Leinwand. Dank der Leistungen des Vehikels ist die Dunkelkammer mit einer weißen Kamera versehen; der Fahrersitz wird für den Reisevoyeur zum »Glühenden Gerichtshof« der Belichtung der Reise, eine Außengalerie zum Aushängen der Landschaften. Die durchquerte Welt wird auf diese Weise reine Vorstellung, allerdings eine forcierte Vorstellung, da die Vorwärtsbewegung alles verfälscht, diese Vorwärtsbewegung, die nur noch Ausdruck der Vernichtung von Dauer und Ausdehnung ist. Nachdem einst *Orient* und *Okzident* Abfahrt und Ankunft der Sonne auf ihrer Bahn registriert und die geopolitische Organisation der Erde markiert hatten, *wobei dem Okzident, Zeichen der Ankunft, aber auch des Niedergangs, auf Kosten des Orients, also der Abfahrt, mehr Bedeutung beigemessen wurde*, können wir jetzt feststellen, daß dieser selbe Okzident, der seinen Bestimmungsort erreicht hat, bestrebt ist, im Zuge der Industrialisierung der Geschwindigkeit *die Eile* zu institutionalisieren, das heißt, *die reine Ankunft*, die letztlich die Abfahrt, alle Abfahrten und den ganzen Orient in einer nur einen Augenblick dauernden Weltumkreisung zunichte macht. Der Untergang des Abendlandes würde somit zur Örterdämmerung eines im Licht der Geschwindigkeit überbelichteten Universums werden, zum Untergang der physischen Welt, da – wie einer der Strategen der intensiven Motorisierung, General J. F. C. Fuller, angemerkt hat – *die* a priori *unternommene Offensive den Keim des Verhängnisses schon in sich trägt, wird sie doch gerade durch ihre Erfolge geschwächt.*

Im Zuge der industriellen Revolution des Transportwesens hatte die Heraufkunft des Motorgenerators lange Zeit etwas vom Morgen eines Tages, der Fortschritte bringen würde, etwas vom *Aufgang* eines strahlenden Gestirns, aber die zunehmende Beschleunigung der motorischen Leistung bewirkte dann bald, daß man eher den Eindruck hatte, es handle sich um den *Untergang* eines solchen Gestirns, um Rückzug, um Wirklichkeitsverlust. Wobei man hier noch anmerken muß, daß der Ausdruck »Belichtung der Welt im Licht der Geschwindigkeit« ungenau ist; das geophysikalische Feld ist Gegenstand einer Überbelichtung: *Wie im Telemeter beruht der Wirklichkeitseffekt auf einem doppelten Anvisieren mittels einer nunmehr permanenten Überla-*

gerung von Sonnenlicht und beschleunigtem Vehikel. Vielleicht wird man den Anbruch dieses »paradoxen Tages« noch erleben, an dem eine immer stärkere Luminosität uns diese Nacht des Lichtexzesses bescheren wird, *einen letzten (stereoskopischen) Zusammenstoß, wobei der abendländische Notstand nicht so sehr mit der ewigen Rückkehr als vielmehr mit der Nicht-Rückkehr gleichzusetzen ist, das heißt, mit der endgültigen Verneinung des Kommens und Zurückkommens, weil alles an Ort und Stelle verbleibt, indem es ununterbrochen ankommt.*

Die Plötzlichkeit der Ankunft wird das Bleibende im Stich lassen, die Ruhe wird dann zur allerlängsten großen Fahrt, auch einen Wechsel von Tag und Nacht wird es nicht mehr geben, da die Nacht dann mit dem denkbar längsten Tag, mit dem denkbar hellsten Licht zusammenfällt.*

Da die Lage der Orte und Dinge auf Grund der Überbelichtung der Beschleunigung unbegrenzt auswechselbar ist, werden die Pole austauschbar, so daß bei dieser Art von plötzlich erfolgender Selbstkommutation die Kommunikationsmittel endlich als das in Erscheinung treten, was sie von jeher schon waren: als Waffen, als Vernichtungsmittel.

Die Dinge, Anschluß oder vielmehr endzeitliche Offenlegung, *fallen jenseits des auf immer verschwundenen Scheins ununterbrochen dem überstürzten Beweggrund anheim*; die Geschwindigkeit, anfangs als Widerstand gegen den Bodeneffekt der Schwerkraft konzipiert, wandelt sich selbst zu einer Art alternativem, beliebig einzustellenden *Gewicht* – absoluter Triumph der Logistik. So folgt auf den paradoxen Tagesanbruch der »Sonne« des Licht und Bilder verbreitenden Motors die zwischenzeitliche Influenz einer

* Für die Rückkehr von San Francisco nach Europa kann man eine Flugstrecke wählen, die über die grönländischen Eismassen führt. Dabei läßt sich zu gewissen Zeiten im Jahr ein überraschendes Phänomen beobachten: Es existiert keine Nacht mehr, man hat den roten Schimmer der Abenddämmerung hinter sich und, gleichzeitig, den grünen Schimmer der Morgendämmerung vor sich.

sekundären Schwere, die ihrerseits *einen doppelten Sturz der Körper bewirkt: Nach dem Sturz der Masse in die Planetaranziehung erfolgt der Sturz der abwesenden Lichtmasse in die Plötzlichkeit der vehikulären Anziehung.*

Der bis dahin noch nicht mögliche Transport der Körper in Lichtgeschwindigkeit wird dann die ehemalige Eigenschaft der Masse aufheben, nämlich, daß sie der Beschleunigung Widerstand leisten konnte, indem sie das Ausmaß der Bewegungen einschränkte und die Ortsveränderungen bremste. Jenseits des Atomzerfalls und der Explosion der spaltbaren Materie werden wir machtlos der Streuung der Fahrzeuge beiwohnen, der Implosion aller Masse und aller Materie in der Allgegenwart des Lichtexzesses der Geschwindigkeit. Dann, im Kern dieser *kritischen Masse*, die den Punkt der Nicht-Wiederkehr erreicht hat, wo Dauer und Ausdehnung durch die schließliche Rekonzentration des physikalischen Feldes ausgeschaltet sind, *werden sich alle Oberflächen gegenüberstehen, überbelichtet in einem einzigen interface*, ein absoluter Triumph der geozentrischen Täuschung, in der der Okzident wohl einmal sein Ende nehmen wird.

Während früher die Sonnenuhr als erster dromoskopischer Geschwindigkeitsmesser gelten konnte, sieht es seit nicht allzulanger Zeit so aus, als ob der Bildschirm den Spiegel ersetzen werde. In zahlreichen sportlichen Disziplinen, zum Beispiel in der Leichtathletik, beim Fußball oder beim Reiten, ermöglichen Videorecorder und Fernsehen im geschlossenen Stromkreis den Ausübenden, sich selbst und – in Aufzeichnung – später noch einmal zu sehen. So kann in der Reitschule von Saumur ein Televideo-Netz dem Reiter seine Bewegungen auf einem der zwölf Kontrollempfänger, die rund um die Reitbahn angebracht sind, analysieren, ohne daß er aus dem Sattel steigen muß... Die Aufnahmetechniken bieten also jedermann die Möglichkeit, sich in Aufzeichnungen oder sogar *direkt* wie in einem Spiegel zu beobachten, und zwar, dank dem *replay*, so viele Male, wie es erwünscht ist, bis dem Betreffenden seine Verhaltensfiguren einsichtig geworden sind. Die Fernsehaufzeichnung, die eine Beurteilung der chronologischen Abfolge von Bewegungen ermöglicht, kann diese sogar *in Zeitlupe* wiedergeben, als ob die Geschwindigkeit, in der etwas ausgeführt wird – immerhin eines der Ziele des sportlichen Drills – zum Handikap gründlicher Selbsterkenntnis würde.

Diese seltsame Persönlichkeitsspaltung betrifft auch immer zahlreichere Berufe, als ob die *Selbstkontrolle*, unmittelbares Ergebnis der zunehmenden technischen Automobilität, zu einer neuen Ethik, als ob der *Zustand der optischen Überwachung* das unmittelbare Handeln zunehmend ersetzen würde, *wobei das Leben unmerklich zur Sichtsteuerung eines Fremdkörpers wird*.

Was beispielsweise den Sportler angeht, liegt die stereoskopische Wirkung auf der Hand: Es ist nicht mehr ausreichend, durch Abrichtung und Gewöhnung des Körpers an gewisse Anstrengungen, an gewisse Haltungen, die unter Zuhilfenahme eines Trainers oder eines Sportmonitors eingenommen werden, Leichtathletik oder Reiten zu erlernen; der Athlet muß auch lernen, sich im Spiegel des Bildschirms zu beobachten. Gleichzeitig Akteur und Fernsehzuschauer seiner selbst, in diesem Fall durch den Einsatz eines *Kontrollbildschirms*, wird seine Vitalität plötzlich identisch mit dem Vorbeiziehen eines fernen Gegenstandes, wobei der Handelnde sich im blendenden Augenblick des Schauspiels seiner Leistungen entdeckt und erfindet und *jede einzelne Bewegung, die er ausführt, als Horizont seines Tuns vor ihm aufgeht*. Die Bewegungen seines Wesens, introvertierter Tourismus, erscheinen und verschwinden wieder in ihrer dromoskopischen Frequenz wie die Landschaften im Lauf einer Reise. Der Athlet, dessen Körper in Sequenzen verwandelt wird, muß sich schließlich selber verfolgen, um seine Irrtümer und Unvollkommenheiten zu korrigieren; *in der Hoffnung, sich einzuholen*, zielt er, seine eigene Zielscheibe geworden, ununterbrochen auf sich selbst, um sich, wie er hofft, gewisse Reflexe, Ergebnisse eines »Körperbildes«, das durch den Kunstgriff des Vehikels gespalten wird, einzuprägen. Ein ganz anderer Ostrazismus – der Akteur hat sich von nun an in dem Maße im Griff, wie er eine Enteignung seines unmittelbaren Bewußtseins bejaht, einzig zugunsten des Gesichtssinnes, einer Fern-Sicht allerdings, einer distanzierten Sicht.

Wie das »Weltbild« unterliegt dann das Bild des Körpers den Veränderungen eines beschleunigten Transports; in Distanz zu sich selbst, in der stereoskopischen Verfremdung der (televisuellen) Betrachtung seiner selbst erlangt der Akteur im Augenblick, wo er sich *als Expeditionskörper* begreift, Herrschaft über seine Gebärden. Die Täuschung (audiovisueller) Optik und die (dromovisuelle) Optik der lokomotorischen Täuschung verschmelzen zu ein und demselben Illusionismus. Der Sportler, *ein ferngesteuerter Autist*, steigert seine motorischen Leistungen genau in dem Grade, in welchem er sein Bild als sich selbst akzeptiert und seine Masse, sein Volumen gegen seinen zweidimensionalen Umriß, gegen seinen Schatten auf dem Bildschirm austauscht. In diesem Falle dient das Fernsehen, welches ursprünglich die Annäherung entfernter Pole angestrebt hatte, indem es etwas außerhalb des Gesichtsfeldes Befindliches unmittelbar wiedergibt (so zum Beispiel im Befehlsstand eines Schiffes, wo die Bordmeßgeräte auf einer optischen Kontrolltafel, die die toten Winkel des riesigen Schiffskörpers sichtbar macht, zur

Vermeidung von Zusammenstößen noch einmal übertragen werden), umgekehrt dazu, *dem Athleten eine Fern-Sicht auf das zu vermitteln, was ihm am nächsten ist: auf seinen eigenen Körper*, als ob die Propriozeption plötzlich zu einem Gebrechen geworden wäre, dem durch die Technik der Übertragung abgeholfen werden kann... Verwirrend von nun an die verschiedenen Näherungen; die audiovisuellen und dromovisuellen Systeme respektieren die elementaren Begrenzungen des Körpers oder des Territoriums nicht mehr. Da die verschiedenen »Aufnahmen« und andere »Aufzeichnungen« die Beziehung zur Masse, zur Ausdehnung, zur Materie und folglich auch zur Handlung verfälschen, machen sie jede Perspektive unmöglich, indem sie sie wie in einem Spiegel unendlich vervielfältigen.

Die Bewegkraft wird dadurch zu einem Phänomen der Zerlegung schlechthin, wobei nichts mehr in seinem Zustand verharren kann und das Vorüberziehende nicht mehr nur die Wahrheit darstellt, sondern darüber hinaus die Inszenierung der Abstandnahme in der dromoskopischen Auflösung der Sicht Inszenierung eines Opfers ist. So wird zum Beispiel durch die Endoskopie eine Reise zur Introspektion der Organe des eigenen Körpers. Die Wegstrecke des Blicks, dieses Eindringen ins Innere der lebenden Materie, diese Ortsveränderung, die die Schlagadern entlang bis zum Herzen führt, ist nicht mehr einzig und allein diejenige, die in äußeren Territorien, welche bei der automobilen Fahrt durchquert werden, zurückgelegt wird, sondern, in diesem Fall, die Perforation des lebendigen Fleisches, die Infusion innerer Dimensionen des Seins; die klinische Beobachtung durchstößt die Haut, wobei *die körperlosen Organe nacheinander zum Vorschein kommen wie ebensoviele geheime Teilbereiche des Lebens.* Unter diesem Skalpell wirkt die Schicht des Fleisches etwa so wie eine andere, unterirdische Welt, die die dromoskopische Vivisektion des

Endoskops in ihren Trieben, Absonderungen und Rückflüssen wiedergibt. Der Reisevoyeur unterzieht sich dabei der denkbar vollständigsten topologischen Rückkehr: Von der unmittelbaren Wahrnehmung des Körpers über die mediatisierte Aneignung durch die (stereoskopische) Verfremdung des Videobildschirms bis zu dieser erzwungenen Introversion des Blicks, wo die Eingeweide plötzlich zu Landschaften, zu einer Art Itinerar der herausgelösten Physiologie werden, zu einer *inneren Verlagerung, wobei dasjenige, was ins endoskopische Visier gerät, zugleich das ist, was vom Leben übrigbleibt.* Nachdem *Dauer* und *Ausdehnung* des geophysikalischen Raums durch Beschleunigung der Transportmittel auf Null oder fast Null reduziert wurden, scheint die Vivisektion der Geschwindigkeit jetzt sogar die Dichte der Massen anzugreifen, als ob plötzlich Härte und Stärke der gesamten physischen Körper zum anvisierten Ziel geworden wären. Was man übrigens mittels der neuesten Perfektionierung der Abtastung durch Elektronenmikroskopie verifizieren kann, gestattet diese doch, die Undurchsichtigkeit der Materie bis zur so bedeutungsvollen Erforschung ihrer »letztendlichen Höhlungen« sofort räumlich unter verschiedenen Gesichtswinkeln sichtbar zu machen. Darüber hinaus schafft sie dank der Entwicklung unterirdischer (ziviler oder militärischer) Einrichtungen die Möglichkeit einer lithosphärischen Besiedlung der Erdtiefe, die jetzt auf die traditionellere Besiedlung der Erdoberfläche folgt.

Seit der Revolution des Transportwesens ist Fernes so nahe gerückt, daß Widerstand und Dichte der Materie für uns offenbar eine neue, exotische Anziehungskraft haben. *Die Entfernung ist nicht mehr so sehr ein Faktor von Dauer und Länge der Fahrt, sondern vielmehr der Härte und Solidität des Materials.* Unter unseren Füßen zieht uns, ein neuer Taumel, das Erdganze an wie früher die Ebene den Nomaden und den Reiter; insgeheim wünschen wir uns offenbar diesen Sturz der Körper ins Feste. Die (totalitäre) Ideologie der Transparenz fällt hier mit derjenigen des Transportwesens zusammen und erfordert die Öffnung, die Durchbohrung des Tunnels. Nach dem Verzicht auf den (kolonialen) Rausch kontinentaler Größe verfallen wir dem Rausch subkontinentaler Tiefen... Nicht lange, und wir werden dank der äußersten Intensität der verschiedenen Penetrationsgeschwindigkeiten die Dichte der Materie zweifellos erschöpfen, dieser kompakten Materie, die sich der Ausbeutung, die wir betreiben, widersetzt, wie wir ja auch die geophysischen Dimensionen und geographischen Distanzen erschöpft haben. *Immer schneller, auch immer höher, immer tiefer*, werden die Wege unterirdischer (territorialer und animalischer) Transparenz zwangsläufig zur Umkehrung des beschleunigten Transports. Da wir *Leere schaffen* wollen, werden wir die Dichte des Materials, die durch seismographische Forschung, Radar, Sonar und Laser bereits über Tag liegt, nicht mehr lange dulden; wir werden – endzeitliche Höhlenbewohner – den Filter des territorialen Körpers bald beseitigt haben und die Masse des Gestirns in gleicher Weise vereinnahmen, wie wir früher seine Oberfläche erobert und genutzt haben. Dank der logistischen Geometrie der Verkehrsnetze werden wir auch die Tiefe kolonisieren.

Die Dichte des Planeten wird dann als letzter Horizont der Besiedlung in Erscheinung treten, *einer Schattenbesiedlung allerdings, die letztlich nur eine Art Rückstoß, nur eine unterschwellige Wirkung der Eroberung des Raums wäre, Abdankung, Rückzug des Menschengeschlechts ins Innere der Materie.*

In gleicher Weise, wie Schauspieler und Redner ihr »Bühnenspiel« mit Hilfe audiovisueller Apparaturen inszenieren, unterliegen auch die verschiedenen »Spielregeln«

dem Einfluß der Diffusion und der Übertragung, dem sogenannten *Druck des Audiovisuellen*.

Als Beispiel die ersten durch Satelliten übertragenen Olympischen Winterspiele, die in Grenoble stattfanden: Auf Grund des Zeitunterschiedes nehmen vierhundert Millionen Fernsehzuschauer unmittelbar an J.-C. Killys dreifachem Sieg teil, was diesem auch jenseits des Atlantiks ein erhebliches öffentliches Prestige verschafft... Nachdem das Fernsehen den Spieler manipuliert hat, manipuliert es auch das Spiel; der (atmosphärische) Druck der Live-Übertragung wirkt sich auf alle Spieler aus, auch auf den Schiedsrichter, der sehr oft kritisiert wird, weil sein Blickwinkel weniger günstig ist als derjenige der Fernsehzuschauer, aber auch auf die Menge der Leute, die das Geschehen an Ort und Stelle verfolgen.

Die *gleichzeitige An- und Abwesenheit von Millionen von Zuschauern und der (ökonomisch/politische) Spieleinsatz dieser Liturgie lasten tatsächlich mit ihrem ganzen Gewicht auf der Handlung, die sich gerade abspielt.* Die paar tausend Zuschauer, die hingefahren und anwesend sind, werden nach und nach ihren Einfluß verlieren zugunsten von Millionen abwesender Fernsehzuschauer, die alle isoliert zu Hause sitzen. Es ist also einmal mehr festzustellen: *Wer in Wartestellung geht, überrundet die Angereisten bei weitem.* Offenbar kommt es nach und nach zu einer ausschließlichen Vorherrschaft des audiovisuellen Vektors auf Kosten des automobilen Vehikels, wobei es sich aber immer wieder um ein und dieselbe Täuschung kinematischer Optik handelt, denn im Grunde sind beide durch die gegenseitigen Störungen, die sie erzeugen, gekoppelt, sind beide untrennbar.

Der Vektor hat gegenüber dem Vehikel einen Vorteil, der nicht so sehr auf seinen instrumentellen und funktionellen Eigenschaften beruht, sondern einfach auf der gegenwärtig bestehenden Überlegenheit seiner Übermittlungsgeschwindigkeit. Immerhin gibt es noch einen geographischen Abstand zwischen den Aufnahmen, den Aufzeichnungen der Kamera und den Übertragungen in den Kontrollempfängern der Techniker und den Empfangsgeräten der Fernsehzuschauer; dieser auf die Ausdehnung der wahrnehmbaren Welt zurückzuführende Abstand muß, da ein solcher bei den Fernsehzuschauern nicht mehr besteht, durch eine Ortsveränderung der Aufnahmeoperatoren in dem Maße kompensiert werden, wie es trotz der geostationären Satelliten der Fernmeldetechnik noch immer keine Kameranetze gibt, die stationär in allen Himmelsrichtungen installiert sein müßten, wie das ja schon der Fall ist bei den großen städtischen Straßenkreuzungen. Obwohl man jetzt über zahlreiche Bedienungsstände für den Straßen-, Eisenbahn- und Luftverkehr als auch über verschiedene Typen von Informationsständen (Kontrollempfänger, Mischpulte) verfügt, gibt es immer noch keinen *Universalmonitor* mit Direkt- und Dauerübertragung des vollständigen Bildes einer Welt ohne toten Winkel, ohne Horizont und Antipoden...

Trotz der Teledetektionssysteme der Streitkräfte (wie zum Beispiel des NORAD, das in den Vereinigten Staaten rund um die Uhr jedes Flugobjekt zwecks Identifikation verfolgt) ist die Praxis der Fernsteuerung, die auf die meisten großen Vehikel anwendbar ist, noch nicht auf das allergrößte Objekt anwendbar: auf das Himmelsobjekt, dessen Passagiere wir alle sind, auf dem die *Schattengebiete* noch weit in der Mehrzahl sind und deshalb den Einsatz eines Transportmittels im Sinne einer *logistischen Hilfe* des Kommunikationsmittels erforderlich machen, die physische Ortsveränderung der Operatoren, die Aussendung dieses neuen Expeditionskorps, das die Techniker der Übertragung darstellen.

»Abergläubisch sein heißt soviel wie daran glauben, daß unsere

Gedanken den Dingen innewohnen und sie in Bewegung setzen«, schrieb der Philosoph Alain. *Wäre somit die Tatsache, daß man am Steuer sitzt, ein Akt des Aberglaubens?*

Im Oktober 1977 funktionierte das Laboratorium in Houston, das die Fernmessungsinstrumente der Raumfähre der Apollo-Serie auf dem Mond auswertete, nicht mehr, die Kontrollschirme erloschen einer nach dem andern, und seither regt sich nichts mehr auf dem toten Gestirn... So bewahrheitet sich die alte Maxime der Astrologen: *»Der Wissende hat Macht über die Gestirne.«*

Da die Ortsveränderung der Himmelsobjekte durch diejenige der vorüberziehenden Bilder ergänzt wurde, wird die Dromologie zur Astrologie der technischen Objekte; die Kommunikationsmittel sind Simulatoren des durchquerten Raums wie auch Stimulatoren der Durchfahrzeit. Die Motoren, Generatoren von Geschwindigkeiten und Bildern, sind also nicht so sehr Mittel zum Transport der Passagiere als vielmehr Mittel zur Phasenverschiebung und Entsynchronisierung des Benutzers, und zwar in einem Maße, daß dieser sich jetzt nicht nur, wie bei jeder beliebigen Fernsehregie, die Steuerung von Bildern, sondern darüber hinaus auch noch die Lenkung scheinbarer tellurischer Bewegungen aneignen muß, da von nun an offenbar *die Erde immer schneller wird...*

Somit sind die mechanischen oder elektronischen Merkmale der Vektoren belanglos, zählt doch letztlich einzig ihre Ausbreitungsleistung, *diese Geschwindigkeit, die Ursache, nicht Wirkung ist, da sie die Zeit im Moment, wo sie den Raum verkürzt, ausdehnt.*

Es bleibt uns also nichts anderes übrig, als die lediglich scheinbaren Unterscheidungen zwischen einer Ausbreitung von Bildern, beziehungsweise von Wellen, und der Ausbreitung von Gegenständen oder Körpern außer acht zu lassen. *Da Dauer nach Stärken bemessen wird, sind die Di-*

stanzen bedeutsamster Ertrag der technischen Lebensweise, was übrigens die neuesten Wandlungen der Produktionsweise bestätigen, deren wichtigste und am wenigsten erkannte wahrscheinlich diese Produktion des Weltendes war, diese Vernichtung des Hinterlandes durch Beschleunigung der motorischen Leistungen, dieser *dromokratische Geozentrismus*, wobei wir nicht so sehr dessen Nutznießer als vielmehr dessen Zeugen sind.

Diese extreme Situation fordert uns heraus, sie ist nicht, wie man behauptet, eine konjunkturell bedingte, sondern eine kulturelle und politische Erscheinung, die über die ökologischen Fragen der Grenzen und der Erschöpfung der Energiequellen hinaus die nicht unwesentlicheren Fragen der Residualnähen, die dromologische Frage einer Erschöpfung der Distanzen stellt.

Wenn also im Jahre 1848 Stuart Mill noch erklären konnte, *Produktion sei soviel wie Bewegung*, hat sich seither die Formel umgekehrt; das Transportwesen und die Übertragungen steuern die Produktion, und zwar in einem Maße, daß *die Dromologie heute als eine Wissenschaft erscheint, deren Theorien die Vehikel sind.*

Das Studium der Fortbewegung und ihrer verschiedenen Hilfsmittel im Laufe der Jahrhunderte würde sich somit als eine Entdeckung, eine archäologische Erfindung von Vektoren und Vehikeln herausstellen, welche als ebenso viele »Weltbilder«, ebenso viele logistische Theorien der Ortsveränderung von Personen in Betracht gezogen und schließlich offiziell anerkannt wurden, was Stendhal ahnte, als er schrieb, *der Roman sei ein Spiegel, der sich auf einem breiten Weg voranbewege.*

In diesem Sinne könnte jedes neue Kommunikationsmittel ein wenig als »Reisetagebuch« aufgefaßt werden, als ein neuer Roman der Ausdehnung und der Dauer oder, genauer, als letzter Zustand des Vorrückens der Welt auf ihren Untergang zu. Dann wäre jedes in Betracht gezogene Vehikel etwas wie eine Störung des Fahrverlaufs, ein *Transferunfall*, der der Substanz der Welt zu einem bestimmten Zeitpunkt ihrer Geschichte Widerstand leistet. Dabei würde jedes einzelne Mittel der Ortsveränderung gleichzeitig als »Transport- und Übertragungsmittel«, aber auch als *Mittel der Trickaufnahme* einer raum-zeitlichen Durchfahrt, als Ortsveränderung vorüberziehender Gegenstände und Körper, aber auch Landschaften wahrgenommen, als Deportation von Distanzen, angesichts derer wir uns wirklich zu der Feststellung durchringen sollten, daß das *schnelle Vehikel den Unfall (den visuellen Zusammenstoß oder die Kollision) zu dem Zeitpunkt bewirkt, in welchem es die Ortsveränderung veranlaßt.*

In Wirklichkeit sind die Entstellungen und Verwundungen, die man bei einem Verkehrsunfall erleidet, nur äußere Zeichen, sichtbare Aufzeichnung unmerklicher Traumata, die der Passagier und das Vehikel erleiden angesichts dieser umfassenden Abwesenheit, die die Reise erzeugt, diese Trickaufnahme des Verkehrs, dessen Authentizität einmal mehr durch den Film verifiziert werden kann: Nämlich durch den kinematographischen Kunstgriff seines Ablaufes, die unvermutete Erfindung des ersten »Spezialeffekts« durch Georges Méliès: »Ich filmte«, *erzählt er*, »die Place de l'Opéra, da funktionierte mein Apparat plötzlich nicht mehr. Man kann sich ja vorstellen, wie sich die Statisten auf der Straße verändert hatten in der Zeit, als ich das Räderwerk untersuchte. Im Augenblick dachte ich nicht daran und drehte meinen Streifen weiter... aber als ich ihn entwickelte, was für eine Überraschung! *Ich hatte begonnen, einen Bus aufzunehmen, der vom Boulevard des Capucines herkam, und als das Fahrzeug den Boulevard des Italiens erreichte, hatte es sich in einen Leichenwagen verwandelt.*«

So nützlich diese komische Episode ist, um die (kinematographische) optische Täuschung zu veranschaulichen, so geeignet ist sie auch, die (kinematische) lokomotorische Täuschung zu testen. Die vektoriellen Leistungen, Mittel zur Phasenverschiebung des Wirkungsfeldes, aber auch Mittel zur Entsynchronisierung der Handlung selbst, werden hierbei offensichtlich unterschätzt, weil sie gleichzeitig eine Veränderung der Dimensionen der Fahrt und eine Permutation des Passagiers bewirken, dieses Reisenden, der plötzlich zum zufälligen »Seher« eines Gelegenheits-Jenseits geworden ist, eines Jenseits, dessen Schöpfer er im Jahre 1900 wurde mit den aneinandergereihten Trickaufnahmen in *Die Reise zum Mond* und auch in dieser *Unmöglichen Entkleidung*, wo man einen Reisenden sieht, der versucht, sich zu entkleiden, was ihm aber nicht gelingt, da sich seine Kleider augenblicklich wieder an ihrer ursprünglichen Stelle festsetzen. Das Opfer dieses Phänomens versucht, seine Kleidung durch Geschwindigkeit zu überrunden, indem es sie überfallartig, immer schneller, von sich reißt, indessen umsonst, da sie ihn immer noch schneller überfallen... Etwa in der Art, wie das Wasser in der Flasche ansteigt oder ein abgerissenes Gebäude sofort wiederaufgebaut wird, könnte uns schon bald, sofern wir darauf kein Auge haben, die tellurische Beschleunigung ihrerseits »die unmögliche Reise« bescheren.

Die Nutzlosigkeit der Abreise, eine Erscheinung krankhafter Adhärenz, wird sich in Kürze zur Nutzlosigkeit jeder Handlung entwickeln; die extreme Nähe der Dinge wird uns, dicht an dicht, wobei eine Distanznahme entfällt, in einem Maße entfremden, daß die Schnelligkeit der Vektoren zu einer Umwandlung der Arten führen könnte, die wahrscheinlich genauso lächerlich ausfallen würde wie diejenige der szenischen Phantasmagorien eines Émile Cohl oder eines Méliès.

Den Begriff einer »kinematographischen Trickaufnahme« verdanken wir übrigens der Aktivität der Brüder Lumière, diesen Meistern der visuellen Täuschung. Vor ihnen strebte in der Tat niemand nach dem Realismus kinematisch vorbeiziehender Bilder; Mareys Trickchronophotographien sind nur Vorläufer der sogenannten lebensechten Bewegung. Ihre Aufteilung in aufeinanderfolgende Phasen verleiht Haltungen und Gebärden, die Ortsveränderungen des Körpers andeuten, weiterhin Bestand: Es ist gewissermaßen *diesseitiges Kino*. Mit Méliès und dem Trickfilmzeichner Émile Cohl beginnt das *jenseitige Kino*, ein Kino jenseits dieser angeblichen Echtheit des Lichtes der Geschwindigkeit des Films, der scheinbar die ins Auge fallende Einheit des Lebens wiedergibt und dennoch nichts anderes ist als eine Vision.*

Diesseits und jenseits der Brüder Lumière gibt es die Trickaufnahme nicht oder nicht mehr, einfach weil keiner sich um die *Lebenswirklichkeit des Defilees*, das heißt, um die Objektivität vorüberziehender Bilder bemüht; es existiert einzig die Täuschung des Verkehrs oder, wenn man so will, der »Spezialeffekte«: Bei Muybridge und Marey ist es der Trick des Schnitts einer einzelnen Bewegung, bei Méliès der Trick des Schnitts einer Gesamtheit von Sequenzen. Letztere führen übrigens das Filmgeschehen nicht, wie behauptet wird, ad absurdum, sondern führen es seinem Ende, seinem filmischen Ablauf entgegen, diesem Ende, das die Verwandlung des Subjekts, nicht nur seinen Transfer, seine Beförderung bedeutet. Bei ihnen handelt es sich nicht mehr um das *Ingangsetzen* eines Menschenbildes wie bei Marey, sie streben vielmehr eine *absolute Ankurbelung* der gesamten Sequenzen menschlichen Verhaltens an. Und zwar in einem Maße, daß letztlich einzig die Beschleu-

* »Das Kino, jedes Kino, ist eine Vision.« René Clair.

nigung und die Verzögerung zählen, diese »Bewegung der Bewegung«, die damit bei Méliès zum eigentlichen Gegenstand des Filmes wird, nicht mehr im Stile Louis Lumières, als Vorwand, um den Zuschauer hinsichtlich der Wirkung echter Lebensbilder zu täuschen, sondern um ihn durch die imaginäre Unwahrscheinlichkeit der Geschwindigkeit zu amüsieren oder zu erschrecken.

Theorie einer Darstellung, deren Prozeß, Weg und Transport das Projekt andeuteten; der abspulende Film baut die Welt in einem Augenblick auf und wieder ab: Er baut sie auf, indem er Raum und Zeit in »indirektem Licht« zeigt, er baut sie ab und zerstört sie *in extremis*, indem er das Subjekt der Reise befördert, diesen Beobachter der *Ankunft des Endes*, diesen ehemaligen Reisenden, der eigentlich nur noch ein *»Blickender«* ist (Marcel Duchamp), eine Art Arrivist oder Parvenü in einer dromokratischen Gesellschaft, in der, nach dem Nomadenzelt, die Wartesäle Funktion der Kinos der Seßhaften übernommen haben.

Wenn D. H. Lawrence in *Apocalypse** sich nach der Zeit zurücksehnt, in der »der Mensch in enger Fühlung mit dem Kosmos lebte und die Bewegungen der Himmelskörper mit gründlicher, leidenschaftlicher Aufmerksamkeit beobachtete, die sich sehr unterschied von jeder gegenwärtigen Form der Aufmerksamkeit«, so täuscht er sich. Wahrscheinlich haben wir noch nie so sehr gewartet wie heute, zweifellos waren wir noch nie so aufmerksam auf *kosmodynamische* Bewegungen, aber diese werden von einem subliminalen Licht verwandelt, *es* ist es und nicht mehr nur das Licht des Sonnengestirns, das sich in einer *kompensierten Zeit,* die nicht genau die Zeit des Chronos ist,

* D. H. Lawrence, *Apocalypse*, Vorwort von Fanny und Gilles Deleuze, Paris 1978.

sondern die Zeit der energetischen List der Motoren, im Raum entfaltet.

Während einst jede Stadt im Orient sich symbolisch als Mittelpunkt der Welt begriff, hat sich dieser Mittelpunkt seither verlagert; er verlagert sich sogar ununterbrochen und immer schneller, weil seine Achse zur Achse des Kerns der Maschine geworden ist, zur Achse der motorischen Leistungen dieser *Sichtgeneratoren*, Geschwindigkeitsmaschinen, die der Okzident erfunden hat. Die Dromologie als Theorie einer »Bewegkraft«, die ausschließlicher Vorherrschaft einer »Macht des Wissens« immer entgegenwirkt, ist eine Geheimwissenschaft (diejenige der Geschwindigkeit), logistisches Komplement und Supplement der Wissenschaft vom Leben zugleich. Sie ist nicht nur chronologisch, sondern auch chronologistisch, ist nicht der verfälschte Bericht historischer Tatsachen, sondern Erinnerung an die Erfindung des Effekts, dieses *Wirklichkeitseffekts*, den jedes Vehikel zu seiner Zeit hervorrief.

Die Fahrkunst, eine Sublimierung der Jagd, wäre demnach immer mehr zum *Denkmal der Ankurbelung des Raums geworden, Geschichte der Ingangsetzung der Zeit mittels der Ortsveränderung* (der Botschaften, der Personen, der Güter), wobei diesmal das Territorium selbst dasjenige ist, was gejagt wird. Somit hätte die industrielle Nutzbarmachung der Geschwindigkeit, indem sie durch die Fahrleistung die physischen Körper als *Dimension* erzeugte, den animalischen Körper zu dem Zeitpunkt vernichtet, als sie den territorialen Körper verjagte, so daß die Ausdehnung des geophysischen Feldes sich auf Null reduzierte.

Im Jahre 1863 schrieb denn auch Nadar: »Es wäre Wahnsinn, mit der Luft in Wettstreit treten, leichter sein zu wollen als sie. Um gegen die Luft anzukommen, muß man spezifisch schwerer sein als sie; *bei der Fortbewegung in der Luft wie anderswo auch stützt man sich lediglich auf das, was Wi-*

derstand leistet, die Luft muß jetzt dem Menschen weichen, der Mensch muß diesen anmaßenden und anomalen Aufstand unterdrücken und niederschlagen.«

Wenn dieser Photograph, der als erster aerostatische Aufnahmen ermöglichte, diese militärischen Ausdrücke verwendet, so ist das bedeutsam genug, aber *um welchen Widerstand würde es sich dann bei der Neuerung der verschiedenen Fortbewegungsmittel handeln*, wenn man sich nur auf das stützt, was Widerstand leistet? Früher Verfolgungsjagd, heute Jagd auf dem Anstand – es scheint, daß die Dimensionen und die verschiedenen Körpermaße gewissermaßen als ebensoviele Bewaffnungen, das heißt Mittel, den Widerstand der Zeit gegen die Ortsveränderung und den Aufstand des Raumes gegen das Vorrücken auszuschalten*, vom Vermessungstechniker erfunden worden sind.

Fragmentation, beliebige Teilungen, die darauf abzielen, die Herrschaft des Vorüberziehenden, die Macht des in Bewegung Befindlichen abzusichern; die Geometrie, *System einer Ortsveränderung der Wirklichkeit der Materie* und nicht, wie angenommen, ein Aufzeichnungssystem, wäre somit das verborgene Gesicht dieser »Bewegkraft«, die seit der Antike vom Okzident ausgegangen ist. In der Tat, wenn Produzieren in erster Linie Bewegung bedeutet, *so ist Abmessen Fortbewegung*, nicht nur Vermessen, Fortbewegung, um eine Messung durchzuführen, sondern vielmehr auch *Ortsveränderung des Territoriums in seiner* (geometrischen, kartographischen) *Darstellung*. Verschieben seiner geophysikalischen Wirklichkeit in eine geodätische Form, die nur einen ganz relativen anthropozentrischen Wert besitzt. Was uns B. Mandelbrot nach L.-F. Richardson

* Wenn die Werkzeuge zur Verlängerung des Körpers dienen und die Waffen mit ihren Geschossen diese Verlängerung stark erweitern, *muß man vielleicht den geradlinigen Strich als geometrische Waffe betrachten. Euklids Postulat als Sublimierung der Geschwindigkeit?*

hinsichtlich der Ausmessung einer Küste, nämlich der bretonischen, erklärt: »Wenn die Küste geradlinig wäre, wäre das Problem gelöst, aber weil diese im Naturzustand belassene Küste viele Buchten aufweist, kann man sich vorstellen, daß ein Mensch sie abschreitet, wobei er darauf bedacht ist, sich möglichst wenig von ihr zu entfernen, und dabei die Distanz, die er zurückgelegt hat, mißt; dann wiederholt man das Ganze, indem man die maximale Distanz des Menschen zur Küste immer kleiner werden läßt. Zu einem bestimmten Zeitpunkt muß man aus Gründen der Genauigkeit den Menschen durch eine Maus ersetzen, dann durch eine Fliege und so weiter. Je unmittelbarer man an der Küste entlanggehen kann, desto länger wird die zu durchmessende Strecke zwangsläufig sein, *wobei die Länge schließlich so enorm ist, daß man sie ohne praktischen Nachteil als unendlich betrachten kann*. Der Anthropozentrismus ist somit auf diese oder jene Weise im Spiel, und der scheinbar harmlose Begriff der *geographischen Länge* ist nicht völlig ›objektiv‹, da der Beobachter bei seiner Definition zwangsläufig eine Rolle spielt.«*

Dimensionieren heißt also soviel wie außer Phase bringen, und zwar in bezug auf den Beobachter, diesen Geometer, diesen »Feldmesservoyeur«, der im Augenblick, da er die Ortsveränderung bewirkt, einen Maßstab setzt. Aber diese Bewegung, die Größe und Länge erzeugt, kann durch die Anwendung (den Angriff) irgendeines »Mittels der Ortsveränderung« beschleunigt werden, was unberücksichtigt bleibt beim Studium einer Variation der Näherungslänge der bretonischen Küste. Das steckt auch hinter dem Satz: »Wenn die Küste geradlinig wäre, wäre das Problem gelöst«, dem zeitlichen Aspekt der Körpermasse. Die Figuren des Menschen, der Maus oder der Fliege, die die bretoni-

* B. Mandelbrot, *Les objets fractals*, Paris 1975.

sche Küste ausmessen, sind lediglich die (anthropomorphischen und zoomorphischen) Aspekte einer spezifischen Geschwindigkeit der Ortsveränderung: der Geschwindigkeit eines lebenden Körpers, der sich in Raum und Zeit bewegt. Stellen wir uns einen Augenblick lang einen Vektor schneller Ortsveränderung vor, um jedes dieser Subjekte zu beschleunigen, so ist wieder alles verändert: *Einerseits tendiert die Länge in Richtung aufs Unendliche hin*, das ist der morphologische Aspekt des Problems, *andererseits – und gleichzeitig – tendiert die Distanz dank der Beschleunigung des Meßvorgangs auf Null zu*, und zwar unabhängig vom »Wesen« des Feldmessers, da dieses nicht zu trennen ist von der Geschwindigkeit seiner Ortsveränderung.

Seit Anfang des Jahrhunderts konnten wir dem zunehmenden Verschwinden der »Entfernung in Kilometern« beiwohnen, und seit kurzem wohnen wir im Zuge des Aufkommens des Überschalls dem sogenannten fortschreitenden Verschwinden der »Zeitdistanz« bei. Das Maß der Welt ist von nun an dasjenige des »Freisetzungsvektors der Ortsveränderung«, dieses Fortbewegungsmittels, das Zeit und Raum der Fahrt desynchronisiert, wie früher der Geometer oder Feldmesser selbst die geomorphologische Wirklichkeit der Fahrt *außer Phase gebracht hatte*, indem er versuchte, sie zu *dimensionieren*, wodurch er die Erde den Ortsveränderungssystemen einer geodätischen Vorstellung unterwarf.

Zur Zeit sind die Meßsysteme und Meßinstrumente nicht so sehr *chronographisch* als vielmehr *dromographisch*; die Geschwindigkeit*, nicht die Fahrzeit ist das Maß für den

* »Das deutsch-französische Forschungsinstitut Saint-Louis hat gerade ein *kinoradiographisches Blitzlichtgerät* in Betrieb genommen, das 40 Millionen Bilder pro Sekunde produzieren kann. Dieses hauptsächlich ballistisch und detonistisch eingesetzte Instrument läßt eine dynamische Sicht auf den inneren Zustand der Materie zu.« F. Jamet, *La Recherche*, Mai 1982.

durchquerten Raum, sie ist zur bevorzugten Maßeinheit für Raum und Zeit geworden. Im Überschallflugzeug zählt der Tachometer nicht mehr *Kilometer*, er mißt nur noch die Intensität der Beschleunigung, dieses *Machmeter*, das einfach die Beziehung der Geschwindigkeit eines bewegten Körpers zur Schallgeschwindigkeit in der Atmosphäre, in der es sich fortbewegt, wiedergibt... Aber diese »Maßeinheit« ist keine echte *Geschwindigkeitseinheit*, denn die Schallgeschwindigkeit verhält sich proportional zur Quadratwurzel der absoluten Temperatur!

Die einzige Maßeinheit ist somit die absolute Geschwindigkeit, ein Produkt der absoluten Temperatur: *die Lichtgeschwindigkeit.*

Die Sonnenstrahlung, ein später Sonnenkult, wird zum Maßstab aller Wirklichkeit, *das Licht der Geschwindigkeit erleuchtet den Planeten im Augenblick, wo es ihn zur Darstellung bringt*, zu einer Darstellung jedoch, bei der die Heftigkeit seiner Auflösung und die Gewalt seiner Ausstoßung an die Stelle der Bahn der auf- und untergehenden Sonne getreten sind.

In Wirklichkeit sind Tag und Nacht keine lebensgestaltenden Kräfte mehr; in diesem (dromoskopischen) »indirekten Licht« , wo die Morgenröte in die Abenddämmerung übergeht, befindet die Geschwindigkeit unterschiedslos über Leben und Tod. So hat Léo Szilard angesichts der atomaren Gefahr desillusioniert erklärt: *»Die Erde ist vielleicht nicht das wichtigste Gestirn des Sonnensystems...«*

Vierter Teil

Der negative Horizont

»Was man sieht, stammt von demjenigen ab, was nicht in Erscheinung tritt.«

Paulus von Tarsos

Die Wüste, ein umgekehrtes Firmament, ist der Himmel der sichtbaren Geschwindigkeit. Im Gegensatz zu ihren Vorläufern, die vom heftigen Wunsch beseelt waren, sich hinauf in die Höhe zu schwingen, streben heute diejenigen, die Rekorde aufstellen*, höchste Beschleunigung auf dem Boden an. Der Horizont wird wieder zum Idealziel der Eroberung, *das Verlangen, ein Verlangen nach einem Körper, der sich mit absoluter Geschwindigkeit bewegt, richtet sich auf die Wüste.*

Die Leere, diese Oberfläche, auf der Leistungen erbracht werden, ist nicht mehr Abwesenheit, sondern Anwesenheit eines schrankenlosen Übergangsritus; daher die Suche nach ungewöhnlichen Landschaften, denen unerhörte motorische Eigenschaften innewohnen: öde Hochebenen, Salzseen, Eisflächen, endlose Strände, *Plattformen, die empfindlich auf die Aufzeichnung einer Rekordgeschwindigkeit reagieren* wie etwa die eindrucksvolle Wüste von Bonneville im Westen von Salt Lake City, diese fossile Stätte eines verdunsteten Binnenmeeres, *ein Salz- und Sandfilm für Tests*, auf der seit fast einem halben Jahrhundert ein gefährlicher Sieg der horizontalen Beschleunigung auf den andern folgt.

Im Grunde *sind die Wüsten die Projektionsflächen des Lichtes*

* L. Villa, *Les tombeurs de record*, Paris 1972.

der Geschwindigkeit, ist die fortschreitende Versteppung der Oberflächen (Territorien, Körper, Gegenstände) Folge zunehmender Helligkeit.

Da die bodenkundlichen Horizonte bis anhin unvermutete Perspektiven bergen, wird Geschwindigkeit zu einer Form vorweggenommener Winderosion; *die Wüste, das Salz des Festlandes, wächst im Rhythmus der immer schnelleren dromologischen Fortbewegung.*

Die Fahrt, eine Sublimierung der Jagd, machte eine kahle Oberfläche, die Rekordgeschwindigkeit, Sublimierung des Krieges, macht eine reine Oberfläche erforderlich. *Der Boden*, der weder Unebenheiten noch Relief aufweist, *wird zum Spiegel der Beschleunigung.** Der jähe Zusammenstoß mit dem Weg zieht die Spiegelung des Bodens nach sich: »den Bodeneffekt«, nicht zu trennen vom aerostatischen Abschleifen des Terrains. Die automobile Geschwindigkeit ist noch aerodynamische Adhärenz der Maschine, die Wüste nimmt an Dichte zu. Nachdem die Beschleunigung zu einer linearen und planarischen Begradigung der Reisewege geführt hat, macht sie auch eine Vervollkommnung des *interface* erforderlich. »Ein Staat, der seine Grenzen zu einer Einöde ausweitet, hat den Gipfel des Ruhmes erklommen«, sagte schon Cäsar... Ist die Wüste, eine glatte, bereinigte Oberfläche, nicht eine erste Verwandlung stofflicher Zustände? So hatte Herschell seinerzeit argumentiert, *ein von einem flach einfallenden Licht beleuchteter Gegenstand verhalte sich wie ein Spiegel*... Daß eine flach einfallende Beleuchtung gestattet, nicht geglättete Oberflächen in reflektierende Oberflächen zu ver-

* Die Argumentationen hinsichtlich der automobilen Aerodynamik gehen davon aus, daß die Straße ein Spiegel ist. Der Wagen und sein Bild sind durch eine Unterlage, die Reifen, verbunden. Die Reaktionsweise des Wagens hängt somit lediglich von den Kräften der inneren Verbindung innerhalb des Systems *»Wagen-Bild«* ab.

wandeln, ist mittels der dromoskopischen Helligkeit tatsächlich zu verifizieren: *Die beschleunigte Perspektive verhält sich wie eine Lichtquelle*; das verzerrte Bild des Weges erzeugt eine verstärkte Tiefenwirkung, was wiederum eine optische Begradigung zur Folge hat, die einer Begradigung durch flach einfallendes Licht vergleichbar ist. Das Vehikel überträgt seine vektoriellen Eigenschaften auf die Gegenstände an seinem Weg; man kann somit, wie in der Dunkelkammer oder im Spiegel, von einer Umkehrung sprechen. Einerseits entsteht der Eindruck, die reflektierten Gegenstände wichen zurück, während sie doch an Ort und Stelle bleiben und *das Automobil* sich vorwärtsbewegt, andererseits sind die Ebenen, denen man sich nähert, scheinbar in schneller Bewegung befindlich, während die weiter entfernten Ebenen unbewegt wirken... In Wirklichkeit entstehen die meisten beweglichen oder unbeweglichen Bilder dadurch, daß der sichtbare Bereich *mittels eines Verfahrens* eingefangen wird, *welches eine Wechselwirkung von Licht und reflektierenden oder aufzeichnenden Oberflächen* (reflektierendes natürliches Element, lichtempfindliche Emulsion...) *auslöst* sowie gleichfalls gemäß einem Prinzip der Bildumkehrung. Da die Wahrnehmung des Reliefs und das Abschätzen der Distanzen (Zeitraum) von der stereoskopischen Schärfe nicht zu trennen sind, nehmen wir – binokulare Seher, die wir sind – die dritte Dimension nur wahr, wenn eines unserer Augen ein in bezug auf das andere Auge *verzögertes Bild* aufnimmt (was man den »Pultrich-Effekt« nennt). Bei dem in beschleunigter Ortsveränderung begriffenen Gegenstand wird diese Verzögerung noch verstärkt durch die polarisierende Wirkung der Scheiben des Vehikels, anders ausgedrückt, *durch den Trick der flach einfallenden Beleuchtung der Geschwindigkeit, die mit den nahen oder fernen Ebenen der Umgebung interferiert.*

Die Horizontlinie, eine zwangsläufige kinematische Referenz, ist Bedingung jeglicher Beschleunigung. *Die zu ebener Erde in Erscheinung tretende Geschwindigkeit kann somit als optisches Phänomen der Bodenspiegelung aufgefaßt werden.* Die Beschleunigung, ein Oberflächeneffekt in ununterbrochener »teleskopischer« (vorgerückter) und »dromoskopischer« (beschleunigter) Veränderung, ist in Wirklichkeit nur eine Art Halluzination. Perversion des Blickes, Begehrlichkeit der Augen: Wer sich ans Steuer des Rennwagens setzt, schlüpft in eine neue »Ausrüstung« und ergänzt seine natürliche stereoskopische Blickrichtung durch einen neuen Typus von *Sehprothese, welche ihm die motorische Täuschung einer kinetischen Verwandlung seines Gesichtsfeldes* verschafft, wobei die optische Täuschung vielleicht nur diejenige des sogenannten »Reliefs« des perspektivischen Raumes ist.

Da die (aerostatische) Winderosion des Terrains, die auf den meteorologischen Wind und die (aerodynamische) Winderosion des relativen Windes der Maschine zurückzuführen ist, *die Aufhebung des Reliefs der Distanzen* (motorische Täuschung) bewirkt, ist die fortschreitende Tilgung des Intervalls der Wegzeit letztlich mit dem Abschleifen der Unebenheiten des Gegenstandes auf der Suche nach Formen vergleichbar, die dem Vorrücken den geringsten Widerstand entgegensetzen. *Ist die Aerodynamik*, da die beschleunigte Perspektive der Fahrt (optische Täuschung) lediglich eine kinematische Darstellung der morphologischen Veränderung der Oberflächen (des Wagens und des Terrains) ist, *vielleicht einfach eine besonders verkannte Form des verzerrten Bildes?* Geomorphologische Veränderung des Terrains, Trockenheit eines durch den Salzgehalt und die Windgeschwindigkeit verbrannten Bodens; technologische Veränderung der Profile der Maschine, was in der Tat eine Verbesserung des Koeffizienten der Luftdurchdringung zur Folge hat: *Die Ermittlung der Grenzgeschwindigkeit* *führt zunächst über eine Reihe tellurischer und technischer Verzerrungen, wovon das Transportmittel wie auch sein Träger insofern betroffen sind, als sie vorübergehend die Halluzination verschaffen, man sei ein Champion*... Ein solcher hatte erklärt: »Ganz frei, nach Herzenslust über einen Strand zu fahren, ist viel aufregender, als auf einer abgesteckten Piste zu üben.« Die Maler des *trompe-l'œil* der falschen Perspektive hatten sich bereits vorgenommen, *aus dem Rahmen* der beiden Dimensionen des Bildes *auszubrechen*; aus den drei Dimensionen der Bühne, die die Autorennbahn darstellt, auszubrechen, ist noch immer das Ziel derer, die einen absoluten Geschwindigkeitsrekord anstreben. Im Gegensatz zur vertikalen Geschwindigkeit, die eine *Gewichtsverringerung* der Bestandteile des Luftvehikels voraussetzt, macht die horizontale Geschwindigkeit eine extreme *Verlängerung* des Bodenvehikelsystems (Bahn und Auto) sowie eine erhebliche Vergrößerung des Gewichtes der Maschine erforderlich, letzteres, um die Adhäsion, die Bodenhaftung zu gewährleisten.* *Um den aerodynamischen Widerstandsstrom zu verringern und die durch den Fahrweg bewirkte Verzögerung zu verkürzen, verlängert die Geschwindigkeit den Gegenstand:* Schienenspur und Maschine, die geradlinige Linie der Bahn und der Profilrumpf des Wagens, werden unbegrenzt verlängert, *der Raum dehnt sich immer weiter aus im Rhythmus der Retention der Durchfahrzeit.* Etwa drei Meter beim ersten Automobil, das über 100 km in der Stunde fuhr (Jenatzys »Jamais Contente«), und an die 11 m beim ersten Vehikel, das die Schallmauer auf dem Boden durchbrochen hat (Stan Barretts »Budweiser Rocket«). Doch diese Verlängerung der Linie, *diese Verformung der Trasse der Maschine, ist mit einer Verformung des Terrains gekoppelt:* 3 oder

* Einem mathematischen Gesetz zufolge variiert die Maximalgeschwindigkeit entsprechend der Quadratwurzel des Gewichtes.

4 km bei der Zufahrtsstraße zum *Parc agricole* von Achères, der im Jahre 1899 Schauplatz von Jenatzys Rekord war. Zwischen 20 und 60 km bei Pendine Sand und Daytona Beach, wo Seagrave und Campbell in den dreißiger und vierziger Jahren ihre Versuche unternahmen, und schließlich mehr als 150 km beim Salzsee von Utah, wo J. Cobb, C. Bredlove und A. Arfons ihre Rekorde aufstellten. *Um die Zeitdistanz zu verkürzen und das Relief des Weges zu verringern, verlängert die falsche Perspektive der Geschwindigkeit die Raumdistanz des Gegenstandes* (Maschine, Terrain). Ob es sich nun um eine natürliche oder eine durch die *Oberfläche des Trägers* eines solchen Versuches verstärkte aerostatische Erosion oder aber eine aerodynamische Erosion der beschleunigten Perspektive des Weges handelt: Angesichts dieser *überall auftretenden Bildverzerrung* sind wir mit einer durch die kinetische und kinematische Energie der Technik bewirkten Verwandlung der Arten konfrontiert.

Nietzsche sagte, *er sehe nichts als das Werden*... Aus diesem Gesichtswinkel könnte man hinzufügen: Da *der Raum verhindert, daß alles an der gleichen Stelle verharrt*, stellt die Eroberung der Geschwindigkeit die Erforschung dieses »Abschreckungsparkplatzes«, dieses allerletzten »Platzes« dar, auf dem die Gegenstände und ihre Formen nicht mehr nur *isomorph*, sondern auch *holomorph*, das heißt, dank dem Trick der Plötzlichkeit der Allgegenwart beliebig austauschbar, *homogen* und *dromogen* geworden wären.

Der Wüste, dieser apokalyptischen Gegend, dieser reflektierenden Oberfläche, *wohnte das Bild inne*, die durch überhitzte atmosphärische Schichten erzeugte optische Täuschung, *das Bild der Einbildung*.

Vor Herschells Entdeckungen (1809), sehr lange vor dem Naturasphalt des Toten Meeres, vor Niepces lichtempfindlichen photographischen Platten (1816) oder dem

Silbersalz der Filmstreifen *war der Wüstensand Grundlage einer beispielhaften holographischen Offenbarung.*

In Wirklichkeit handelt es sich beim Hologramm weder um eine besonders ausgeklügelte falsche Perspektive noch um die Vollendung eines perfekten Bildes, sondern umgekehrt um *den Abbau des Reliefs, die Vernichtung jeder Perspektive.*

»Falsch« ist von nun an nicht mehr das verzerrte Bild; falsch sind die Tiefe, die Länge, die Zeitdistanzen des perspektivischen Raumes. *Die Errungenschaft der horizontalen »Fluchtgeschwindigkeit« befreit uns von der angeblichen Wirklichkeit der dritten Dimension. Die Geschwindigkeit befreit uns,* indem sie uns von der Verzögerung der Reise befreit, *im Grunde vom »Volumen« des Gegenstandes, der Orte wie der Umgebung.*

Keine Verzögerung mehr! Kein Relief mehr! Es gibt keinen bemerkenswerten Unterschied mehr zwischen dem Wirklichen und dem Wirklichkeitseffekt.

»Schnell voran kommt man nur dicht am Erdboden; die Geschwindigkeit ist die moderne Form der Schwerkraft.« Dieser Satz von Paul Morand stammt aus einer Zeit, als die Steiggeschwindigkeiten noch gering waren und ein Ausbrechen aus der Erdanziehung für die Pioniere des Raketenmotors kaum vorstellbar war. Heute hat uns die Geschwindigkeit gänzlich von der Schwere und infolgedessen von der Schwerkraft befreit, anders ausgedrückt, von der Tatsache, daß es unerreichbare Höhen gab. Im Zuge der Errungenschaft der Fluchtgeschwindigkeit wird zur Zeit auf dem Erdboden *die räumliche Tiefe abgeschafft, ist das Ende der zeitlichen Entfernungen in Sicht.* Nach dem Ausbruch in vertikaler Richtung, der die Höhe in kosmische Distanzen verwandelt hat, zielt der Ausbruch in horizontaler Richtung darauf ab, die weitesten »Entfernungen« des planetarischen Raumes in einen Pol der Trägheit umzuwandeln. *Die reine Geschwindigkeit wird gleichzeitig Höhe, Länge, Alpha und Omega absoluter Macht.*

Wie die Sonnenstrahlen sich im Brennpunkt des konkaven Spiegels zu einem vollkommenen Bild vereinen und ein Höchstmaß an Glut erzeugen, vereinen sich die Energien und Zufälligkeiten in der entscheidenden Schlacht, um eine letzte, gebündelte Wirkung zu erzielen. (Clausewitz)

Eine solche vernichtende Bündelung erfährt heute durch die Technik eine vollkommene Bestätigung. Die Metapher ist Wirklichkeit geworden: *Die konkrete Lichtgeschwindigkeit*, zugleich Mittel augenblicklicher Zerstörung und Mittel ausgeklügelter Projektion, *wird zur absoluten Waffe, und das Licht der Geschwindigkeit erzeugt das vollkommene Bild, das Hologramm der reinen Macht.*

War die Fahrt früher eine sublimierte Form der Jagd, war ihre Beschleunigung eine Sublimierung des Krieges (Blitzkrieg) und maximale Glut, *muß jetzt die reine Geschwindigkeit als letzte, gebündelte Wirkung eines Krieges jenseits der Schlachten, eines reinen Krieges aufgefaßt werden, der des Brennpunktes, der reinen Oberfläche der Wüste bedarf.*

Keine Verzögerung mehr! Dieser apokalyptische Befehl beinhaltet auch die Abschaffung jeglicher Auswüchse, die irgendeine Turbulenz verursachen könnten. Die Oberflächen, von den winzigsten Unebenheiten des Bodens bis zu den weitesten Ausdehnungen des Territoriums, werden zu Leinwänden, zu Spiegeln für die Azimutalprojektion der Distanzen, werden zur holographischen Darstellung der Oberflächen dessen, was früher Geographie war.

Da die Wüste im Rhythmus der Geschwindigkeit wächst, stellt sich die Frage, ob das Kino noch auf einen Ort (Vorführraum, Fernsehen) angewiesen sei, nicht mehr; es geht vielmehr darum, ob die Orte noch auf das Kino der rasanten Beleuchtung durch die Geschwindigkeit verzichten können.

Die Wüsten, feindliche Oberflächen, Spiegel der Eroberer, haben Generationen von Schürfern, Spurensuchern und Schatzgräbern angezogen; als letzte schließlich die Rennfahrer, die dem Taumel, die äußerster Geschwindigkeit hinterherjagen. So hat der frühere Weltrekordler Art Arfons geäußert: *»Wir haben die weiten interplanetarischen Räume erobert, doch wir wissen so wenig darüber, wie wir uns auf unserer Mutter Erde fortbewegen.«*

Eine solche Rückkehr in die Atmosphäre, die ihrem Wesen nach das genaue Gegenteil der spektakulären Eroberung des Raumes darstellt, hat etwas Paradoxes. Nach den Ausschweifungen vertikaler Geschwindigkeit wirkt dieser plötzliche erneute Anlauf zur Erforschung höchster horizontaler Geschwindigkeit rätselhaft: die Wüste als Zuflucht, Kult der ursprünglichen Oberfläche?... In den dreißiger Jahren wurde verwundert zur Kenntnis genommen, daß ein Pilot des Royal Flying Corps, Malcolm Campbell, dem Abenteuer der Luftfahrt den Rücken kehrte, um sich auf Rennrekorde auf dem Erdboden zu spezialisieren; das Flugzeug benutzte er lediglich noch, um über Europa und Afrika *dromogene*, für schnelle Fortbewegung geeignete *Zonen*, öde Plateaus und mineralische Totenfelder ausfindig zu machen, damit die Geschwindigkeitsversuche nicht mehr, wie frühere Experimente auf dem harten Sand von Pendine oder Ninety Miles Beach, durch den Wind und die Gezeiten beeinträchtigt würden... Heute ist die Frage, weshalb der *negative Horizont* erneut so anziehend sei, nicht weniger aktuell.

Nach dem Countdown der vertikalen Raketen jetzt der Countdown vor dem Abschuß horizontaler Raketen, die die Schallmauer auf dem Erdboden durchbrechen können, so zum Beispiel Stan Barretts »Budweiser Rocket«, das erste Vehikel, das auf dem Flugstützpunkt von Edwards im Dezember 1979 *mit einer Sidewinder-Rakete, wie sie zur routinemäßigen Ausrüstung der amerikanischen Streitkräfte gehört*, Mach 1 überschritten hat. Merkwürdigerweise war am 14. Oktober 1947 von diesem kalifornischen Flugstützpunkt aus bereits Flugkapitän Charles Yeager gestartet, um an Bord des BELL X 1 die »Schallmauer« zu durchbrechen.

Dieses mit einem vierstrahligen Reaction Motor ausgestattete Jagdflugzeug zu Versuchszwecken hatte eine Spannweite von 8,54 m, aber seine Gesamtlänge – 10,85 m – war mit derjenigen von Stan Barretts »Budweiser Rocket« – 11,57 m – vergleichbar.

Diese Ähnlichkeit zwischen dem Boden- und dem Luftfahrzeug 32 Jahre später ist ganz erstaunlich. Da das strategische Ziel des Abfangjägers darin besteht, den Raum, die Atmosphäre möglichst geschwind zu durchqueren, lag die Zweckmäßigkeit des BELL X 1 auf der Hand, während der Zweck der »Straßenraketen« merkwürdig unwirklich bleibt.

»Das Schwierigste war, die geeignete Piste zu finden«, erklären heute die Protagonisten der Überschalleistung. Seit dem ersten Versuch im Dezember 1979, bei dem die Maschine auf dem Salzsee von Utah 1027 km/h erreicht hatte, mußte das Unternehmen »Speed of Sound« aufgeschoben, dann zurückgestellt werden, *weil ein geeigneter Rahmen nicht mehr zur Verfügung stand...*

In der Tat werden infolge der Abnutzung des Untergrundes, des Verschleißes der von Jahr zu Jahr dünner werdenden Salzkruste, ja sogar infolge der Begrenzung des Terrains und auf Grund klimatischer Veränderungen an Ort und Stelle Geschwindigkeitsexperimente, die über 1000 Kilometer in der Stunde hinausgehen, immer schwieriger.

Die Winderosion sowie die zusätzliche Erosion durch den relativen Wind der seit fast einem halben Jahrhundert in Bonneville Speedway eingesetzten Maschinen wirken zusammen und ruinieren die Wüste von Salt Flats.

Deshalb wechselt man nach jedem Rennen die Reifen und oft sogar die Aerodynamik der Maschinen aus; aber in Zukunft wird man auch *den Schauplatz, das Terrain wechseln müssen...*

Die Mannschaft von Hal Needham hatte für Überschallversuche den Iran in Betracht gezogen, wo in der Nähe der Stadt Quom ein ausgetrockneter See mit schöner Oberfläche und idealen Sichtverhältnissen liegt; es war aber praktisch keine Zufahrt für schwere Apparaturen vorhanden. Auch die (auf Luftpostkarten so beliebten) Anden wurden inspiziert, vergeblich... *deshalb dann die Zusammenarbeit mit der Armee und die Entscheidung für den ehemaligen Muroc-See, einen integrierenden Bestandteil der US-Air-Force-Militärbasis in Südkalifornien.*

Bei der Durchstoßung der Schallmauer auf dem Erdboden spielt die Meteorologie eine beträchtliche Rolle; *die Berücksichtigung der Windverhältnisse, der Höhe und der Temperatur der Umgebung ist in der Tat geboten, anders ausgedrückt, der Luftdruck des Terrains muß einbezogen werden, da sonst der »dromosphärische Druck« der Maschine nicht verbindlich berechnet werden kann...* Ende 1979 wurde auf der Piste von Muroc die »Schallmauer« bei −9°C mit 1171 km/h, bei 0°C mit 1192 km/h und bei 10°C schließlich mit 1214 km/h geortet... Da die Nächte in der Mojave-Wüste besonders kühl sind, schleppte man den »Budweiser Rocket« um 4 Uhr morgens in den Startbereich.

Es sei erwähnt, daß bei solchen Vehikeln alle Systeme von außen überwacht werden, durch einen in einem technischen Wohnwagen untergebrachten Computer. Für den Fall, daß der Fahrer den Motor nicht mehr hätte abschalten können, hätte der

Computer den ersten, verzögernd wirkenden Fallschirm bei 1000 km/h und, da die hydraulischen Bremsen erst bei 240 km/h greifen, den zweiten bei etwa 480 km/h abgestoßen. Der Fahrer, ein Taucher in der Wüste, der über eine vollkommen autonome Luftzuführung verfügt, ist mit den Kontrolltechnikern durch eine Bordpeilstelle verbunden.

Am 15. Dezember 1979 ordnete Bill Frédérick um 7 Uhr 25 bei −7°C die Zündung an. *In der Zeit, da die Photoapparate sich einschalteten, war das Fahrzeug bereits vor den 4 Kilometer vom Startpunkt entfernten elektronischen Augen der Zeitmeßgeräte vorbeigeflitzt.* Der negative Horizont war belichtet, »Sliding home« wurde Wirklichkeit*, Stan Barrett hatte die Schallgeschwindigkeit auf dem Erdboden tatsächlich erreicht. Doch die offizielle Bestätigung sollte vom Sternenhimmel kommen, wo drei der zwanzig militärischen Satelliten, die ununterbrochen die Westküste der Vereinigten Staaten absuchten, auf die Dezimale genau eine Geschwindigkeit von 1190,300 km/h registriert hatten. Da die Schallgrenze an dieser Stelle in diesem Augenblick bei der herrschenden Temperatur genau bei 1117,800 km/h lag, *war das Unternehmen »Speed of Sound« (SOS) ein voller Erfolg.* Seine Initiatoren erklärten wenig später: »Wir haben bewiesen, daß es möglich ist, ohne allzu große Risiken in Überschallgeschwindigkeit zu fahren; das genügt uns, der Rekord mit seinem Ritual interessiert uns nicht mehr.«

Man kann sich mit Fug und Recht darüber wundern, daß die Wahl gerade auf einen Flughafen gefallen war, wo man doch überhaupt nicht fliegen wollte, oder daß Fallschirme zum Einsatz kommen sollten, um eine auf dem

* *»Sliding home«*, das gleitende Haus, ein von den Rekordhaltern erfundener Ausdruck. Paul Clifton in seinem Buch *The fastest men on earth*, 1967.

Erdboden stattfindende Fahrt zu bremsen, schließlich und endlich auch darüber, daß in der letzten Phase eine auf dem Erdboden erbrachte Leistung von Beobachtungssatelliten im Weltraum kontrolliert wurde... Im Grunde ist das Bestreben nach immer höherer Geschwindigkeit identisch mit dem Bestreben nach einer immer stärkeren Fusion/Konfusion der Elemente und Arten. Später hat Stan Barrett angekündigt, er werde nächstens versuchen, in den Vorstädten von Los Angeles die *miles miles in der Stunde* zu erreichen... der Ort der Geächteten wird auf diesem Wege wieder zum Glacis, zum Prüffeld exzessiver Geschwindigkeit. Doch kehren wir in den *Parc agricole* von Achères zurück, zu jenem Start im Jahre 1899 auf der zentralen Landstraße, wo sich zum ersten Male ein Treibrad mit 600 Umdrehungen in der Minute auf dem Erdboden dreht, auf was für einem Boden übrigens! Auf dem Boden eines befahrbaren Weges, der durch das Rieselfeld einer Pariser Vorstadt führt, wo Camille Jenatzy gerade sein »Geschwindigkeitsduell« mit dem Baron von Chasseloup-Laubat gewonnen hat, indem er mit einem elektrischen Vehikel, der »Jamais Contente«, 100 km/h überschritt.

Zu dieser Zeit *werden alle Versuche auf freien Straßen in nur einer Fahrtrichtung durchgeführt*, in Belgien den Kanal von Nieuport bei Ostende entlang, in Dourdan auf der geraden Strecke von Ablis, der im Jahre 1902 vom Französischen Automobilklub ersten offiziell anerkannten Trasse der Nationalstraße.

Da die Amerikaner noch nicht über bedeutende Straßenachsen verfügen, ist Henry Ford gezwungen, für seine Versuche die *Pferderennbahn* von Grosse Point in Detroit zu benutzen, bevor er im Jahre 1904 mit 147 km/h auf dem Eis von Lake Saint Clair einen neuen Rekord aufstellt; *seine Arbeiter hatten vorher die spiegelglatte Piste von Anchor Bay mit Asche bestreut...*

Am Strand von Ormond in Daytona überschreitet Fred Mariot im Jahre 1906 mit einem dampfangetriebenen Vehikel, dem »Rocket Stanley«, 205 km/h. Im Jahre 1907 wird das Prüffeld zum Instrument: *zum Autodrom*, Brockland, dem ersten seiner Art, in Großbritannien; im Jahre 1909 Indianapolis, Vorstadt ohne Innenstadt, Schleife, ein Ring überaus lebhafter Motorik schließt den Horizont ein. Im Jahre 1910 sanktioniert der Internationale Verband anerkannter Automobilklubs das Hin-und-Zurück, indem er festlegt, daß »nur jene Versuche anerkannt werden, die über die gleiche Meilen- und Kilometerlänge hinweg in zwei entgegengesetzten Richtungen gefahren wurden«.

Später wiederholt dann die *Autobahn* dieses Feedback, und der deutsche Rennfahrer Bernd Rosemeyer kommt 1938 bei einem Versuch auf der Strecke Frankfurt-Darmstadt, einer der ersten »Reichsautobahnen«, ums Leben.

Diese plötzliche Verneinung des objektiven Horizontes ist auch Verneinung einer irgendwie gearteten Ankunft, eines Zieles. Das Streben nach reiner Geschwindigkeit wird zur Verneinung des Weges, das Ticken der Stoppuhren und die lautlos funktionierenden photoelektrischen Elemente zeichnen lediglich noch ein Projekt auf, nämlich das Projekt eines sofortigen Hin-und-Zurück. Es ist symptomatisch, daß die Versuche, eine Grenzgeschwindigkeit zu erreichen, immer – wie Hinrichtungen – im Morgengrauen stattfinden, da die nächtliche Kühle die Beschleunigung fördert; der Sonnenaufgang ist Bezugspunkt für das morgenrote Licht der Geschwindigkeit. Im Jahre 1924 sperrt die Polizei auf der Nationalstraße 20 in der Nähe von Arpajon zwischen 4 und 6 Uhr morgens den Verkehr. Die in der Falle sitzenden Autofahrer werden Zeugen eines Versuches von Elridge: *234 km/h, neuester Rekord auf offener Landstraße*.

Ein Jahr später leistet sich Frankreich (nach Großbritannien und den Vereinigten Staaten) in Linas Monthléry endlich sein erstes ständiges Autodrom: *Autopolis*, Stadt der Motorik, Ort ewiger Wiederkehr, der ursprünglich im Bereich des Geschwindigkeitskreislaufes alles für die Forschung und den Autosport notwendige Zubehör vereinigen sollte: Fahrschulen, Laboratorien und Versuchspisten, Hotels, Museen usw. Die Architektur der Geschwindigkeit scheint eine aussichtsreiche Zukunft zu haben, bauen doch die Italiener nach den Autostraßen für FIAT in Turin eine Fabrik unter einem Versuchsring, der zugleich als Terrasse des Gebäudes dient.

Im Jahre 1928 wendet Major Seagrave auf der Strecke Ormond / Daytona Beach zum ersten Mal ein aufschlußreiches Verfahren an, indem er auf der Motorhaube seines »Golden-Arrow« einen in der Achse der Windschutzscheibe dublierten teleskopischen Sucher mit einer Zielvorrichtung wie bei einer Jagdflinte anbringt: »Nachdem er auf der Startlinie ein rotes Licht und in 20 km Entfernung, auf der Ankunftslinie, eine zweite Lichtquelle angebracht hat, steigt er in sein Fahrzeug und visiert das Startlicht direkt an. Bevor er den Draht des Registriergerätes überrollt, fängt er im teleskopischen Sucher den Lichtschein in der Ferne auf.«*

Dieses Experiment sollte im Zusammenhang mit den Versuchen des Physiologen E.J. Marey gesehen werden, der bei seinen ersten chronophotographischen »Aufnahmen«, die bekanntlich die Erfindung der Filmkamera ermöglichten, gleichfalls mit einer Jagdflinte experimentierte. Major Seagraves *Teleobjektivvehikel* soll nicht Sequenzen eines Möwenfluges aufzeichnen, es geht vielmehr darum, *wie man am Strand zum Sonnenstrahl wird.*

Im Gegensatz zu Marey, der die schnelle Abfolge der

* P. Clifton, *ebd.*

Flügelschläge festhalten wollte, sucht Seagrave die rasch nacheinander auftauchenden Bezugspunkte seiner Fahrt möglichst schnell aneinanderzureihen. Dadurch, daß die Ziellinie (wie auf den Lauf einer Waffe) auf die Motorhaube verlegt wird, kommt es dank der entfesselten motorischen Leistung zur optischen Täuschung eines Zusammenstoßes: *Während die chronophotographische Flinte die Ballistik des Vogels aufzeichnete, zeichnet das Teleskop die Bahn der Markierungen auf.* Das Automobil hat die Funktion eines Meßinstrumentes, der Rennfahrer wird zum *Läufer*, es besteht plötzlich ein Konkurrenzverhältnis zwischen der zunehmenden Erleuchtung des morgendlichen Horizontes und der beschleunigten Perspektive, das Licht der Ankunft steigt in den Zenit; für den Adepten der Grenzgeschwindigkeit *wird die Fahrt zur Jagd auf die Sonne*.

Der Vektor stellt, nachdem der Raum nach und nach der Zeit, die Zeitdistanz dann der Geschwindigkeitsdistanz geopfert worden ist, die letzte Dimension einer Welt dar, die nur noch mit der *Wüste des Augenblicks* identifiziert werden kann. Im August 1935 beschließt Malcolm Campbell – durch das Fahren auf Sicht vollkommen in Anspruch genommen, da es noch kein System gibt, das eine Konsultation des Armaturenbrettes während der Fahrt ermöglichen würde –, eine mobile Kamera, die seine Instrumente filmen sollte, auf seinen »Blue Bird« montieren zu lassen... Später, im Jahre 1947, installiert dann sein Sohn Donald ein *telemetrisches System*, das die jeweiligen Daten an Bord an die Techniker in den Boxen *auf dem Erdboden* weiterleiten soll...

Das von seinem Fahrer gesteuerte, von den Kontrolleuren ferngesteuerte Vehikel hat sich zur *gleitenden Kamera, zur gleitenden Kammer* entwickelt. Der in seine Druckkabine eingeschlossene, durch die bevorstehende Ankunft faszinierte Fahrer, der nicht nach unten blicken darf, ist von nun an Spielball einer Halluzination: *Da der wahrnehmbare Horizont sich exzessiv zusammenzieht, hat er den Eindruck, Krieg und Ankunft seien eins, seien reine bevorstehende Ankunft des Endes*. So wird im Verlauf eines glühend heißen Sommers im Jahre 1938 das Licht zum Feind des Geschwindigkeitsrekordes.

Hauptmann Eyston, ein Rivale des Rekordhalters John Cobb, hatte in Bonneville die Geschwindigkeit von 558 km/h überschritten, doch die Stoppuhren reagierten nicht: »Da die Metallkarosserie und die blendend weiße Oberfläche des Salzsees den einfallenden Lichtstrahl reflektierten, wurde die lichtelektrische Zelle der Ankunft durch den vorbeifahrenden Rennwagen nicht belichtet... keine Notation, keine Bestätigung. ›Thunderbolt‹ wurde daraufhin schwarz gestrichen, damit er sich auf den Strahl der Zelle interferieren konnte.«*

Die Optik der lokomotorischen Täuschung ist insofern mit der kinematographischen optischen Täuschung vergleichbar, als sie scheinbar auf dem Vorüberziehen von Bildern beruht. Die Faszination durch den negativen Horizont, Höhepunkt der Versteppung, ist gleichbedeutend mit der Erschöpfung der letzten Quelle an Raum, der Leere. *Der Wille zur Macht ist somit hier Wille zur willkürlichen Verdichtung der Tiefenschärfe*, wobei der objektive Horizont zwecks Eintragung der Lichteffekte der Beschleunigung zur »Mauer«, zur Leinwand mutiert. Bei dieser Architektur zeigt die Verengung der Sicht eine Fertigstellung auf einem Bauplatz an; Schallmauer, Wärmemauer, so wird, rastlos, »Sliding Home« erbaut, Zuflucht im Exil für diejenigen, die den Raum mit ihren Gräbern bedecken**, diese »Rekordhalter«, die nicht zufrieden sind mit der Wüste des Bodens

* P. Clifton, *ebd.*

** Shakespeare.

und insgeheim die Undurchsichtigkeit, die *Wüste des Himmels* erstreben.

Da das Geschwindigkeitsgehäuse exzessiv schrumpft, schließt die Öffnung der Windschutzscheibe sich wieder über der Dichte der Atmosphäre. Der Widerstand, den die Luft dem Vorrücken entgegensetzt, führt zu einer Verhärtung des Himmels, *die Zinne der Fahrt wird zum Bollwerk der Grenzgeschwindigkeit, zur Mauer des Lichtes.*

Die Wüste, massiv, durchscheinend, gebiert dann die letzte Bunkerfigur, was zu einer einzigartigen Umkehrung führt: *Die Leere des Bodens erzeugt die Fülle des Himmels*, eines Himmels, dessen Glanz sich widerspiegelt in den schrumpfenden Umrissen der Maschinen.

»Wenn man gegen die Luft kämpfen will, muß man spezifisch schwerer sein als die Luft. Bei der Fortbewegung in der Luft wie anderswo auch stützt man sich auf das, was Widerstand leistet«, erklärte Nadar im Jahre 1863... Seither hat dieser Widerstand nachgelassen; die Eroberung des Raumes hat diese freche Revolte der Elemente und Zeitdistanzen unterdrückt, der Raum ist vollkommen *dromogen* geworden. In der Tat läßt sich die *beschleunigte aerodynamische Perspektive*, diese auf die Gegenstände der Ortsveränderung angewandte Wissenschaft des verzerrten Bildes bis zum Anfang unseres Jahrhunderts zurückverfolgen. 20 Jahre vor den ersten Ergebnissen im aerodynamischen Bereich, kurz nach 1910, gibt sich der Ingenieur Henri Coanda mit der Eroberung der Luft durch Schwergewichte nicht mehr zufrieden. Er arbeitet unter Zuhilfenahme eines chronophotographischen Apparates für Luftbewegungen, die stromlinienförmige Körper umhüllen, an den allerersten Formen aerodynamischer Karosserien und propagiert eine »Theorie der Leere«, derzufolge es nicht mehr darum geht, den Luftwiderstand mit Hilfe eines Motors zu überwinden; *es muß vielmehr vor oder über dem Vehikel ein Leerraum geschaffen werden, in den es sich stürzen kann*... Daß man gegen die Luft kämpft, indem man sich auf dasjenige stützt, was jeweils Widerstand leistet, reicht nicht mehr aus; man muß die atmosphärische Leere in ein Vakuum verwandeln. Das Gebläse des Propellermotors wird durch den Turbinenventilator eines Düsentriebwerkes ersetzt. Der Reisewunsch geht in eine Saugwirkung über; mit dem Willen, den Horizont möglichst rasch zu erreichen, ist ein tiefes Atemholen, ist Inspiration verbunden.

Auf die Atmosphäre folgt die Dromosphäre, auf die Arena der Pferderennbahn, die Schleife des Autodroms folgt – noch ist die siderische Umlaufbahn nicht erreicht – die *Zentrifuge*, die Kampfbahn für einen einzelnen Mann, den Augenzeugen der *Bildverzerrung eines Geschwindigkeitskörpers*, folgt die peripatetische Figur, wobei die Gewichtsmasse einer Reihe von grotesken Verformungen unterliegt, die durch die Schwerkraft verursacht werden. Erinnern wir uns in diesem Zusammenhang an die Gesichtszüge des Oberstleutnants John Stapp, der vor fast 20 Jahren auf einem düsengetriebenen Schlitten als erster 1016,888 km/h auf dem Boden erreichte.

Sollte die Welt nur ein falscher Schein sein, den die Zeit mit einem Schlag hinwegfegt*, *so ist Geschwindigkeit der Lufthauch, der Wind der Zeit, ein relativer Wind, der die Wüste der Körper im Nu hinwegfegt.*

»Jede Oberfläche ist ein *interface* zwischen zwei Milieus, in welchem eine ständige Aktivität in Form eines Austausches zwischen den beiden in Verbindung gesetzten Substanzen herrscht.«**

Der Bildschirm ersetzt den Spiegel. Bonneville Speedway, 10. September 1962: Millionen von Fernsehzuschauern verfol-

* Shakespeare. ** Wissenschaftliche Definition des Begriffes »Oberfläche«.

gen in Direktübertragung, wie Glen Leashers »Infinity« in die Brüche geht; ihre von Kathodenröhren zurückgestrahlten glänzenden Splitter fliegen durch ganz Amerika...

Noch spannender ist die Show ein paar Jahre später, als eine Ansagerin hinter der Windschutzscheibe des Bildschirms sich so schnell wie die Lichtpartikel der Fernsehnachrichten in Großaufnahme das Leben nimmt. Im Jahre 1967 findet Donald Campbell auf dem Coniston-See bei dem Versuch, einen Geschwindigkeitsrekord auf dem Wasser aufzustellen, den Tod. 15 Jahre zuvor war John Cobb, als ob ihn die Fläche des ausgetrockneten Sees von Utah nicht mehr befriedigt hätte, in der Tiefe von Loch Ness in Schottland verschwunden...

So schnell wie möglich in Erscheinung treten und verschwinden, sich mit noch größerem Schwung ins Weite stürzen, dem Tod entgegen, katastrophische Herausforderung, Selbstmordversuch des Protagonisten, der sich im geheimen Einverständnis mit dem Publikum, das offensichtlich auf einen solchen Ausgang wartet, den Leistungen seiner Prothese anvertraut. Früher fuhren bedeutende Männer an die See, um an der Schwelle zum offenen Meer zu sterben, jetzt taucht man in die Dunkelkammer der Fernsehtrauer, um eine Spur, ein Negativ zu hinterlassen, das einen als Fernsehaufzeichnung zu neuem Leben erweckt, manchmal sogar, paradoxerweise, in Zeitlupe... So sollte in den sechziger Jahren der Kampf um absolute Rekorde einen Werbekrieg auslösen. Da schon wenig spektakuläre Versuche sich nur dank beispielloser Kapitalkonzentration auszahlten, konnte es sich keine Automobilfirma erlauben, Hunderte von Millionen in einen einzigen Prototyp zu investieren, *denn angesichts der Tatsache, daß die verwendeten Techniken eher von der Luftfahrt als von der Automobilindustrie stammten*, erwies sich die kommerzielle Nutzung solcher Vorhaben als wenig erfolgreich.

Zusammen mit großen Reifenfirmen sprangen dann Erdölgesellschaften in die Bresche. Die Vehikel, Ergebnis einer technologisch völlig falschen Mischung, entwickelten sich zu richtigen *fahrenden Laboratorien*. Ihre Fahrer waren nun nicht mehr wohlhabende Amateure, professionelle Rennfahrer oder Flieger; die neuen Champions stammten alle aus der American Hot Rod Association, einer Sportschule, die drei große Kategorien im Handel befindlicher Wagen vertrat: *Altered, Stocker* und vor allem *Dragster*, die in der Lage waren, bereits auf einer Strecke von 400 Metern Länge Höchstgeschwindigkeiten zu erzielen. Art Arfons, mit 875 km/h Geschwindigkeitsrekordhalter im Jahre 1965, war selbst ein ehemaliger Champion der Dragster-Mannschaft. Sein »Green Monster« *war mit einem außerdem noch aufgearbeiteten Düsentriebwerk eines F104-Jagdflugzeuges* sowie mit der vorderen Achswelle eines alten Lincoln 1937 und dem Wechselgetriebe eines Packard 1935 *ausgerüstet*, während das Zündungssystem der Fallschirme von einer 12-Kaliber-Jagdflinte stammte! Was seinen direkten Konkurrenten, Graig Breedlove, auch er ein »Hot-Rodder«, anging, so stammte *die Turbine seines »Spirit of America«* von einem B47-Bomber.

Fusion, Konfusion der Arten, Werbeplattformen, die von Show-Leuten gesteuert werden; *von den siebziger Jahren an muß man sich, selbst in Anbetracht dessen, daß Geschwindigkeit immer verkaufsfördernd wirkt, mit Fug und Recht fragen, was denn da eigentlich verkauft werde?* ... Die unbegrenzte Leistung der Turbinen und anderer Zusatzraketen hat zur Folge, daß die »Reifenfirmen« kommerziell nicht mehr interessiert sind. Nachdem Jenatzys Michelin-Reifen im Jahre 1899 *600 Umdrehungen pro Minute* und Campbells Dunlop-Reifen im Jahre 1931 *2600 Umdrehungen pro Minute* geschafft hatten, wurden die Räder, die in der Wüste auf *6000 bis 7000 Umdrehungen pro Minute* kamen, aus einer speziellen Aluminium-Legierung gefertigt... Nach den Erdölgesellschaften finanzierte die »Erdgasgesellschaft« noch die »Blue Flame« Gary Gabelichs, der als letzter mit 1014 km/h den Rekord hielt, dann setzen sich die *professionellen Stuntmen* Hal Needham und Stan Barrett ans Steuer von Raketen, die vom »Budweiser Bier« finanziert werden, wahrscheinlich so lange, bis die »Brigade der Suchtmittel« die US Air Force ablöst und ein frei verkäufliches Rauschmittel die Nachfolge der alkoholischen Getränke antritt.

Sandwichman, Projektilmensch – für sie ist letztlich *die Geschwindigkeit als Befreiung die Botschaft.* Zur aerostatischen und aerodynamischen Versteppung der Oberflächen kommt noch die Wüste einer ökonomischen Rückentwicklung hinzu: Während früher der Reichtum der Geldgeber akkumuliert werden mußte, damit Rekordgeschwindigkeiten erreicht und finanzielle Gewinne daraus gezogen werden konnten, wohnen wir heute einer Umstellung bei; *die Beschleunigung, die letzte postindustrielle Einnahmequelle, übersteigt die Akkumulation.* Die auf die »Geschwindigkeitsdistanz« des Schalls und des Lichtes, nicht mehr auf die früheren »Zeitdistanzen« der Materie abgestimmte *Fluchtgeschwindigkeit wird Gegenwert des Profits.*

Die »Schallmauer« ist offenbar auch die Mauer des Goldes und des Silbers. Bezugspunkt ist nicht mehr die *stoffliche Währung* der Wertpapierbörse oder der »Urmeter« aus Platin-Iridium im Pavillon des Mesures, sondern die konkrete Strahlung der Geschwindigkeit im leeren Raum. Der Laser, ein später Sonnenkult, wird zur *Lichtwährung* der Welt.*

* Seit dem Aufkommen des Lasers hat das Maß einer der grundlegendsten Konstanten der Physik – die Lichtgeschwindigkeit – eine spektakuläre Aufwertung erfahren. Daraus sollten sich Veränderungen im internationalen System der Maßeinheiten ergeben. Vgl. in *La Recherche* Nr. 91, 1978, einen Artikel von Patrick Bouchareine: *Le mètre, la seconde et la vitesse de la lumière.*

Die innere Steuerung

»Kürze ist die Seele des Geistes.«
Shakespeare

Das automobile Vehikel ist keine »Maschine« wie andere, handelt es sich doch um eine Maschine, die sowohl stationär als auch beweglich ist. Stationär ist der Motor auf dem Prüfstand oder auf seinem Fahrgestell; beweglich ist das Antriebssystem (Räder, beziehungsweise Raupenketten), welches das Vehikel zu der jeweiligen Startfläche, auf die Piste, die Landstraße oder die Autobahn befördert. Das Kräftepaar, gebildet aus Antriebsrädern und Nachrichtenanlage, bewirkt dann die Erzeugung von Geschwindigkeitseffekten, Artefakten, die für alle Vehikel, die sich auf dem Boden oder in seiner unmittelbaren Nähe mit großer Schnelligkeit fortbewegen, typisch sind. Die automobile Maschine ist also nicht einfach ein Kommunikationsmittel; als »Geschwindigkeitsmaschine« ist sie auch das Übertragungsmittel der Schnelligkeit als solcher. Die Angewohnheit, Geschwindigkeit mit Beförderung gleichzusetzen, hat uns den Blick auf das Wesen der »Bewegung der Bewegung« verstellt. Als Quantität verfügt die Geschwindigkeit gleichzeitig über eine Größe, die Anzahl der in der Stunde zurückgelegten Kilometer, und über eine Richtung, die Richtung der Fahrstrecke; es handelt sich bei ihr also um einen Vektor. Und in Entsprechung zur Produktion des Vehikel-Vektors durch die Automobilindustrie erzeugt und produziert letzterer wiederum den Geschwindigkeitsvektor. So ruft uns ja auch die Physik in Erinnerung: »Jede Bewegung kann mit einem einzigen Satz kurz beschrieben werden: Die Kraft und der Wechsel der Geschwindigkeit sind Vektoren, die in die gleiche Richtung weisen.«

Das automobile Vehikel (Auto, Schiff, Flugzeug) ist demnach eine Kombination aus zwei Vektoren: des motorischen Kraftvektors und des Geschwindigkeitsvektors der Ortsveränderung, wobei letzterer eine direkte Folge, ein Erzeugnis des ersteren, aber – behalten wir das im Auge – auch des Milieus sowie des Elementes (Erdboden, Meer, Luft) oder der tragenden Fläche ist.

Der Antrieb des automobilen Apparates der Ortsveränderung sowie seine (positive oder negative) Beschleunigung sind also gleichzeitig Oberflächeneffekte und atmosphärische Effekte oder, wenn man so will, Effekte, die einem Vorrücken entgegenwirken. Die funktionale und instrumentale Eigenschaft der infrastrukturellen Berührungsflächen (Landstraße oder Autobahn) sowie die Formen des geringsten Widerstandes beim Vehikel-Vektor tragen dazu bei, den Geschwindigkeitsvektor zum wesentlichen Charakteristikum der Bewegung automobiler Ortsveränderung, genauer gesagt, zu einer ihrer *Dimensionen* zu machen. Im Grunde wird Geschwindigkeit nur insoweit zu einer der »Dimensionen« der Bewegung, als sie im Zeitverlauf als Konstante eingesetzt und im Bewegungsverlauf beibehalten werden kann. Diese Konstante, die früher nur unter großen Schwierigkeiten durch rigorose Begradigung der Fahrtrasse und entsprechende Profile der Vehikel gehalten werden konnte, erzielt man heute mit Hilfe des elektronischen Tricks des Bordcomputers, der gewissermaßen wie ein Geschwindigkeitsprogrammierer arbeitet.

Nachdem vor sehr langer Zeit im griechischen und römischen Straßen- und Wegenetz und (vor einem halben Jahrhundert) bei der Autobahn-Infrastruktur Neuerungen eingeführt wurden, die räumlich und geographisch zur unilateralen Ausrichtung und Eindimensionalität des vektoriellen Paares beitrugen, sind heute dank der elektronischen Kontrolle der Fahrgeschwindigkeiten Neuerungen im Bereich der »Einteilung der Zeit einer Ortsveränderung« aktuell.

Auf diese Weise erzeugt der aus dem »kleinen dynamischen Vehikel« (Auto, Motorrad) und dem »großen statischen Vehikel« (Landstraße, Brücke, Tunnel...) gebildete vehikuläre Komplex die negative oder positive Beschleunigung, eine neue Dimension der Welt oder vielmehr eine fortwährende Erneuerung der Dimensionen der Welt. Diese durch die technische Verbesserung bei der Kontrolle der Vektoren ununterbrochen reprogrammierte Erneuerung macht sich nicht nur durch eine Verkürzung der Zeitdistanzen bemerkbar, sondern wirkt sich innerhalb des Systems der Erscheinungen auch auf die Sicht der Passagiere aus. Die Produktion des Vehikel-Vektors, der eine »Transportmaschine«, darüber hinaus aber auch eine »Geschwindigkeitsmaschine« ist, löst eine Projektion, gewissermaßen eine Illumination aus: Das Paar Motor/Räder ermöglicht das Paar Wagen/Landstraßen; zwischen Abreise und Ankunft zieht das Land mit seinen Landschaften wie ein Treibriemen vorüber. Dieses Artefakt, das als optische Täuschung gilt und deshalb zu wenig beachtet wird, ist indessen nicht mehr und nicht weniger illusorisch als die Schrumpfung der Zeitdistanz der Fahrstrecke. Mit ebenso großem Recht könnte man nämlich diese zeitliche Annäherung als motorische Illusion auffassen, da die geographische Distanz, welche Abfahrt und Ankunft trennt, die Raumdistanz also, sich genau in dem Maße verändert, wie die Landschaften sich in der dromoskopischen Vision der Passagiere schneller Vehikel fortbewegen... So sehen wir uns hier einer unvermuteten, die Ausdehnung betreffenden Produktion gegenüber, bei der es sich im Grunde um eine regelrechte kinematische Projektion handelt. Das schnelle, das »automobile« Kommunikationsmittel kann also auch als »audiovisuell« aufgefaßt werden, da seine Passagiere einem gleichzeitig visuellen und auditiven Erkennen verpflichtet sind.

Für sie, für sie allein erzeugt der ans Straßennetz angeschlossene Wagen eine Lichtenergie, ein Zweites Gesicht, das sich von demjenigen des Fußgängers unterscheidet. Die Geschwindigkeitsmaschine, eigentlich einfach ein Projektionsapparat, erzeugt Strahlen, eine indirekte Beleuchtung, sendet Licht aus, das zwar mit der Lichtgeschwindigkeit nicht identisch ist, immerhin aber eine jeweils im Augenblick erfolgende neue Einstellung des Bildes sowie der raumzeitlichen Dimension des durchquerten Territoriums zur Folge hat.

Die Sicht des Autofahrers, in diesem Punkt mit der durch Elektronik verbesserten Ausstrahlung des Fernsehbildes im Beschleuniger der Kathodenröhre vergleichbar, ist kein nebensächliches Element des unterschwelligen Komforts der Reise, sondern eine seiner Hauptachsen, welche wie die Öffnungen der Windschutzscheibe und der Seitenfenster zur Erweiterung der eingeschränkten Rundsicht wesentlich beiträgt.

Als »Reisevoyeure« befinden sich der Fahrer und die Passagiere in einer ungewöhnlichen Situation, die auf die Synopsis ihrer Ortsveränderung zurückzuführen ist. Als *in Bewegung befindliche*, auf eine lokomotorische Prothese angewiesene *Behinderte* sowie als *behinderte Voyeure* sind sie der faszinierenden Darstellung einer Welt erlegen, in welcher das automobile Kommunikationsmittel (direkt oder indirekt) auf sämtliche vorhandenen »Übertragungsmittel«, nicht nur auf die vorhandenen Transportmittel einwirkt. Im Grunde *führt der Weg in die Zukunft des automobilen Abenteuers über die Weiterentwicklung des Abenteuers der Erscheinungen*, das heißt, über eine Verbindung und Fusion audiovisueller und automobiler Medien, die auf diese Weise eine Verkettung herstellen, welche auf dem Vorrang der *Information* vor dem *Transport* beruht.

Die wissenschaftliche und technische Erkenntnis, ob nun mehr dem Stil des Experimentes oder demjenigen der Verwirklichung verpflichtet, ist vom politischen und kulturellen Druck der jeweiligen geschichtlichen Epochen geprägt.* Wahrscheinlich ist ein solcher sogenannter Stil einfach das (wissenschaftliche) *Genre* oder die (technische) *Methode* einer bestimmten Periode in der Wissenschaft...

Die Elektronik weicht von der Regel nicht ab, man muß nur ihre strategische Herkunft entziffern.

I

In früheren Zeiten hatte man sich, sobald die Schrift bekannt war, in Anbetracht dessen, daß nicht allzuviele verfügbare Daten vorhanden waren, in erster Linie auf die Übermittlung von Informationen verlegt, und zwar auf den metabolischen Transport (durch Läufer, Pferde, Tauben...) oder die technische Übermittlung (durch Signale, Wagen, Schiffe...). Die Macht des Pontifex (etymologisch »derjenige, der Energien bündelt und ihnen eine Richtung gibt«) beruhte zunächst auf der *Bewegkraft*, der Fähigkeit zu befördern. Sein Palast hatte für die Information des Landes die Funktion einer »Trägheitszentrale«. Die politische und polizeiliche Macht in ihrer Eigenschaft als Wissenskraft war also ein unmittelbares Ergebnis der Fähigkeit einer privilegierten Kaste von Botschaftern (Wa-

* Man braucht lediglich den historischen Einfluß der Rüstung auf die Entwicklung der Wissenschaften und die immer größere Bedeutung der Militärkredite für die heutige wissenschaftliche Forschung sowie den Begriff der »Niederschläge« der Kriegstechniken im Zivilbereich in Betracht zu ziehen.

genlenkern, amtlichen Kurieren, Reitern), Fakten zu sammeln und selbst den entlegensten Landstrichen noch Informationen, »allgemeine Auskünfte« zu entlocken, die vor der Erhebung von Steuern und damit indirekt im Interesse der strategischen und ökonomischen Kontrolle des Landes eingeholt wurden.

Da der Wert einer Botschaft von der Geschwindigkeit ihrer Übermittlung abhängt, ist die Bedeutung dieses »Kurierdienstes«, dieses römischen *cursus publicus*, dessen Oberhaupt sogar zu kaiserlichen Würden kommen konnte, augenfällig.

Hier wäre auch an das Privileg der Feudalherren, des Adels und schließlich des Großkapitals zu erinnern, sich einen Taubenschlag, ein sehr schnelles System der Nachrichtenübermittlung, zuzulegen. Nach dem statischen System der optischen Signale in der Antike und den Fortschritten der Telegraphie erfolgt dann plötzlich die Revolution des Transportwesens. Die bisher von Postwagen wahrgenommene Gepäckbeförderung wird nun auf dem Schienenweg abgewickelt. Im Grunde ist diese Revolution der Mittel, die einer Ortsveränderung dienten, der logistische Endpunkt eines jahrtausendealten Bestrebens, das in erster Linie den Transport einer möglichst großen Nutzlast auf Flüssen, Meeren und auf dem Land anvisierte. Dieser trug dann zur Steigerung der ökonomischen und strategischen Leistungsfähigkeit der herrschenden Mächte bei, während die Information von den Auswirkungen der technologischen Entwicklung der Transportmittel (Galeeren, später Segelschiffe, Wagen und Reiterstaffeln, Postkutschen und Postrelais, telegraphische Systeme und Bahnnetze...) eigentlich erst in zweiter Linie profitierte. Übrigens muß in Betracht gezogen werden, daß sich in dieser Periode der Geschichte die staatliche Gewalt auf die physische Leistung der Infanterie sowie auf das Durchstoßvermögen der Kavallerie stützte, da es auf dem Landweg trotz der Artillerie noch keine Technik gab, die so fortgeschritten gewesen wäre, daß sie die metabolische Kraft mobilisierter Körper hätte ersetzen können (von Cäsar bis Napoleon ist das Relaispferd immer noch die »Währung« der Geschwindigkeit).

Die Revolution des Transportwesens, eine echte *Kulturrevolution* des modernen Abendlandes, ist in der Tat ein Auftakt zur »Revolution des Nachrichtenwesens«. Mit der durch die Industrie ermöglichten zunehmenden Vielfalt der Kommunikationsmittel (Zug, Automobil, Flugzeug, Radio, Telephon, Fernsehen) wächst die Macht der Information in gleichem Maße wie die Information der Macht. Das ist die Stunde der ersten »Presseagenturen«, aber auch die Stunde der wissenschaftlichen und internationalen Entwicklung des Polizeiwesens, das heißt, der (zivilen und militärischen) »Nachrichtendienste«.

Die Informatik und die Telematik schließen dann lediglich einen von der Telegraphie und vom Eisenbahnwesen schon ein Jahrhundert zuvor angedeuteten Kreis.

In der Folge kann man das Phänomen eines »Verzichtes auf das Tier« und später dasjenige einer »Entstofflichung« beobachten: Nicht nur das Tier (das Last-, Zug- und Lauftier) verschwindet zugunsten der Maschine, selbst das technische Übertragungsvehikel hat die Tendenz, hinter der ausgestrahlten Botschaft, letztlich zugunsten eines plötzlichen Radio- oder Radarsignals zu verschwinden... Das Automobil, ein Nebenprodukt der Dampfmaschine, sollte dann trotz des Elektromotors die erste Hälfte des 20. Jahrhunderts benötigen, bevor es zusammen mit Rundfunk und Bordtelephon und den ersten zaghaften Versuchen des Fernsehens an der »Revolution des Nachrichtenwesens« mitwirken konnte... Seit den mechanischen und thermodynamischen Anfängen des Automobils

(Cugnot) und in Anbetracht der heftigen Konkurrenz durch die Eisenbahn und die Verkehrsflugzeuge muß man feststellen, daß mit dem Aufkommen des Automobils das Prinzip der Information, welches mit dem Transportwesen verbunden ist, eigentlich immer zu wenig Beachtung gefunden hat zugunsten des Prinzips der Autonomie des Transportwesens.

Im Zuge der heutigen Elektronik geht diese Periode jetzt ihrem Ende entgegen.

II

Angesichts der wachsenden Inflation der neuen Kommunikations- und Übertragungsmittel auf Distanz wohnen wir einer spektakulären Umkehrung bei: Die automobile Information verfügt heute über eine größere Anziehungskraft als der autonome Transport, ohne diesen jedoch völlig auszuschalten. Halten wir indessen fest, daß es sich hier um eine für das besagte Transportmittel typische Information handelt, die die Information anderer Massenmedien nicht wiederholen oder zur Gänze wiedergeben kann. Eigentlich gibt es zwei Arten von »Massenkommunikationsmitteln«, das *audiovisuelle* (Presse, Rundfunk, Fernsehen, Informatik, Telephon...) und das *automobile* (die Transportmittel und Mittel der Ortsveränderung auf dem Lande, in der Luft und zur See...).

Beide befördern im Grunde einen spezifischen informativen Inhalt, bei beiden handelt es sich um Informationstypen, die von ihren jeweiligen Anlagen geprägt sind. Sowohl der Übertragungsvektor als auch das Transportvehikel haben die Eigenschaft, den eigentlichen Inhalt von »Botschaften« zu verändern, wobei diese Botschaften durch Rundfunk, Fernsehen, Telephon usw. übermittelt werden können oder Übertragungen der Reise im Zug, im Auto oder im Flugzeug sind.

Da in beiden Fällen Sinn befördert wird, und zwar in beiden Richtungen, hin und zurück, ist die Wegstrecke (die Reise) ein Diskurs (eine Botschaft).

Die Geschichte der audiovisuellen und automobilen Vermittlung, ein Wegstreckendiskurs, ein Feedback der Fahrt, weist auf die Problematik der direkten, beziehungsweise indirekten Information hin.

Jede die Vektoren oder Vehikel betreffende technologische Neuerung bleibt somit dieser »informatorischen Logik« verhaftet, anders ausgedrückt, sowohl der Logik des Sinnes (Objekt/Subjekt) als auch der Logistik der Richtung (Fahrt); die Elektronik ist weniger als irgend etwas anderes in der Lage, von der Regel abzuweichen.

So sei daran erinnert, daß jede *Sache* (Objekt/Subjekt) gleichzeitig Raum, Zeit, Materie, eine Sinnformation sowie eine Information der Umgebung beinhaltet. Die Relativität vermittelt uns in bezug auf die Zeit, dieses Wesentlichste im Falle des (automobilen) Hin-und-Zurück oder des (audiovisuellen) Feedback, die Einsicht, daß Zeit in der Materie zusammengezogen wird und daß eine heftige Bewegung die Dichte der Materie steigert und eine Ausdehnung der Zeit bewirkt.

Selbst wenn diese physikalische Eigenschaft sich nur bei Ortsveränderungen in extremer Höchstgeschwindigkeit im Bereich der Luft- und Raumfahrt geltend macht, sollte man sich der Tatsache bewußt sein, daß die Botschaft (der informative Inhalt) genaugenommen nicht mit der Message (dem Vehikel) gleichzusetzen ist, sondern mit dem Vektor, also der Bewegung der Bewegung, der Geschwindigkeit des Kommunikationsmittels.

Letztlich ist es belanglos, ob es sich bei dieser Beschleunigung um eine solche der telematischen Übertragung von

Fakten (in einer Millisekunde, einer Bit-Sekunde) oder um die Beschleunigung des Überschalltransportes von Personen (in km/h oder Mach) handelt; da die Geschwindigkeit, wie wir gesehen haben, die Botschaft, die letzte Botschaft der Bewegung darstellt, ist es angezeigt, die kinematische Eigenschaft der übermittelten Information zu analysieren, und zwar ohne Rücksicht darauf, ob vehikuläre Unter- oder Überschall-Leistungen (audiovisueller oder automobiler) Übertragungsapparate oder -instrumente betroffen sind.

Selbst wenn die spektakulärsten Wirklichkeitseffekte gegenwärtig noch hochkomplizierten Instrumenten vorbehalten bleiben, verfügt immerhin jedes Vehikel über die vektorielle Eigenschaft, durch seine Geschwindigkeit die objektive Wirklichkeit der Fahrstrecken sowie den informativen Inhalt, sogar die Bedeutung der Diskurse verändern zu können.

III

Die direkte Information ist das unmittelbare Ergebnis der Sinne, des Gesichts-, Gehör-, Geruchs- und Tastsinnes, aber auch jenes *Muskelsinnes*, anders ausgedrückt, eines *Bewegungsvermögens* dieses »Eigenkörpers« (der bekanntlich unser ursprüngliches Fortbewegungsmittel ist) vor Ort sowie seiner *Beweglichkeit* im Raum.

Halten wir auch fest, daß die physiologischen Eigenschaften und psychologischen Fähigkeiten unserer fünf Sinne von den Seh-, Hör-, Riech- und Geschmacksorganen, aber auch von der ortsverändernden Bewegung oder dem Stellungswechsel der Organe und des Körpers im Raum-Zeit-Kontinuum abhängig sind. Die Ortsveränderung, eine peripatetische Einweisung in die Reisewege und Fahrstrecken des Körpers, eine psycho- und sensomotorische Übung sowie eine Initiations- und Bildungsreise, ist gleichsam der dringliche Befehl, sich Informationen anzueignen. Die Gebärdensprache des (physischen) »Transportsportes« ist die Bedingung schlechthin für eine Urteilsbildung, und zwar vor, lange vor sprachlichen oder schriftlichen Vermittlungen (vgl. die vorsprachliche Kommunikationsfunktion des Mimen und des Tanzes). Die – außer der Sprache und der Schrift, diesen von jeder entwickelten gesellschaftlichen Kommunikation anerkannten Grundlagen – indirekte (oder vermittelte) Information ist offensichtlich die (geschriebene oder gesprochene) Information durch Literatur und Presse sowie die ikonische Information durch das (graphische, gemalte, geometrische...) starre, dann bewegte Bild, ein kinematischer Effekt, der indirekt, das heißt, mechanisch, elektrisch oder elektronisch, den »Wirklichkeitseffekt« der Ortsveränderung reproduziert, anders ausgedrückt, die direkte Information durch die Reise. Bleiben wir beim ursprünglichen kinematographischen Beispiel: Der für Aufnahme und Ton zuständige Techniker fungiert gewissermaßen als Hilfskraft des Zuschauers, der Kameramann ist der Reisevoyeur, der Expeditionskörper des seßhaften Voyeurs in den Kinos. Man kann also einmal mehr feststellen, daß das grundsätzlich Kinematische der Gegebenheiten, die zu einem Urteil führen, im Mittelpunkt des Informatikproblems steht: Im Falle der unmittelbaren Information handelt es sich nur um die lokomotorischen Organe des Subjektes, im Falle des Beispieles für vermittelte Information dagegen um die motorischen (elektrischen, elektronischen) Organe des Objektes.

Die natürliche oder künstliche Fortbewegung führt in den Begriff des Vektors des vorbeiziehenden Bildes ein, von Bildern des durchquerten Landes oder kinematographischen Bildern des auf dem Bildschirm betrachteten Filmes, wobei der Bildschirm gleichzeitig Rahmen der »Aufnahme« und Einrahmung des »Gesichtspunktes« des Zuschauers oder Fernsehzuschauers sowie in jeder Hinsicht mit dem Rahmen der automobilen Windschutzscheibe vergleichbar ist.

Die Geschwindigkeit ist denn auch in der Tat der gemeinsame Nenner der direkten und der indirekten Information.

Im Falle der »metabolischen Fortbewegung« (oder der Fortbewegung mittels eines Tieres) hängt die Gültigkeit der Information von der Lebenskraft des Subjektes der Bewegung ab (Lebendigsein bedeutet Beweglichsein oder ist, anders ausgedrückt, Geschwindigkeit-Sein). Was das Beispiel der »technischen Fortbewegung« angeht, so übermittelt die Geschwindigkeit des motorischen Objektes den informativen Inhalt, die Bedeutung der vorbeiziehenden Sequenzen, das heißt, die semantische Verkettung des Sinnes.

Demnach bilden die metabolische und die technologische Geschwindigkeit die vektorielle Grundlage der »Botschaft«; da die Information sich als Endprodukt (Terminal) einer bestimmten Beleuchtung der Wirklichkeit erweist (Lichtgeschwindigkeit und Licht der Geschwindigkeit), zieht eine erhöhte Geschwindigkeit der Ortsveränderung wie im Falle intensiver Illumination die Verdunkelung des Sinnes nach sich. In Entsprechung dazu, daß der »Lichtexzeß« zur Blendung führt und andererseits die Überlagerung zunehmender Lichtintensitäten in Dunkelheit mündet, hat der »Geschwindigkeitsexzeß« den zunehmenden Verlust des informativen Inhaltes, der seinen eigentlichen Wert ausmacht, zur Folge. Während früher, wie wir gesehen haben, der Wert der übermittelten Botschaft von der Schnelligkeit ihrer Übermittlung abhing, trägt heute die kumulative Plötzlichkeit zur Entwertung der Botschaft oder zumindest zu ihrer immer schneller erfolgenden Inaktualität bei. Das läßt sich in Sachen Börsennachrichten oder Militärspionage ohne weiteres überprüfen und bestätigt sich – daher der Überdruß und der Streß – leider auch auf der Ebene des informativen Inhaltes der Reisen durch Länder und Landschaften.

Bei der Hin- wie bei der Rückfahrt wird das Plus an gewonnener Zeit mit dem Soll an Wert des durchreisten Raumes verrechnet. Da die Schnelligkeit der automobilen Fahrten lediglich auf Kosten der Bedeutung der Örtlichkeiten zu erreichen ist, das heißt, auf Kosten der direkten Information der Reisenden, funktioniert das Vehikel mit Eigenantrieb, wenn es einen gerade durch seine eigene Geschwindigkeit relativierten informativen Inhalt übermittelt, letztlich wie ein x-beliebiges »audiovisuelles Medium«. Das »automobile Medium«, das noch auf einen Entsatz in die Tiefe des Feldes und seine unmittelbare Umgebung angewiesen ist, beschleunigt andererseits auch die Verödung dieser Umgebung (Piste, Landstraße, Autobahn oder spezielle Rennstrecke).

Da der informativ dürftige Diskurs der nur in einer Richtung verlaufenden Gleichförmigkeit der Wegstrecke entspricht (Infrastruktur der Wegstrecken), kann man ohne weiteres den Schluß ziehen, daß die Konstante der Beschleunigung mit der Fusion der Kommunikationsmittel gleichzusetzen ist, mit der Mischung des Audiovisuellen und des Automobilen, das heißt, mit der Urzeugung einer neuen Maschine oder vielmehr eines allerletzten Vehikels.

IV

Angesichts der Elektronik wohnt man von der Ortsveränderung bis zum Transfer, vom Transport bis zur Sendung im Gegensatz zu früher seit kurzem nicht mehr nur einer einfachen Verbindung von Komponenten, sondern einer Entwicklung bei, die auf eine Neutralisierung der Arten abzielt. Die Elektronisierung, von der der Antrieb des Vehikels, aber auch der Sender abhängig ist, führt zu einer echten technologischen Mutation. Bestand früher noch ein radikaler Unterschied zwischen der Brieftaube und dem Manuskript, wurde zwischen dem Detektorempfänger und dem Automobil noch eine gewisse Unterscheidung getroffen, so ist heute dieser Unterschied völlig im Schwinden begriffen. Das beste Beispiel für eine solche Mischung von Sendung und Antrieb ist wohl der Bordsimulator der amerikanischen Militärluftfahrt, der nicht nur einfache Bewegungsvorgänge wie Landung, Start oder verschiedene Havarien (wie der Simulator bei der Zivilluftfahrt), sondern auch hochkomplizierte Abläufe – wie zum Beispiel im Bereich der Jagdfliegerei – simulieren kann.

Halten wir fest, daß diese Simulatoren zu Übungszwekken auf dem Boden jetzt auch an Bord vorhanden sind. So verfügt das Großraumflugzeug »Galaxy« über zwei gekoppelte Cockpits, über das im Luftraum übliche zur Lenkung des Düsenflugzeuges und über eines für Struktur und Organe des Flugapparates. Dieser etwas merkwürdige »Kopilot« überwacht nicht mehr den Himmel, sondern Kontrollgeräte, Bildschirme, die ihm ununterbrochen Aufschluß geben über die Auswirkungen des Fluges auf die Tragfläche sowie über Verzerrungen und andere technische Störungen, die die Zelle, die Schaltungen oder das Funktionieren der Düsentriebwerke betreffen.

Passieren keine wirklichen technischen Versagen, dann simuliert dieser »Versuchspilot« Unfälle und Pannen; er stellt während des Fluges das technologische Universum des Objektes auf die Probe, um – wie die andern Piloten die atmosphärischen Bedingungen der Flugstrecke – dessen Reaktionsfähigkeit zu testen.

Noch vor wenigen Jahren nahm der Pilot diese Sichtkontrolle selbst vor, indem er die Kontroll-Lichter und andere Instrumente auf seinem Armaturenbrett, die ein technisches Versagen anzeigen konnten, aufmerksam beobachtete. Seither haben die Ausmaße und die zunehmende Kompliziertheit der Maschinen eine Übertragung der Verantwortlichkeit vom Piloten auf den Simulator erforderlich gemacht (ob es sich dabei um eine Trägheitszentrale oder einen Menschen handelt, der Spezialist auf dem Gebiet ist, spielt letztlich keine Rolle, da das Ergebnis identisch ausfällt). Die »Galaxy« wird gleichzeitig von ihren Flugkapitänen »gesteuert« und von ihrem fliegenden Wirkungssimulator »ferngesteuert«. Da letzterer auf Kosten der ersteren immer mehr an Bedeutung gewinnt (erinnert sei an den ersten Flug von Rockwells »Himat« im Juli 1979), kann man sich einmal mehr davon überzeugen, daß die indirekte Information in allen Bereichen an die Stelle der direkten tritt, was übrigens von professioneller Seite insofern bestätigt wird, als heute die Simulatorstunden als Flugstunden verbucht werden...

Neben der streng »polizeilichen« Dimension der Steuerung der Maschine, das heißt, der Flugüberwachung, erfährt die rein »spielerische« Dimension, das elektronische Spiel, hier eine allererste offizielle Würdigung. Eine solche Analyse kann durch ökonomische Gesichtspunkte untermauert werden: Einerseits rechtfertigen die Kosten der Apparate und des Treibstoffs eine Anerkennung der Simulationsstunden als tatsächlicher Flugstunden zur Genüge, doch andererseits, vor allem sogar, wird eine Trennung von Tarif und wirklich zurückgelegter Distanz vorgenommen (vgl. hierzu das berüchtigte unregelmäßige Funktionieren, früher des Fernmeldewesens, heute der internationalen Luftfahrt...). So stellt Gary Becker als Vertreter der neuen Ökonomie fest: »Im Grunde steigt einzig und allein der Preis der Zeit.«

Da der Preis des Raumes stetig fällt, halten wir ein letztes Mal – wir haben bereits darauf hingewiesen – fest, daß nicht mehr die Bewegung des Vehikels, sondern die Bewegung der Bewegung, anders ausgedrückt, der Geschwindigkeitsvektor die Botschaft ist.

Diese Tatsachen erhellen die Fusion der verschiedenen Kommunikationsmittel und Mittel des Nachrichtenwesens sowie die zunehmende Neutralisierung von Transfer und Transport auf Distanz: Wertmaßstab für die Botschaft wie auch für die Reise ist nicht mehr die spezifische Technik der audiovisuellen oder automobilen Maschine, sondern die Schnelligkeit und Intensität des Transits (vgl. dazu die Begriffe »gebündelte Kommutation« und »Zugriffsprotokoll« für die Übertragungsnetze); die ganz neue Fusion/Konfusion von Informatik und Telematik läßt uns den Umfang ihrer theoretischen und praktischen Bedeutung ermessen.

V

Da die »Botschaft« nicht mehr die autonome Bewegung eines Vehikels, sondern die Bewegung der Bewegung, den Vektor, beinhaltet, spielt es eigentlich keine Rolle, was fortbewegt oder übermittelt wird (ein Gegenstand, beziehungsweise Fakten oder Bilder); heute zählt einzig und allein die vektorielle Leistung des Transfers. Die wichtigste

Eigenschaft der Elektronik dürfte sein, daß sie heute die wirksamste Verwertung des Geschwindigkeitsvektors darstellt.

Nehmen wir jetzt die Perfektion der modernen Jagdfliegerei unter die Lupe: Der seiner Maschine ausgelieferte, in die geschlossenen Stromkreise der Elektronik eingesperrte Kampfflieger ist ein in Bewegung befindlicher Behinderter. Wenn er den Steuerknüppel der Maschine anwirft und ausrichtet, registrieren Sensoren seine Ortsveränderung und geben ein entsprechendes Signal durch; dieses erste Signal wird in eine Rechenmaschine eingespeist, die auch die Informationen der Gyrometer und der Beschleunigungsmesser empfängt. Der Computer der Trägheitszentrale nimmt dann die Mischung der verschiedenen Signale vor und erarbeitet ein Ausgangssignal, damit die künftige Bewegung der Maschine mit dem erwünschten Steuerungsgesetz koordiniert werden kann.

Da die Servosteuerungen analog funktionieren, führt die Auswertung dieser die Steuervorrichtung betreffenden Regeln dazu, daß der Pilot den Eindruck hat, seine auf Grund ihrer Zentrierung aerodynamisch labile Maschine sei stabil, homogen und leicht zu lenken. Und weil strategische Notwendigkeiten eine fortwährende Steigerung der motorischen Leistung der Maschinen erforderlich machen, wird die Kluft zwischen Wirklichkeit und Einbildung immer breiter, was schließlich zum endgültigen Verzicht auf die mechanischen Übertragungssysteme zugunsten elektronischer Relais führt.

Das autonome Transportmittel, ein Mittel, über Distanz vorzustoßen, wird somit zu einem Mittel der Transmutation der Arten. Das bestätigen übrigens auch die Forschungsergebnisse bei ferngesteuerten Maschinen (RPV, d.h. Remotely piloted vehicles) und vor allem Forschungen bezüglich des Jagdflugzeuges der Zukunft mit hochgradiger Manövrierfähigkeit (Highly manoeuvrable aircraft technology). Die Auftriebskontrolle findet in diesem Fall völlig oder nahezu elektronisch statt; die Tragflügel büßen ihre Stütz- und Auftriebsfunktion ein, beeinflussen dafür aber die Richtwirkung der Flugstrecke (diese Technologie war von der variablen Geometrie bereits angedeutet worden), wobei das im Grunde labile Flugzeug unter ständigem Überziehen (der Höhe und der Richtung) in Höchstgeschwindigkeit manövriert, somit in einem ununterbrochenen Balanceakt begriffen ist.

Selbst wenn diese modernste Technik sich vorerst noch in einer Versuchsphase befindet, weist sie bereits den Weg in die Zukunft der vehikulären Elektronik. Bei der »Himat« wird das Vehikel zu gleichen Teilen von der Elektronik und von der Kraft des Triebwerkes getragen. Das Kampfflugzeug der Zukunft (ACF) wird einerseits durch die Ausstoßgeschwindigkeit seiner Düse im Raum gestützt, andererseits aber nicht mehr von den festen Ebenen der Tragflächen, sondern von einer überaus komplizierten Trägheitszentrale, welche das Ausbalancieren der Maschine mit Hilfe von Sensoren, die auf der Außenfläche des Apparates verteilt sind, in eigener Regie gewährleistet. Diese untereinander austauschbaren Elemente verfügen über eine der federnden Oberfläche der Delphinhaut vergleichbare kontrollierte Flexibilität.

Im Grunde hat das sofortige Feedback der Umstände des Fluges die Funktion, einen praktisch über keine Tragfläche mehr verfügenden Apparat auf immaterielle Weise zu stützen. Diese programmierte Labilität oder vielmehr dieser ständig hinausgeschobene Unfall des effektiven Überziehens steigert die Manövrierfähigkeit der Überschall-Jagdflugzeuge bei Höchstgeschwindigkeiten in einem bislang unerreichten Maße. Die mit der Ausstoßgeschwindigkeit des Düsentriebwerks gekoppelte Informationsgeschwindigkeit der Trägheitszentrale ermöglicht schließlich die Verwirklichung einer telematischen Auftriebskontrolle, die vollkommen unabhängig ist von einer mechanischen Kontrolle, wie sie bei herkömmlichen Aeroplanzellen (Flügel, Rumpf, Seitenleitwerk, Querruder, Stabilisierungsflächen...) üblich ist.

In Anbetracht der Tatsache, daß die Informatik in der Telematik aufgegangen ist, das heißt, in der Plötzlichkeit, mit der die Übertragung auf Distanz (über die Netze der Nachrichtensatelliten) vor sich geht, kann hier angemerkt werden, daß sie auch in einem kompakten Gegenstand aufgeht. Mit dem Ende der großen *Zeitdistanzen* ist nicht nur die Richtung, die geographische Dimension der Welt, sondern auch die technische Dimension der Maschine, ihre Struktur erschöpft.

Nach der *Geschwindigkeitsdistanz* (Milli-Sekunde, Mach...) unterliegt der Körper des lokomotorischen Apparates einem Druck, der demjenigen des territorialen Körpers entspricht: Der technische Gegenstand unterliegt einer der Schnelligkeit des Informationstransfers inhärenten Verzerrung. Da die Übertragungsgeschwindigkeit der Fakten letztlich für die Form des Apparates so ausschlaggebend ist wie der Luftwiderstand für die Fortbewegung, kommt eine Verbindung von Telematik und Aerodynamik zustande, die so weittragend ist, daß man ein solches Vehikel nicht mehr als Ultraschall- oder Überschall-Typus, sondern als teledynamischen Typus bezeichnen sollte, da die Informationsgeschwindigkeit eher mit der Lichtgeschwindigkeit als mit der Schallgeschwindigkeit zu vergleichen ist. Etwa so, wie das Fernsehen als Ergebnis der Telegeschwindigkeit von Lichtpartikeln, welche durch die Kathodenröhre des Empfangsgerätes beschleunigt werden, aufgefaßt werden muß, sollte auch das Bild, das wir uns von der zur Zeit üblichen Form der Überschallmaschine machen, eigentlich nur noch als Hologramm, als Ergebnis der exzessiven Dynamik der Information, anders ausgedrückt, als Ergebnis der Leistungen der informativen Teledynamik gewertet werden.

Selbst wenn die Forschung bezüglich der Elektronik künftiger Kraftwagen nicht zwangsläufig mit dieser komplizierten Technologie der Luftfahrt arbeitet, steht zumindest fest, daß die Studien über die Aerodynamik des Bodeneffektes auf eine ganze Reihe von Punkten hinweisen, die einen Vergleich mit dieser Mutationsperspektive des Vehikels nahelegen (erinnern wir hier an das Prinzip der Auf- und Abtriebsprofile der Formel-I-Rennwagen). In der Tat wird dem Verhältnis *Träger/Oberfläche* (Reifen, Bauch des Vehikels/Flugbahn, Piste...) zunehmend Beachtung geschenkt; man sucht den Raum zwischen *Mobile* und Boden mit einem Motor, einer Düse zu füllen, damit der »relative Wind« (der Geschwindigkeitswind, der meteorologische Wind oder der künstliche Wind eines Gebläses...) sich darin verfängt, das heißt, man versucht einmal mehr, zwei vorerst unterschiedliche Elemente zu koppeln, und zwar nicht mehr durch simplen Ausbau des Weges (auf der Grundlage von Erde, Asphalt oder Eisen), sondern *durch die technische Mutation des interface.*

Die Fusion/Konfusion des Beweglichen und des Unbeweglichen mündet demnach in eine ganz neue Ökonomie des Weges, den ein Gegenstand zurücklegt.

VI

Betrachten wir das Entwicklungsgebiet der Übertragungstechniken (Antriebsart usw.) einmal chronologisch von den mechanischen, dann elektromechanischen, elektromagnetischen Verfahren bis hin zu den heutigen Mikroprozessoren. Was läßt sich da feststellen?

Eine zunehmende Miniaturisierung der Elemente und der Verfahren, anders ausgedrückt, eine statistisch eindeutige Tendenz zum gezielten Verschwinden, zum Verschwindenlassen der Apparatur, sogar des Apparates...

Diese Tendenz ist als solche äußerst aufschlußreich für die neueste Entwicklung der Technologien, vor allem der Elektronik. Wir haben bereits gesehen, daß die Geschwindigkeit der Ortsveränderung auf dem Boden durch Planierung und Vereinheitlichung der Wegstrecke zur Verödung der Basen solcher Ortsveränderung (Pisten, Landstraßen, Autobahnen und Autorennbahnen) führt. Da andererseits die Höchstgeschwindigkeiten des Lufttransports eine immer exzessivere Überprüfung der Aerodynamik der Vehikel zur Folge haben, läßt sich sagen, daß die Plötzlichkeit des Informationstransfers auch eine extreme Miniaturisierung der Bestandteile und letztlich ein jähes Verschwinden des technischen Gegenstandes selbst nach sich zieht. Hier wäre anzumerken, daß diese *Sichtschwelle* sowohl für die Benutzung als auch für die Attraktivität des Instrumentes oder Apparates von äußerster Wichtigkeit ist. Jenseits einer gewissen kritischen Schwelle reiht sich der technische Gegenstand in ein neues Ganzes, in eine neue Apparatur ein, die sich dann ihrerseits zum Instrument des Erwerbers oder Benutzers, zu seiner bevorzugten Zielscheibe entwickelt.

Hier handelt es sich nicht einfach um *marketing*; das Abenteuer der Erscheinungen betrifft nicht nur die Errungenschaft, die das Instrument darstellt, sondern auch – ja sogar vor allem – den Gebrauch, die Verwendbarkeit des technischen Gegenstandes (Vektor oder Vehikel). Deshalb muß mit Hilfe der Elektronik das Numerische, Analoge, Bildhafte usw. der Anzeige unbedingt genau ins

Auge gefaßt werden. In der Tat könnte man äußerstenfalls angesichts der zunehmenden Miniaturisierung und der immer größeren Bedeutung der Sichtbarmachung ohne Risiko die Voraussage wagen, daß die Elektronik wahrscheinlich einmal, so wie die Informatik heute in der Telematik aufgeht, das heißt, im Bildschirm des Terminals der Fernanzeige, in der Elektronenoptik aufgehen wird.

Man kann also einmal mehr feststellen, daß das Mischen integrierender Bestandteil der modernsten Techniken ist, ja, daß vielleicht sogar die zeitgenössische Technologie einfach eine Sonderform der Fusion und Spaltung (von Stoffen, Arten, Disziplinen...), anders ausgedrückt, eine heimliche Figuration der Katastrophe und des auslösenden Unfalls ist. Die Miniaturisierung, ein Aspekt der Krise der Dimensionen, ist letztlich wohl eine der Achsen der wissenschaftlichen und technischen Entwicklung, aber selbst da können wir eine Förderung der Verfahren, die einer »Unsichtbarmachung« dienlich sind, beobachten. Zwar wurde auch früher jeder technische Gegenstand einer zunehmenden Verkleinerung unterworfen, was aber über lange Zeiträume hinweg erfolgte. Heute löst das Bestreben, den Raumbedarf zu senken und die Bauelemente zu entlasten, eine immer raschere Reduktion der Formen und Volumen aus; der technische Gegenstand soll nicht mehr nur den Erfordernissen des Gebrauchs (den motorischen und ökonomischen Leistungen usw.) gerecht werden, sondern sich auch in die Abfolge einer Miniaturisierung einfügen, der für die Technologie der Produktion die gleiche Bedeutung zukommt wie der Tatbestand des Überholtseins für die Ökonomie des Verbrauchs. Da die schließlich erfolgende Auflösung der »Form des geringsten Widerstandes« in einem neuen Ganzen eine Entsprechung zu dem ist, was die ersten Forschungen über Aerodynamik darstellten, handelt es sich nicht nur um eine

Form des geringsten Widerstandes in der Luft, im relativen Wind, sondern vor allem um eine solche im Raum-Zeit-Kontinuum der technologistischen Entwicklung, die auf die *Abwesenheit* des entwickelten Elementes abzielt.

Halten wir also fest: Die Informatik geht in der Telematik auf, weil der Riesencomputer selbst zu einem winzigen Mikroprozessor geworden ist... Desgleichen hat die Elektronik die Tendenz, sich mit der »Elektronenoptik« zu verschwistern, weil die Wirklichkeit des Gegenstandes zugunsten der Sequenzen seiner kurzfristigen Darstellung ihren Sinn und ihren Wert verliert.

Diese Behauptungen können zur Zeit anhand des amerikanischen Forschungsprogrammes bezüglich des unsichtbaren Flugzeuges, der »Stealthy«, überprüft werden. In diesem Falle haben sich die Untersuchungen hinsichtlich der Aerodynamik der Flugzeugzelle nicht mehr das Ziel einer Verbesserung des Koeffizienten der Luftdurchstoßung gesetzt; sie streben vielmehr eine zunehmende Ausschaltung der Radaraufklärung an.* Der Umriß des Apparates ist nicht mehr nur (wie bei der »Himat«) Ergebnis der Antriebsgeschwindigkeit und der plötzlichen Reaktion der Auftriebssensoren, sondern auch der Detektorgeschwindigkeit der Radarwellen...

Die Form des Überschallflugzeuges läßt sich somit auf eine zweifache dromologische Leistung zurückführen, nämlich auf die Geschwindigkeit des *Düsentriebwerkes* und auf die Schnelligkeit des *Detektors*; deshalb ist die Maschine auch relativ schwer zu orten. All das zur Unterstützung

* Die »Stealthy« (die »Heimliche«) verdankt ihre auf der Welt einmaligen Eigenschaften offenbar teils ihrer Form (Winkel – insbesondere bei den Düsentriebwerken, die die Radarstrahlen anziehen – sind vermieden worden), teils einem Schild, der die Infrarotstrahlen der Auspuffgase abdeckt, teils auch einem Spezialbelag, dem SIRMPF, der die Radarstrahlen, die sonst zurückgeschickt würden und die Anwesenheit der Maschine verrieten, aufsaugt.

des strategischen Charakters eines Luftraumes, der auf Grund seiner zu großen Transparenz* zugunsten des undurchschaubaren unterseeischen, also *abschreckenden* Raumes tendenziell entwertet ist.

So folgt auf die Ästhetik der Erscheinung eines festen Bildes, *das durch seine eigene Statik gegenwärtig ist*, die Ästhetik des Verschwindens eines Bildes, *das anwesend ist, weil es sich verflüchtigt*...

* Infolge der Beobachtungssatelliten und anderer Mittel der *Teledetektion*.

Fünfter Teil

Politik des Verschwindens

»Man muß sich immer zum letzten Mal sehen.«

Pascal Jardin

Während früher der erste politische Akt darin bestand, die Form des Gemeinwesens *in Erscheinung treten zu lassen*, und zwar gleichzeitig mit der Staatsbürgerschaft – so erklärt sich das in der antiken Zivilisation bestehende Interesse, ja, der Sinn für Gründungsriten und Bräuche der Einheimischen* –, hat man heute den Eindruck, daß wir den Anfängen einer grundsätzlichen Umkehrung beiwohnen: Es geht nicht mehr darum, aus Fremden, die irgendeiner Synözie entstammen, »einheimische« Bürger heranzuziehen, wie das beim athenischen Gemeinwesen der Fall war; ganz im Gegenteil, die Staatsbürgerschaft soll *zum Verschwinden gebracht werden*, indem die Bürger, eine neue Kaste von Unberührbaren, in einem transpolitischen und anationalen Staat, in welchem die Lebenden nur noch beständig auf Bewährung lebende »lebendig Tote« sind, zu »Fremden im Innern« abgestempelt werden.

Das Zeremoniell der »Irren auf der Plaza de Mayo« ist also gewissermaßen ein Echo antiker Riten, da es den argentinischen Verschwundenen insofern *wieder zum Erscheinen verhelfen will*, als die Anwesenheit der Frauen auf der Plaza de Mayo in Buenos Aires die politische Anwesenheit der abwesenden Männer augenfällig macht. Während die Agora oder das Forum eine begrenzte *Bühne* für die Kultordnung, für die Akte des Volkes darstellte, bildet die

* N. Loraux, »L'autochtonie athénienne, le mythe dans l'espace civique«, *Annales*, Januar/Februar 1979.

Plaza de Mayo lediglich noch eine Begrenzung von der Art einer *Leinwand* zur Projektion eines Schattenspieles, dessen Akteure in Wirklichkeit verschwunden sind. Nach dem Auftauchen von Wandzeitungen einer zu politischem Stillschweigen verurteilten Nation ist somit ganz logisch die Prozession einer der Abwesenheit geweihten Bevölkerung zu beobachten. Der *Gelbe Stern* hob den Juden aus der anonymen Menge hervor, das *weiße Kopftuch*, das die »Locas« der Plaza de Mayo tragen, beschwört die Verweigerung der Trauerarbeit, die Verneinung der Witwenschaft. Auf das Zeichen der Zugehörigkeit folgt das Signalement der Verschwundenen, ihre Todeserklärung. Es handelt sich also um eine radikale Umkehrung: Während der politische Staat ein Bürgerrecht oder eine nationale Identität beinhaltete, schließt der transpolitische Staat in diametralem Gegensatz dazu einen Verlust der Identifizierung, eine zunehmende Diskreditierung jeder rechtens bestehenden Staatsbürgerschaft ein. *»Wo sind die Verschwundenen?...«* Der Slogan der Frauen und Mütter der Plaza de Mayo weist auf etwas Neues, auf die Erfindung einer neuen Ökonomie der Beseitigung hin, die die Gefängnisse und Arbeitslager selbst zum Verschwinden bringt...

Die Ausrottung als letzte Form der »Nation« hätte somit das Vernichtungslager vernichtet, das heißt, das grundsätzliche politische Prinzip ihrer Begrenzung. Der transpolitische Staat, der sich auf den gesamten Lebensraum ausdehnt, würde somit, wie es die Strategen des politischen Krieges befürchtet hatten, ein *totales Entladen** verwirklichen, wobei die unsichtbare *Polizei* einer allgegenwärtigen Inquisition die Nachfolge der sichtbaren *Polis* einer auf bürgerlichen Eh-

* Für Clausewitz ist der politische Staat »die nicht leitende Scheidewand, die das totale Entladen verhindert...«
(Vgl. Carl v. Clausewitz, *Vom Kriege,* Bonn 1973, S. 953. *Anm. d. Übers.*)

renrechten gründenden Bevölkerung anträte. So erklärte der Kanzler der Bundesrepublik vor kurzem, *der höchste Wert sei nicht mehr die Nation, sondern der Frieden.* Dieser Satz gibt die Überschreitung des Politischen, das staatsbürgerliche Entladen, ausgezeichnet wieder. *Der Frieden ersetzt nach und nach die Nation*, der Staat des totalen Friedens tritt die Nachfolge des Nationalstaates an, daher die zunehmende Bedeutung des Begriffes »Sicherheit« noch über das »Verteidigungsprinzip« hinaus, das zu sehr mit dem herkömmlichen, geographisch begrenzten Raum verbunden ist. Da heute der Wille der öffentlichen Macht nicht so sehr darauf abzielt, den Fortbestand einer Nation durch Verteidigung oder durch Erweiterung ihrer Grenzen zu gewährleisten, sondern vielmehr durch beständige Sicherung des Friedens, verschwindet auch die politisch deklarierte Wirklichkeit eines »Feindes« zugunsten der Unbestimmtheit fortwährend wiederholter »Bedrohungen«. So hat ein amerikanischer Präsident erklärt: »Die Vereinigten Staaten sind die mächtigste Nation der Welt, aber eine Nation ganz neuer Art, weil ihre Macht nicht imperialistisch ist und weil sie an der Eroberung von Territorien kein Interesse hat. Sie schlägt lediglich eine bestimmte Lebensweise vor und möchte, daß die anderen Nationen diese bedenken und übernehmen können.« (Richard Nixon)

Mit dieser Lebensweise ist offensichtlich *die an die Stelle der Nationalisierung tretende Befriedung* gemeint; da der *Bürger* in seiner letzten Ausprägung nicht aktiver, sondern immer passiver wird, betrachtet man heute nicht so sehr einen »inneren Feind« des Nationalstaates als verfassungsfeindlich, sondern vielmehr die »Bedrohung« des staatsbürgerlichen Friedens, die die *Verfassung der inneren Befriedung* gefährden könnte. Man kann vermuten, daß bei dieser Art von Klassenkampf, der fast ausschließlich zwischen »Militärs« und »Zivilisten« stattfindet – dabei tritt der Krieger als Polizist auf –, *die Ausrottung als bevorzugte Methode des Befriedungsstaates den Tod, das heißt, die Begrenzung des transpolitischen Lebens, abschaffen wird,* und zwar mittels der drohenden Ungewißheit eines plötzlichen Verschwindens, mittels der Erfindung eines »lebendig toten« Untertans, der nicht mehr vom Typus des spartanischen Heloten oder römischen Sklaven ist, sondern eine letzte Ausprägung des »Zombies« darstellt, welche den Limbus eines entwürdigten öffentlichen Lebens bevölkert.

Der lateinamerikanische Subkontinent erscheint so als riesiges Laboratorium, in welchem die Populationen als Versuchskaninchen dienen, um für eine »Militärklasse«, die dank der Geopolitik der Einflußzonen einen ausländischen Gegner nicht mehr zu bekämpfen braucht, transpolitische Verfahren zu testen; die lateinamerikanischen Armeen, die außerdem gar nicht in der Lage wären, bei der nuklearen Abschreckung und bei der Entwicklung neuer Waffen mitzuhalten, treiben die Perfektionierung des psychologischen Krieges immer weiter voran, indem sie ständig auf neue Bedrohungen, neue Widerstände hinweisen, um Liquidierungen noch wirksamer durchführen zu können. Nachdem auf Ersuchen des Pentagons das *Prinzip des äußeren Notstandes,* ein Prinzip zur Legitimation »militärischer« Machtausübung, fallengelassen worden ist, erfindet man jetzt x-beliebige Varianten angeblicher Risiken und Gefahren, wobei es eigentlich nur darum geht, das *Prinzip des inneren Notstandes,* dieses Polizeiprinzip schlechthin, zu reaktivieren...

So werden ganze Länder in zunehmendem Maße zu Stätten der Vernichtung ihrer eigenen Bevölkerung, zum Manövergelände für Streitkräfte, die nicht in der Lage wären, über ihre Grenzen hinauszugehen. Im Grunde handelt es sich hier um eine heimtückische Form eines mit der Interpol vergleichbaren »militärisch-polizeilichen« Bündnisses, einer *die Gesamtstreitkräfte betreffenden Verschwörung* zur Auslöschung der staatsbürgerlichen und politischen Macht der Völker, wobei man, statt sich selbst für das Wohl der Nation zu opfern, im Namen eines von Passivität gelähmten Staates seine eigene Bevölkerung abschlachtet... Bereits anläßlich des *totalen Krieges*, der weit eher ein Krieg gegen die Zivilbevölkerung als gegen die Streitkräfte war (man erinnere sich an die Vergleichszahlen hinsichtlich der zivilen und der militärischen Opfer), war eine Grenze, nämlich diejenige des »Schlachtfeldes«, überschritten und eine massive Vernichtung der gegnerischen Bevölkerung betrieben worden. Anläßlich des (lateinamerikanischen) *totalen Friedens* geht man mit der gleichen Logik vor, nur daß man solche Verfahren im Landesinneren zur Anwendung bringt; nun schlachtet man nicht mehr im Namen eines *bis zum äußersten gehenden Krieges* die feindliche Zivilbevölkerung ab, wobei das Abschlachten der eigenen Bevölkerung durch den Gegner in Kauf genommen wird, sondern man opfert im Namen eines *bis zum äußersten gehenden Friedens* (oder im Namen der nationalen Sicherheit) immer mehr Menschen der eigenen Nation den persönlichen Interessen. Seitdem es die atomare Abschreckung gibt, erklären die Militärs nur noch der Zivilbevölkerung den Krieg; *alles, was nicht direkt mit der Armee verbunden ist, gilt als potentielle Bedrohung der inneren Stabilität des Staates.* Deshalb wurde kürzlich vorgeschlagen, die aus dem Jahre 1948 stammende, den Völkermord betreffende Konvention über den Bürgerkrieg hinaus auf diesen »inneren Kriegszustand« auszudehnen; das bedeutet, daß es der UNO gestattet wäre, gegen Ordnungskräfte vorzugehen, die eine systematische Eliminierung der einheimischen Bevölkerung betreiben, wie es in Kambodscha der Fall war und heute in San Salvador noch ist. Halten wir fest, die brutale Unterdrückung der zivilen politischen

Macht ist beim lateinamerikanischen Staatsstreich nur das erste Stadium (*sic*) eines totalen Entladens jeder zivilen Instanz, jeder Opposition und auch aller Bedenken, mit der Polizei zu kollaborieren; so formuliert im Jahre 1977 einer der Initiatoren des internen Krieges, der Chef der strategischen Zone 232 der Provinz Misiones in Argentinien: *»Die Unterstützung der Bevölkerung muß total erfolgen, deshalb werden wir die Neutralen, aber auch diejenigen, die unbeteiligt sind, eliminieren, denn niemand darf bei diesem Kampf ›abwesend‹ sein.«* Daher der von Grund auf utopische Charakter einer offiziellen Befriedung, die nicht imstande ist, einen Abschluß zu finden, eine politische Bremse zu ziehen: *»Der Kampf, der geführt wird, erkennt keine Grenze an, weder eine moralische noch eine natürliche, er ist jenseits von Gut und Böse beheimatet.«* (Oberstleutnant Pascarelli) Von hier aus versteht man das von Clausewitz erwähnte Prinzip eines »totalen Entladens« besser: Es ist absolut illusorisch, jenseits der Politik auf ein Ende solcher Vernichtung zu hoffen. Das allmähliche Überwechseln von einem tatsächlichen Feind zur Bedrohung, zum potentiellen Verdacht schließt faktisch eine ständige Weiterführung der letzten Dinge, eine Fortsetzung der Eliminierung ein: der Eliminierung älterer Menschen, die sich noch daran erinnern, wie es früher war, sowie junger Leute, die sich über Sitten und Gebräuche und die Sprache, die im Lande herrscht, keine Illusionen machen, einer Eliminierung des kollektiven Gedächtnisses also, das den neuen *Herren der Zeit* nicht paßt; so erklärte der Angkar von Kambodscha in bezug auf die ältere Khmer-Bevölkerung: *»Sie am Leben zu erhalten, nützt uns nichts, und wenn sie sterben, ist es für uns kein Verlust.«* Daher, über die herkömmliche *biopolitische* Regulation hinaus, die Einführung einer *transpolitischen* Deregulation, die Fiktion eines »Befriedungsstaates«, der den Abschluß des physiologischen Lebens genausowenig anerkennt wie das Bestehen natürlicher oder moralischer Grenzen und der sich nicht mehr damit zufriedengibt, nach und nach die Gruppen der politischen Gegner, die Unentschlossenen und diejenigen, die keine Meinung haben, aus dem Wege zu räumen, *sondern sich auch noch die Entscheidung darüber anmaßt, wer lebendig und wer tot, beziehungsweise »lebendig tot« ist.**

Dieser militärische Messianismus geht übrigens in Lateinamerika Hand in Hand mit dem Versuch einer Förderung von *Ersatzkulten*, die von den Behörden begünstigt werden und den jüdisch-christlichen Monotheismus, diesen letzten offiziellen Gegner der Tyrannenherrschaften auf dem gesamten Subkontinent, allmählich verdrängen sollen.** Unter dem Vorwand, die Gesundheit, das Heil einer »nationalen Wesenheit«, vor der Bedrohung durch eine (von »parapolizeilichen« Schwadronen, die Admiral Guzetti zufolge gewissermaßen als *Antikörper* fungieren, geschürte) allgemein grassierende Subversion zu bewahren, sucht der »Krieger« sich der Attribute des »Priesters« zu bemächtigen; daher auch der Widerstand gegen die Intellektuellen und das Konkurrenzverhältnis zu kirchlichen Kreisen. Der »falsche Priester«, Anhänger einer eschatologischen Perspektive, aus welcher die klinischen Symptome der Sanitärideologie durch die Sicherheitsideologie in die Dimensionen des gesamten Sozialkörpers

* *Am 1. August 1793 genehmigte der französische Nationalkonvent durch Abstimmung die totale Verwüstung der Vendée:* »Die unbedingt erforderliche Maßnahme des Niederbrennens von Dörfern ist ein Akt der Gerechtigkeit, denn die Unschuldigen, die sich in der Umgebung der Rebellen aufhalten, sind Feiglinge, die wir nicht verschonen dürfen.« Und Carrier (der für die Massenertränkungen von Nantes verantwortlich ist) erklärt: »Frankreich soll auf unsere Weise erneuert werden, andernfalls machen wir es lieber zu einem Friedhof!«

** Insbesondere in Brasilien. Die argentinische Regierung verlangt seit Februar 1978 die Registrierung aller nichtchristlichen Vereinigungen, um sie besser kontrollieren zu können.

ausgedehnt werden, setzt an die Stelle des nach dem Tod versprochenen ewigen Lebens ein potentielles Überleben, wo *man leben oder besser sterben muß*, um zur Fortführung der Ausrottung, zum Staatskult, zur *Vergötzung* eines Staates im Reinzustand beizutragen, zum Monotheismus einer von Hegel bereits geahnten »gegenwärtigen Gottheit«... Ein angelsächsischer Fachmann für das »Recht auf den Tod« erläuterte diese Variante des Rechtes auf das Verschwinden folgendermaßen: *»Die Leute wollen nicht sterben, sie wollen tot sein.«*

Seit dem Jahre 1945, als die hochindustrialisierten Länder den *Nuklearstaat* logistisch vervollkommneten und die unterentwickelten Länder Lateinamerikas den *selbstmörderischen Staat* unendlich perfektionierten, wobei beide Seiten auf ihre Weise die Überschreitung, das totale Entladen des politischen Staates anstrebten, hat sich auch die Logik der Abschreckung auf zwei Ebenen entwickelt: *Auf der Ebene einer strategischen nuklearen Abschreckung und auf derjenigen einer politischen Abschreckung der Völker;* letztere wurde durch ein juristisches Arsenal von Ausnahmerechten stetig verstärkt.

Dieser besondere Hang des amerikanischen Subkontinents läßt sich meines Erachtens nicht nur durch seine Rolle als bevorzugter Zufluchtsort für ehemalige Verbrecher des totalen Krieges erklären, sondern vor allem auch durch die Existenz einer der letzten Urbevölkerungen im Landesinneren, nämlich der Amazonas-Indianer, die überhaupt keinen politischen Status haben, da sie offiziell als *unmündig* betrachtet werden und weil man *dem Kontakt der Stämme untereinander* (sofern sie nicht einfach umgebracht werden) *alle möglichen Hindernisse in den Weg legt*, offensichtlich in der Absicht, sich ihr Territorium um so leichter aneignen zu können.*

* Vgl. zu diesem Thema »La révolte des Indiens du Brésil«, in *Le Monde diplomatique*, Dezember 1980.

Der am 22. August 1979 von der argentinischen Regierung eingebrachte Gesetzesentwurf betreffs des umfangreichen Verschwindens von Personen, der die internationalen Organisationen so beschäftigt hat, ist also in keiner Hinsicht die endgültige Lösung des Problems, sondern eine Vorwegnahme der Politik des Schlimmsten. *Dieser Entwurf sieht in der Tat vor, daß jeder, der sich nicht innerhalb von neunzig Tagen beim Gericht meldet, für tot erklärt wird, wobei diese Bekanntmachung lediglich durch die Presse erfolgte...* Da diese Gesetzgebung den Familien der Verschwundenen ermöglicht, an das Sterbegeld, die Altersrente und andere Versicherungen heranzukommen, entsteht ein Kurzschluß zwischen »nationaler Sicherheit« und »sozialer Sicherheit«, wobei das Prinzip der Vollkaskoversicherung von der körperlichen Unversehrtheit bis zur Sicherheit des Staatskörpers ausgedehnt wird.

Nach den *massakrierenden Gesellschaften* in archaischer Vergangenheit, den Anhängern ritueller, dann gesetzlicher Tötung, traten im Zeitalter der Vernunft *Gesellschaften* in Erscheinung, *die die Leute einkerkerten*, was von der auf dem Rechtswege und aus sanitären Gründen erfolgenden Einkerkerung bis zur psychiatrischen Klinik der Sowjets in der Moderne zu beobachten ist.* Man gewinnt den Eindruck, daß die postmoderne Ära jetzt Verfahren des gezielten Verschwindenlassens entwickelt, und zwar im Zuge der Heraufkunft einer *Gesellschaft des legalen Verschwindens*, dieser ursprünglichen Form der Hinrichtung, wobei die transpolitische Macht bestrebt ist, sich vollkommen mit der medizinischen Macht zu identifizieren, indem sie verordnet, wer »tot« und wer »lebendig« ist, vor allem aber, welches die »lebendig Toten« sind, die ständig auf Bewährung lebenden Bürger ohne Rechte.

* Vgl. *Naissance de la clinique* sowie das gesamte Werk von M. Foucault.

Die gegenwärtige klinische Diskussion über den *medizinischen Tod* oder das eingetretene Koma wird dabei einfach auf die bürgerrechtliche Ebene des *sozialen Todes* der Abwesenden, Verschwundenen oder Abgeschlachteten übertragen... Dieser argentinische Gesetzesentwurf, eine ausgeklügelte Form des Ostrazismus in der posthistorischen Ära des Zeit-Krieges jenseits der historischen Ära der Kriege im territorialen Raum, wird dadurch zum Entwurf einer *Exkommunikation des Staatsbürgers*, zur agonistischen Erscheinung einer Ausrottung ohne Prozeß, ohne Arenen und ohne Internierungslager jenseits irgendwelcher rechtlichen oder örtlichen Begrenzung. Anders als in der Vergangenheit, wo sich der Rechtsstaat mit dem (gesellschaftlichen) Belagerungszustand des Gemeinwesens, dann der ganzen Nation identifizierte, kennt der sich in Lateinamerika zur Zeit formierende Unrechtsstaat als »transpolitischer«, in einem Ausnahmezustand befindliche, zutiefst entwurzelte Staat keine Grenzen mehr. Es ist deshalb ganz logisch, daß *der Tote* verschwindet, vor allem aber auch, daß *der Tod* nicht mehr existiert... Letzteres ist von nun an ein dringliches Gebot, eine absolute Notwendigkeit, nicht etwa aus humanitären Gründen, sondern aus eschatologischer Sicht heraus: Die Ausrottung, diese letzte Erscheinungsform des Staates, soll unbegrenzt weiterbetrieben werden.

Die immer häufiger auftretenden Fälle von Entführung und Geiselnahme durch verschiedene Typen eines (individuellen oder staatlichen) »Terrorismus« hatten die Öffentlichkeit schon lange auf solche Panikaktionen vorbereitet, in deren Verlauf das gezielte Verschwinden eine Art von *öffentlicher Magie* begründet, eine Erscheinungsform transpolitischer Ersetzung diesseits jeglicher (politischen) Verfassung, wobei die »sozialen Gespenster« im Zuge einer staatsbürgerlichen Kinetik, die das Ende ständig hinauszuzögern vermag, da es nie ganz erreicht wird, endgültig die Nachfolge der in ihren bürgerlichen Ehrenrechten stehenden Untertanen angetreten haben... Im Hinblick darauf wird man bald nicht mehr nur das *»Recht auf den Tod«* (Euthanasie, therapeutischer Übereifer...) sowie die Abtreibung auf Verlangen mitsamt den anfallenden moralischen und juristischen Problemen diskutieren müssen; mit Sicherheit kommen auch Probleme auf uns zu, die das *»Recht auf das Verschwinden«* betreffen. Selbst wenn bei dem jetzt herrschenden liberalen Konformismus noch kein Anspruch auf eine »Freigabe des Verschwindens« angemeldet worden ist, weisen doch viele Anzeichen tatsächlich in diese Richtung. So gibt es einerseits den exotischen Ausdruck »Robinson-Syndrom« zur Charakterisierung jener Fälle von »Aussteigern«, die als bereits Erwachsene anderswo unter einem erfundenen Namen ein neues Leben anfangen wollen. Andererseits ist offenbar der Schutz des Familiennamens nicht mehr unbedingt gewährleistet; zum Beispiel gestattet das Adoptionsgesetz aus dem Jahre 1966 die Fälschung des Personenstandes des Kindes, dessen eigentlicher Name in den Registern gelöscht wird, während die zweitausend Kinder, die in Frankreich dank künstlicher Befruchtung geboren worden sind, keinen wirklich legalen Personenstand haben. Und schließlich wird in der Provinz die beunruhigende Erscheinung, daß Menschen verschwinden, dem Ermessen der Polizisten oder Gendarmen überlassen: *»Die Strukturierung unserer Polizei ist für den Fall, daß jemand verschwindet, ungeeignet«*, räumt ein Polizeiinspektor im Vaucluse ein, *»erstens machen uns die Verbrecher schon genug zu schaffen, und zweitens ist es überaus riskant, allzuviel in Bewegung zu setzen, denn in der Mehrzahl der Fälle stellt es sich heraus, daß ein freiwilliges Verschwinden vorliegt.«* Diese Praktiken werden von zahlreichen Rechtsanwälten angegriffen, führen sie doch dazu, daß im Falle eines unfreiwilligen Verschwindens keine Chance einer gründlichen Untersuchung besteht. Übrigens ist kürzlich ein Komitee *Vérité sur les disparitions* (»Wahrheit über das Verschwinden von Personen«) gegründet worden, wobei einer seiner Initiatoren erklärt: »Es ist ein sehr zweischneidiges Problem. Im Namen der individuellen Freiheit läßt man merkwürdigerweise das freiwillige ›Aussteigen‹ zu. Das ist zwar richtig, aber man übergeht dadurch die unfreiwillig Verschwundenen mit Stillschweigen. Wenn man bedenkt, daß die offiziellen Statistiken diesbezüglich keine genauen Angaben aufweisen... Ich schätze, daß von den 7000 Personen, die in Frankreich jährlich vermißt werden, etwa 2000 unfreiwillig verschwunden sind.« (Patrick Giros, Priester)

Wenn man bedenkt, daß die offiziöse Anzahl der Verschwundenen in Argentinien sich auf zwischen 5000 und 15000 Menschen beläuft, dann geben die Schätzungen dieses Komitees in bezug auf die in Frankreich Verschwundenen zu denken. Auch in der Sowjetunion kann man schon seit sechs Jahren eine mysteriöse Fälschung der auf die allgemeine Sterbeziffer bezogenen demographischen Statistiken feststellen (vgl. den Text von Roland Pressat, »Situation démographique de l'URSS à la veille de son cinquième recensement«*, in *Population*, 1979, 4/5, S. 863).

Doch kehren wir zu unserem Ausgangspunkt zurück, zu Lateinamerika. Bevor das Verschwinden von Menschen sich zu einer außergewöhnlichen Zwangsmaßnahme entwickelte, war Information noch verfügbar; so konnte das eigenartige *Phänomen einer enormen Zunahme sozialer Randfiguren* beobachtet werden, *die ihrem Schicksal*, mit anderen Worten, der Arbeitslosigkeit und der Selbstverwaltung ei-

* Die demographische Situation der UdSSR unmittelbar vor ihrer fünften Volkszählung. *(Anm. d. Übers.)*

ner immer schlimmeren Notlage in vorstädtischen, im unerlaubten Eigenbau errichteten Agglomerationen, *überlassen wurden;* so zum Beispiel in Villa Salvador bei Lima in Peru, wo bis zu 100000 Leute Zuflucht suchten. Im Grunde handelte es sich in diesem Fall um eine pseudokoloniale Situation im Landesinneren.* *Da die Masse paradoxerweise in den Randbereich abgedrängt wurde*, war das herkömmliche polizeiliche Vorgehen unwirksam. Da man keinen *Bürgerkrieg erklären* und damit indirekt eine mögliche Entmachtung des Militärs riskieren wollte, ging man schließlich mit einer Ersatzform der sozialen Ordnung, einer Karikatur des »Sozialarbeiters«, der in Spezialeinheiten, in »parapolizeiliche« Kommandos eingegliedert wurde, gegen die unterdrückten Bevölkerungsschichten vor, und zwar unter Einführung eines *internen, nicht erklärten Kriegszustandes*, in welchem die Selbstverteidigung der Milizen die Nachfolge der Selbstverwaltung bei Mangellage und des Eigenbaues von Unterkünften, *favellas, barriadas* und anderer posturbaner Elendsviertel antreten sollte. So erklärt der französische Abgeordnete Daillet in seinem *Rapport über die Verteidigung:* »Die Bürgerwehr soll die Sicherheit des Hinterlandes gewährleisten und im Falle einer schweren Krise das Entstehen und blinde Walten der ›Armee der Verweigerung‹ verhindern, gegen die eine militärische Verteidigung machtlos ist.«

Man konnte in diesen infra-humanen Zonen, die der organisierten Erpressung durch paramilitärische und parapolizeiliche »Vernichtungsgruppen«** überantwortet wurden, bereits vor zwölf Jahren beobachten, daß ein Handel mit lebendiger Materie sowie ihre gewinnbringende Ausbeutung aufkam, was sich allmählich zu einem *Blutzoll*

* B. Granotier, *La planète des bidonvilles,* Paris 1980.

** Vgl. »Die Todesschwadron«, »Die Weiße Hand« und »ORDEN«, eine von General Medrano geschaffene Organisation...

entwickelte, nicht dem Blutzoll des Krieges, wo jeder eingezogene Staatsbürger gehalten ist, für das Wohl seines Vaterlandes einzustehen, und sei es um den Preis seines Lebens, sondern zum Blutzoll eines ungerechten Friedens, der die Allerärmsten nötigt, für multinationale Firmen, die einen enormen Gewinn einstreichen, *Blutbanken* zu speisen. Diese werden von der Kontrolle der am Gewinn beteiligten Regierungen wie etwa derjenigen Brasiliens, wo es immerhin 700 Banken dieser Art gibt, nicht erfaßt, und die Polizei lehnt es nach wie vor ab, das Problem zur Kenntnis zu nehmen, obwohl in manchen Entbindungsanstalten der *favellas* die Wöchnerinnen mit ihrem Kind erst entlassen werden, wenn sie Blut gespendet haben...

Auf diese Weise vermarkten in Lateinamerika Firmen, die 10000 Prozent Gewinn erzielen, jedes Jahr fünf Millionen Liter Blutplasma. Solche rituellen Praktiken einer *Liquidierung des Lebendigen* sind international erst seit Erfindung der sogenannten »Fraktionierung« erlaubt, einer Methode der chemischen Isolierung aller Grundbestandteile des Blutes, die eine *industrielle Herstellung von Blutplasma* bei hoher Haltbarkeit ermöglicht.*

So taucht im Zuge der Energiekrise und der Erschöpfung der *Rohstoffvorkommen* in den armen Ländern der *letzte Rohstoff* auf, das Menschenmaterial, das jetzt intensiv biologisch genutzt wird... Nicht genug der extensiven, auf Grund von Wanderungsbewegungen erfolgenden Ausbeutung der Arbeitskraft eines umgesiedelten, transplantierten Proletariats, einer Ausbeutung, die einen welt-

* Auch angesichts der *Organbanken* für Transplantationen und der *Spermabanken* für künstliche Befruchtung, neuerdings bei der Verarbeitung *menschlicher Föten* zur Behandlung von Diabetes sowie beim Einsatz *frischer Leichen* als »Spezialpuppen« zur Erforschung der Sicherheit im Auto ist eine *Vermarktung des Lebendigen* zu beobachten.

weiten industriellen Aufschwung zur Folge hatte, hier liegt eine extreme Form von Transplantation oder »transpolitischer Transfusion« vor.

Das einheimische Menschenmaterial Südamerikas, das einer technologisch immer komplizierteren Produktion immer weniger gewachsen ist, wird im wortwörtlichen Sinne als Arbeitskraft »liquidiert« und entwickelt sich unmerklich zur letzten *Mine*, zum letzten Vorkommen organischer chemischer Bestandteile, die privilegierten Bevölkerungsschichten neue Lebenskraft verschaffen sollen. *Hat Argentinien nicht den Plan, in allernächster Zeit* 10 Millionen Japaner ins Land zu holen? Eine solche Diskreditierung des Einheimischen und nicht mehr nur des Indianers, eine solche »berufliche Disqualifizierung« der eigenen Bevölkerung werfen ein jähes Licht auf die neuesten Praktiken eines massenhaften Verschwindens, auf die organisierte Unterentwicklung ganzer Gebiete, strategischer Zonen eines selbstmörderischen Staates, wobei die *industrielle Rezession sowie die Aufhebung der Zollschranken Ergebnis eines Einkommenstransfers aller ökonomischen und sozialen Sektoren zugunsten des Agrarsektors sind.**

Rückwendung zur Vergangenheit, Rückwendung zur Leidensform, wobei *der Staat der inneren Befriedigung* nicht einfach nur eine vorübergehende militaristische Abweichung, sondern die unheilverkündende Morgenröte einer allmählichen Regression der Nation, einer Ausrottung der zivilen Gesellschaft wäre, in welcher die Unterdrükkung von Intellektuellen und Arbeitern und die Wiedereinführung der Latifundienwirtschaft hilfreiche Instrumente einer unerbittlichen, lang anhaltenden neofeudalen

* A. Rouquié, »Argentine, anarchie militaire ou État terroriste?«, in *Études*, Oktober 1977, und *Argentine: dossier d'un génocide*, Paris 1978. Vgl. den Artikel über die industrielle Rückentwicklung in Nord-Süd-Richtung in der November/Dezember-Nummer 1980 der Zeitschrift *Économie et Humanisme*.

Tyrannei sind, *Stereopolitik des Schlimmsten*, die historisch gesehen das totale Entladen des Nationalstaates zugunsten eines transpolitischen und transnationalen Staates, der gleichzeitig nirgends und überall ist, zu vollziehen hat.*

Ureinwohner oder Einwanderer... Einheimischer oder Fremder... die Autochthonie, dieser mythische Streit mit seiner klassisch gewordenen Gegenüberstellung, ist einer der Mythen, die das Politische begründen.

Nachfolgerin des Gemeinwesens, des Mutterschoßes, der ursprünglichen *Mutter Erde*, wird dann das sich absondernde Geschlecht, die *Jungfräuliche Stadt*, die durch »Parthenogenese« den autochthonen Bürger in die Welt setzt, der dem demokratischen Boden der Stadt der Athene entstammt, dieser gegenwärtigen Gottheit, die gleichzeitig die Mutter und das Vaterland eines Untertans, eines in seinen Ehrenrechten stehenden Bürgers eines Stadtstaates verkörpert, dieses von Menschen errichteten staatsbürgerlichen Idols. »Es bleibt den Philosophen überlassen, über den Fortbestand des Gemeinwesens nachzudenken; *der politische Diskurs hat diese Frage seit jeher schon gelöst.*«**

Die Autochthonie, ein obligater »Topos«, mit dem das Imaginär-Staatsbürgerliche des athenischen »Demos« Gestalt annimmt, ist zunächst jene *Leerstelle*, die dank politischer Diskurse einen Diskurs über die Verwandtschaftsstrukturen des Staates auslöst: Wird man von einem oder von zweien geboren? Wird Gleiches von Gleichem oder von Anderem geboren? Kurz, *verdankt man seine Geburt der Erde oder dem Menschen?* Angesichts dieser Alternative ant-

* Am 31. Januar und 1. Februar 1981 fand im Senat von Paris ein von mehreren Juristenverbänden organisiertes internationales Kolloquium über *»Die Politik des gewaltsamen Verschwindens von Personen«* statt.

** N. Loraux, *Annales,* Januar/Februar 1979.

wortet der Mythos der Autochthonie, die Sache in der Schwebe haltend: Man wird von der Erde *und* durch Sexualität geboren.*

Später, viel später wird diese Diskussion anläßlich der Auseinandersetzung über die sozialen Determinismen wiederaufgenommen. Durch Ratzels Anthropogeographie und die Soziale Morphologie von Mauss verschiebt sich die aufgezeigte Alternative vom Geschlechtlichen zur Gesellschaft und vom Stadtstaat zur Nation, sogar zu ganzen Kontinenten hin bis zur wahnwitzigen Auslegung des *Lebensraumes* durch General Haushofer, den führenden Geopolitiker des Dritten Reiches, und zur Interpretation dieses biopolitischen *Lebensborns*, zu dessen Theoretiker sich Rosenberg aufwarf, was während des Zweiten Weltkrieges die Geostrategie der Vereinigten Staaten beeinflussen sollte, da die berühmte *Doktrin der nationalen Sicherheit* aus dem Konflikt mit Nazideutschland hervorging, bevor sie ins Gebiet des südamerikanischen Subkontinents vorstieß, und zwar auf Betreiben von General Golbery, dem Spiritus rector der brasilianischen Geopolitik, sowie, in Abhängigkeit von ihr, eines Professors für »militärische Geographie« namens Pinochet, worauf sie im Zuge der neuesten Entwicklung des »europäischen Gesellschaftsraumes« wieder zu ihrem Ursprung zurückkehrte...

Die Soziologie als verwässerte Form des »Politischen« im antiken Wortsinn, die es immer noch ablehnt, zwischen Ort und Milieu zu unterscheiden, wird zum Fortbestehen der morphologischen Täuschung beitragen, weil sie die *Zeit* zugunsten einer ausschließlichen Referenz/Reverenz in bezug auf die Geschichte außer acht läßt. Trotzdem ist die Autochthonie im Gegensatz zur »Synözie«, die durch Zusammenziehung von »ländlichen Demen« zu einem

* N. Louraux, *op.cit.*

einzigen Gemeinwesen *Menschen in Bewegung setzt*, offenbar eine *Ankurbelung der Zeit*, einer nicht historischen Zeit, da sie die Zeit eines fortwährenden Wiederbeginns vom Ursprung her ist. So sagt Nicole Loraux denn auch: »Der Mythos der Autochthonie, der in der Geschichte des demokratischen Gemeinwesens kurze Zeit eine Rolle spielt, ist nichtsdestoweniger in die *verzögerte*, sich wiederholende *Zeit* eingebunden, die Jahr für Jahr die gleichen Feste, die gleichen Feiern wiederaufleben läßt und dadurch den Raum des Gemeinwesens absteckt. Die Autochthonie der Athener, ein obligater ›Topos‹ öffentlicher Reden, ist somit *vor allem* ein mythischer ›Chronos‹, eine politische Rhythmik, eine Zeremonie, die von den Panathenäen auf der Akropolis zum Kerameikos-Friedhof führt, von der Geburt zum öffentlich erfolgten Tod jener ›Söhne des Vaterlandes‹, für die die *Zeit aufgehoben ist in der unwiderruflichen Rückkehr des Endes zum Ursprung*.«

Der Mythos der Autochthonie, diese in die Zeit der »Polis« eingebundene ewige Gegenwart, skandiert die »politische« Zeit des Staatsbürgers, indem er dessen vom Stammes- oder Familienleben bestimmte Eigenrhythmen entfremdet. Das trifft zu für die Zeitspanne von den Anfängen des Ackerbaus bis zum Beginn der industriellen Ära, in welcher die *dromokratische* Revolution durch Einführung einer *beschleunigten Zeit* die Nachfolge der demokratischen Revolution antritt, wobei die energetischen Techniken den Mythos von der territorialen Verwurzelung des Staates immer mehr abbauen. Auf den »Kult des Stofflichen«, auf die Mutter Erde und die Jungfrau früher Zeiten folgt der Kult des Lichtes, bei dem die absolute »Substanz« sich zugunsten eines unausweichlichen *Transferunfalls* erschöpft und schließlich verschwindet.

An die Stelle der Errichtung von Athen, des *chthonischen* Überganges des ursprünglichen Mythos, wird der *krypti-*

sche Übergang vom Schatten zum Licht treten. Nach der herkömmlichen politischen Käfigung erfolgt dann eine große »transpolitische« Unordnung. Der Untertan, der das Licht der Welt erblickt, weit mehr *Autochthoner einer Zeit* als irgendeines Ortes, weniger einheimisch als photogen, da die Zeit der Zyklus des Lichtes ist,* wird eher *sichtbar* als sterblich sein; er wird nicht so sehr topisch als vielmehr chronisch, im Licht der Zeit eines *Chronotropismus des Lebendigen* geboren werden. Die mythische Konditionierung durch die Liturgie macht dann bei Populationen, die einer Ausbeutung ihrer Biorhythmen zum Opfer fallen, ihrer Konditionierung durch die Technik Platz.

Angesichts dieses Traumas wird das Prinzip der *geomorphologischen Identität* des Staatsbürgers immer mehr verschwinden; er wird, eher »Mitglied« als Einheimischer, mit der Zeit unmerklich zum simplen *Stellvertreter.*

Statt mit privilegierten Einwohnern, mit Inhabern eines »Bürgerrechts« in einem demokratischen Staat, haben wir es dann mit *Besuchern*, provisorischen Bürgern, Touristen und Zuschauern in einem dromokratischen Staat zu tun, wo Sehen gleichbedeutend ist mit Leben... Während früher im nachbarschaftlichen Verbund der andere bekannt war und anläßlich wiederholter, ritueller Zusammenkünfte und Veranstaltungen auch wiedererkannt wurde, wird im Zuge der Revolution des Transportwesens dieser »Nachbar« zum *Gespenst*, das man nur durch Zufall noch einmal sehen wird. Das allgemeine Hin und Her führt somit nicht so sehr zur Vervollkommnung des Austausches als vielmehr zu dieser *provisorischen Anwesenheit.* Eine solche kinetische Gewöhnung an das Verschwinden des Artgenossen hat etwas von einer gesellschaftlichen Spaltung: Die physische Anwesenheit des Mitmenschen, des Passan-

* Dietrich Bonhoeffer.

ten, des Passagiers verliert an Realität zugunsten seines »Image«. Da sich die toten Winkel in dem Maße erweitern, wie die Streuung der Körper zunimmt, umgeben uns immer mehr unbekannte, nur flüchtig zur Kenntnis genommene Personen. Die Diskreditierung des Begriffes »Feind« bei gleichzeitiger häufigerer Verwendung von »verdächtig« und »Bedrohung« signalisiert also eher das Nichtvorhandensein von Verbündeten, somit die Diskreditierung des staatsbürgerlichen Verbundes, als das Nachlassen der Verteidigungsbereitschaft.

Die ihrem Wesen nach extensive Lokalisation der Provinzen und Nationalstaaten wird von einer intensiven transnationalen Sichtbarmachung abgelöst werden; die langen *Reihen* der demokratischen Liturgie verschwinden zugunsten eines »Defilees von Sequenzen« im Zeitraffer, das als Ersatz für die Handlungen eines abwesenden Volkes dient.

Das Politische, eine Kunst des Sehens, eine Kunst des Voraussehens, weicht nicht von der Regel ab, derzufolge die Kunst nicht das Sichtbare wiedergibt, sondern sichtbar macht.* Bei einer solchen Umgestaltung des Darstellungsfeldes ist das Gemeinwesen kein »Theater« (Agora, Forum) mehr, sondern ein *Filmtheater*, ein Kino, wo die Sichtbarkeit jede Territorialität, jede rechtens bestehende örtliche Zuordnung verdrängt. Doch kehren wir zur Einrichtung Athens zurück: »Es gibt ein Oben, die *Akropolis*, und ein Unten, *die Agora und den Kerameikos*. Es gibt auch ein Innen, die Akropolis und die Agora, und ein Außen außerhalb der Stadtmauern, den Kerameikos, wo die athenische Demokratie diejenigen bestattet, die ihr gedient haben. Auf diesem öffentlichen Friedhof wird die weltliche Sequenz einer Idealität zelebriert: der *Polis*, einer unteilba-

*Paul Klee.

ren Einheit, die ihre Autorität der *Auslöschung ihrer Männer verdankt, dieser Bürgersoldaten, die tapfer, aber alle gleich und deshalb austauschbar sind.**

Merkwürdigerweise fehlt bei dieser Art von geschichtlicher Heroisierung eine Örtlichkeit: das *Stadion*, welches die demokratische Gleichheit des Gemeinwesens zugunsten einer kurzfristigen dromokratischen Öffentlichkeit aufhebt.** Hier verkehrt sich der staatsbürgerliche Gesichtspunkt in sein Gegenteil: Es gibt ein Oben, die Stufen, auf denen die Zuschauer Platz nehmen, und ein Unten, die Rennbahn, auf der die Akteure vorbeiziehen... Im Innern dieses Theaters motorischer Leistungen verfügen diejenigen, die an Ort und Stelle verbleiben, über die Perspektive der Götter, während die Vorbeiziehenden der unersättlichen Neugier der Menge der Voyeure ausgeliefert sind. Hier befinden wir uns weitab von der idealen Platitüde der Gleichheit auf der Agora, da sich kein »Artgenosse«, sondern lediglich die Spektralanalyse einer Bevölkerung der Entdeckung einer *Elite der Bewegung**** aussetzt.

Während also der Platz der Ort des *Demos* ist, stellt die Rennbahn einen entsprechenden Ort der Erfindung eines *Dromos* dar, wobei die ewige Wiederkehr der politischen

* N. Loraux, *op.cit.*

** Philostratos, Peri gymnastikès (Über die Gymnastik).

*** In dieser »Wettbewerbszivilisation«, wo »Demokratie« nur noch ein Ausdruck zur Verschleierung »einer Regierung der Elite mit Billigung der Menge« ist (Platon), stellt »Marathon gewissermaßen den unerläßlichen Prolog zur Geschichte Athens, somit zur Geschichte der athenischen Hegemonie dar, dieser Hegemonie, die faktisch durch Salamis eingeleitet wird und nach Meinung der demokratischen Partei unbedingt wiederhergestellt werden soll. Nun vollzieht sich ein erster geschichtlicher Akt ja meist noch im Grenzbereich zum Mythos; insofern kann man eine gewisse Analogie zu den ersten Heldentaten des Adligen oder zur Prüfung, die der Heros bestehen muß, um sich als solcher auszuweisen, *etwas Initiatorisches also, beobachten: Erinnert die Schnelligkeit, in der der Sieg errungen und mit welcher er verkündet wurde, nicht an ein Rennen, einen Übergangs- und Integrationsritus in einer Kriegergesellschaft?*« N. Loraux, »Marathon ou l'histoire idéologique«, in *Revue des études anciennes*, 1973, S. 29.

Ursprünge von der Revolution eines »transpolitischen« Spektakels abgelöst wird, das die Tyranneien eines Imperiums hervorbringen wird, in welchem die logistischen Ideale nach und nach an die Stelle der politischen Ideologien der athenischen Demokratie treten. Nachdem die republikanische Agora und das republikanische Forum schon lange in der Umfassungsmauer der Parlamente verschwunden sind, sollte der »öffentliche Platz« als *Stadium* militärischer Defilees überleben, um dann seinerseits im Gedränge der Revolution des Transportwesens zu verschwinden. So haben nach dem Gymnasium der Zirkus und das Hippodrom ihre Rolle gespielt, bis schließlich der Flughafen und die Satelliten ihre peripheren Zeremonien in Umlauf bringen.

Dem Ethnologen J.-C. Melatti zufolge würden *»alle brasilianischen Indianer zusammen im Maracana-Stadion in Rio de Janeiro es nur zur Hälfte füllen ...«*

Diese von einem Wall eingeschlossene Stätte sportlicher Wettkämpfe, ein Ort morphologischer Überbelichtung, ist also nicht nur ein »Krater«, in den das Volk einbrechen kann, sie führt darüber hinaus zu einer Art Volkszählung. Bei dieser Bestandsaufnahme *ist die Form Untergrund, der wieder an die Oberfläche tritt.** Die Überwachung wird letzter Zufluchtsort der Verfinsterung des Gemeinwesens, wird zum *Hochsicherheitstrakt* der logistischen Ortsveränderung der Macht. Es ist deshalb nur logisch, daß das Nationalstadion von Santiago de Chile in ein *Konzentrationslager* verwandelt wurde, nimmt doch die militärische Ästhetik des Verschwindens den Platz des Abenteuers der politischen Erscheinungen ein.** Das Stadion als verkleinertes Mo-

* Victor Hugo.

** P. Virilio, *Esthétique de la disparition*, Paris 1980.

dell eines abgeschafften staatsbürgerlichen Raumes ist wahrscheinlich das Ende der morphologischen Täuschung des Staates, das letzte »Stadium« des Gemeinwesens und somit indirekt der in ihren Ehrenrechten stehenden Bürgerschaft. Was sich in Lateinamerika abspielt, ist jenseits aller Staatsraison eine *Querelle des Anciens et des Modernes**, eine »postpolitische« gegenseitige Überbietung. Während der Panzerangriff auf dem Platz vor dem Moneda-Palast zu einer klassischen Umzingelung der Gegner in den Turnhallen, dann im Stadion von Santiago de Chile führt, ist das wöchentliche Zeremoniell der Mütter auf der Plaza de Mayo in der Tat Ausdruck tragischer Verstrikkung, fehlender Bezugnahme. *Die »Prozession der Irren« versucht* ohne Ziel und Zweck *den Weg zurückzugehen, um Terrain, die verlorene Stellung vor dem Sitz der argentinischen Regierung zurückzuerobern.*

Ihre Liturgie, ein agonistisches Zeremoniell, nimmt den Platz des öffentlichen Brennpunktes, des athenischen *Cratos***, ein, ihre stetige Bewegung findet jenseits des Todes des »Mitmenschen« statt, jenseits der Politik, sie stellt uns vor die Frage der *Identität des Lebendigen*. Der »öffentliche Platz« wird gleichzeitig zum Friedhof des Politischen und zum »transpolitischen« Forum. Während die Frauen der in Chile Internierten sich noch ins Stadion begeben und Nachricht von den Häftlingen erhalten, während die iranischen Witwen sich auf den Friedhöfen versammeln konnten, bleibt den Witwen der argentinischen Verschwundenen nichts anderes übrig, als öffentlich auf deren Abwesenheit aufmerksam zu machen... Die »Irren von der Plaza de Mayo«, die die Ungewißheit über das

* »Streit zwischen Konservativen und Modernen«. Literaturdebatte in Frankreich (17. Jh.) über den Vorrang der Gegenwartskunst vor ihren Modellen aus der Antike. *(Anm. d. Übers.)*

** J.-P. Vernant, *Mythes et pensées chez les Grecs*, Paris 1965.

Schicksal ihrer Männer oder ihrer Verwandten beharrlich zurückweisen, stellen uns vor eine entscheidende Frage: *Es gilt eine Wahl zu treffen zwischen der Agora der politischen Identität und dem öffentlichen Friedhof, da deren gemeinsame Abschaffung durch unsere Anwesenheit hienieden unmöglich geworden ist.**

Der Akt der Anwesenheit ersetzt den Akt der Entstehung der Autochthonie, der Widerstand gegen die Tyrannei ist kein ideologischer Widerstand mehr, sondern vielmehr der Widerstand des Lebens, des Rätsels lebendiger Körper, die geheimnisvollerweise *gegenwärtig sind in der Zeit.* Man kann den staatsbürgerlichen Bereich unterdrücken oder die politische Hauptstadt evakuieren**, doch den öffentlichen Friedhof wird man erst abschaffen können, wenn man gleichzeitig alle Nachkommen umbringt. Das Fundament, auf dem der Totenkult der Gesellschaften beruht, ist stärker als die Errichtung des Gemeinwesens, *die Rache für nicht zugelassene Anwesenheit ist das Beinhaus des Staates.****

* In Paris und anderen Hauptstädten fand jeden Donnerstag um zwölf Uhr mittags vor den Botschaften das gleiche Zeremoniell statt, und zwar trotz der Entführung und Folterung mehrerer »Irren von der Plaza de Mayo« wie etwa Noemi Esther Gianotti de Molfino, die am 12. Juni 1980 in Lima verschwand und am 21. Juli in Madrid tot aufgefunden wurde, ihrem Sohn zufolge von argentinischen Agenten, die mit dem peruanischen Geheimdienst zusammenarbeiteten, ermordet.

** Wie zum Beispiel Phnom Penh, das unter der Herrschaft des kambodschanischen *Angkar* verlegt worden war.

*** Anläßlich des Malwinen-Konfliktes, bei dem sich Argentinien und Großbritannien gegenüberstanden, wurde die Situation der »Irren von der Plaza de Mayo« immer kritischer. Am fünften Jahrestag ihrer Demonstration, im Mai 1982, waren es etwa sechshundert, die vor dem Regierungspalast im Kreise herumgingen (das heißt, fast das Doppelte der üblichen Anzahl), und zwar trotz der allgemeinen Mißbilligung der Passanten, die ihnen vorwarfen, sie würden die nationale Einheit schwächen. Auf einem ihrer Transparente stand: *»Wir, die Mütter der Plaza de Mayo, unterstützen die Soldaten, die unser Vaterland verteidigen, voll und ganz. Aber als Mütter von Verschwundenen kämpfen wir selbst als Soldaten, damit unsere Kinder wieder zum Leben erwachen. Es lebe das Vaterland!«*

»Man muß zugeben, daß Europa und die Welt in Zukunft zu klein sind für einen Krieg.«
Hitler am 7. Juli 1943

Der heilige Krieg – Glaubensbekenntnis, leidenschaftliches Bekenntnis, das er ist – scheint zurückgekehrt zu sein. Die Maschinerie des Fanatismus mit Ritualen und Opferungen wird wieder in Gang gesetzt, zurückgewendet in die Nacht des Mittelalters, als die blutige Konfrontation religiöser Überzeugungen die Konfrontation politischer Ideologien einleitete.

Mit diesem rückwärts gerichteten Blick fühlen sich viele dazu berufen, in die Arena zu treten, um einen »guten Kampf« zu kämpfen, vor allem aber, um einen in der *Abschreckung*, im Gleichgewicht eines zu unpersönlich gewordenen Terrors *verschwundenen Feind wiederzuerwecken.* Sagte nicht Einstein, der Glaube an Dämonen sei die Wurzel unseres Kausalitätsbegriffes (Zitat von Léon Poliakov in seinem Essay über den Ursprung der Verfolgungen)?

Der zutiefst archaische Charakter zahlreicher Ereignisse in jüngster Zeit hätte uns vor dieser Rückwendung zum Scheiterhaufen zumindest warnen müssen. Der Zusammenbruch eines von der Libertinage des Liberalismus fehlgeleiteten politischen Denkens, die Redundanz eines illusorischen, durch die Tatsachen ständig widerlegten Materialismus, die immer stärkere Zunahme einer die Produktivität immer ausschließlicher beherrschenden Destruktivität, die ökonomischen Verheerungen einer *globalen logistischen Strategie,* die auf allen Ebenen abschrecken wollte – all das hätte uns eigentlich auf die Heraufkunft einer »transpolitischen« Eschatologie hinweisen sollen. Wenn man nahezu ein halbes Jahrhundert lang das drohende Ende der Welt beschwört, ruft man schließlich auch die Dämonologie der Frühzeit auf den Plan.

Schon anläßlich des Sturmes auf die Moschee in Mekka, eines beispiellosen Ereignisses, das von den damals politisch Verantwortlichen vollkommen falsch eingeschätzt wurde (man denke etwa an die Entsendung französischer Gendarmen des GIGN als Militärberater durch Präsident Giscard d'Estaing), war zu beobachten, wie sich an der Seite des Gespenstes des *reinen Krieges* der Aufrüstung oder sogenannter »nuklearer Befreiungsvektoren« das Gespenst des *Heiligen Krieges* der Gläubigen erhob... Ein symbolisches Duell um das Heil der Menschheit durch Feuer oder durch den Glauben, durch das Licht einer öffentlichen Ausrottung der Ungläubigen oder auch nur der Gegner im Namen eines falschen Messias oder eines echten Flugkörpers, jenseits der politischen Diskurse, die in Verruf geraten und disqualifiziert worden waren gerade im Falle extremer Situationen; dafür liefern der Libanon und Iran neben Nordirland, auf gleicher Ebene wie Nordirland, das uns so nahe ist, gewissermaßen exotische Modelle.

Das Attentat auf dem Petersplatz in Rom* bezweckte also eine neue *Destabilisierung*, aber in welcher Richtung? Eine Destabilisierung des Vatikans? Aber das ist doch nicht der Libanon... Eine Destabilisierung der Christenheit? Aber wir leben doch nicht mehr in der Zeit des alttestamentlichen *Herrn der Heerscharen*; das Zeitalter der Kreuzzüge ist vorüber, die ökumenische Bewegung steht ganz im Gegenteil im Zeichen eines *waffenlosen* und oft sogar

* Am 13. Mai 1981 schoß ein vielleicht manipulierter türkischer Terrorist auf den Papst... ein Jahr später, auf den Tag genau, versuchte in Fatima ein integralistischer Priester, Juan Fernandez Krohn, Johannes Paul II. zu erstechen.

eines entwaffnenden *Gottes*; erinnern wir uns nur an die Ermordung Oscar Romeros, der in der Kathedrale von San Salvador am 24. März 1980 erschossen wurde, weil er offen für den *militärischen Ungehorsam* eingetreten war...

Im Grunde kann man sich zu Recht fragen, ob die Trennung von Kirche und Armee nicht eine logische Ergänzung zur Trennung von Kirche und Staat geworden sei.

Mit der Entwicklung der nuklearen Rüstung ist die alte theologische Doktrin vom *gerechten Krieg*, die zwischen der Staatsmacht und dem Vatikan so lange verbindend wirkte, hinfällig geworden. Das beweist die Reise dessen, der zuerst nach Auschwitz und dann nach Hiroshima fuhr und im Jahre 1980 erklärte: »Die nukleare Apokalypse ist eine Bedrohung. Das beweist, daß niemand ein politisches Interesse daran haben kann, einen neuen Krieg anzufangen.« Während Pius XI. zu seiner Zeit kritisch auf die Vergötzung eines sich formierenden faschistischen Staates hinwies, hat Johannes Paul II. der UNO gegenüber immer wieder den Terrorismus in Irland und anderswo, den Kult des Friedens durch Abschreckung, *die Vergötzung einer absoluten Waffe*, die in der Lage sein soll, das Heil zu gewährleisten, angeprangert.

Danach ist klar, daß der Krieg von der Kirche endgültig verworfen wird, weil er solche Ausmaße angenommen hat, daß er die göttliche Offenbarung verdunkeln könnte: *Die wissenschaftlich-technische Apokalypse macht jetzt der mystischen Apokalypse Konkurrenz.*

Zieht man die heute immer bedeutendere Rolle der Militärkasten bei der Kontrolle der Sekten*, die Entstehung von Ersatzkulten in Südamerika, die den jüdisch-christlichen Monotheismus verdrängen sollen und von den herrschenden Militärs gefördert werden, in Betracht, dann be-

* Die »Loge der Befreier Amerikas« in Argentinien und die »Loge P2« in Italien.

kommt man eine Ahnung davon, welches Duell zwischen »Priester« und »Krieger« sich hier anbahnt: die Entwicklung einer neuen Art von *Synkretismus* durch den Krieger mit dem Ziel, einen Glauben einzuführen, der offiziell auf dem Primat eines militärisch-wissenschaftsgläubigen Denkens beruht, das *messianisch* geworden ist und von nun an alles politische Denken, das weltliche wie das religiöse, beherrschen soll. Das offenkundige Scheitern der Abrüstungsabkommen und die faktische Unmöglichkeit, den Fortschritt der nuklearen Macht anders als durch einen *Akt des Glaubens* an den Feind aufzuhalten, führen gegenwärtig dazu, daß eine Eigenschaft der Strategie, das *vorwegnehmende Wissen*, geleugnet wird. Der »Automatismus« nicht mehr nur der Waffen und Mittel, sondern auch, ja, vor allem des Befehls, kommt einer Leugnung der Denkfähigkeit und somit letztlich jeder »Politik« zugunsten »transpolitischer« Informations- und Entscheidungssysteme gleich, die den Anschein von Frieden durch Abschreckung des Volkes, eine geschickte Ergänzung der nuklearen Abschreckung, wahren sollen.

So hatte im Jahre 1975 Karol Wojtyla geschrieben: »Das Programm unserer Epoche ist die Verfolgung, wobei der Schein gewahrt wird, damit man verkünden kann, es gebe keine Verfolgung.«

Die Inquisition ist also nicht mehr das, was sie einmal war; von der Ermahnung durch die kirchliche Obrigkeit bis hin zur politischen Polizei und den heutigen »Geheimdiensten« hat sich der Obskurantismus unmerklich vom Religiösen zum Weltlichen hin verschoben, dann vom »Zivilen« zum »Militärischen«. Die Ereignisse in Polen bestätigen übrigens diese Umkehrungstendenz, das Wiederauftreten einer *Dreiteilung*; in einem Kriegszustand, in welchem der »Krieger«, der jetzt als Polizist agiert, ausschließlich seinem eigenen Volk, seiner eigenen Nation feindlich gegenübertritt, wird der »Priester« zum Verbündeten des Proletariats.

Die Kluft zwischen Kirche und Armee manifestiert sich hier in der Solidarität mit dem Unterdrückten; in einem *Frieden*, der umfassender ist als der Frieden in einem Staat, welcher sich nur noch auf Gewalt stützt, *ist die Zuflucht zur Abschreckung im Innern ein Echo auf die äußere Abschreckung* (als einer Folge der Beschlüsse von Jalta). Diese zwingt heute zur Anwendung eines kategorischen Imperativs, welcher jeder Legitimität, jedem politischen System übergeordnet ist, *da die Diktatur der kommunistischen Partei ihr ebensowenig entgegenzusetzen hat wie die Demokratie*; sie zwingt zur Erpressung totaler Sicherheit, in der jenseits der Verteidigung des Vaterlandes das Zeitalter des uneingeschränkten Nationalismus seinen Abschluß findet, da der Feind nirgends und die Bedrohung überall ist...

Mit der freien polnischen Gewerkschaft haben wir im Jahre 1981 dank der Forderung nach einer wiedergefundenen gesellschaftlichen Solidarität* einem Ansteigen der Extreme beiwohnen können, einer Art von Herausforderung, einem *Glaubensakt*, wobei sich indirekt über die herrschende politische Klasse hinweg ein »unparteilicher« Dialog zwischen dem militanten Gewerkschaftler und dem Militär entspann; das zwang die Volksarmee angesichts der demographischen Entwicklung einer Gewerkschaft, die die Partei überflutete, zunächst zu einer Übernahme von Verantwortung und trieb sie in der Folge, *da man nicht gewagt hatte, ihr die Rekrutierung einer Gewerkschaft aus ihren eigenen Reihen vorzuschlagen*, dahin, trotz ihrer logistischen Schwäche zwischen der Konfrontation mit den Sowjets oder einem Staatsstreich zu wählen. Diese furchtbare Lage verschärfte sich zuletzt noch dadurch, daß man-

* P. Virilio, *Défense populaire et luttes écologiques*, Paris 1978, S. 77.

che Gewerkschafter sogar in Betracht zogen, über die Köpfe der politischen Mittelsmänner hinweg, die schon gar nichts mehr repräsentierten, mit den Russen zu verhandeln; so war der Vorschlag eines »nationalen Referendums« über die Rechtsmäßigkeit der polnischen Macht zu verstehen.

Der von Lech Walesa immer wieder bekräftigte *Glaube an ein Nichteingreifen von außen führte dazu, daß die Diskussion im Innern von jedem Risiko einer Konfrontation befreit war*, und zwar in einem Maße, daß die Herausforderung des christlichen Gewerkschaftlers wie eine Art Glauben an die Abschreckung wirkte; entweder verkannte man das Besondere des Atomzeitalters oder man anerkannte, sofern man dessen Unausweichlichkeit bestritt, daß man *schon tot* sei, daß man in der Agonie einer Abschreckung liege, die jede Entwicklung verbiete, und gab sich der Hoffnung hin, sich durch einen *Glaubensakt*, durch eine Art staatsbürgerliche Auferstehung, an welcher nicht nur das Mitglied, der Sozialpartner, sondern auch die Opposition, der potentielle Gegner teilhaben würden, davon befreien zu können.

In der Tat war das, was sich da abgespielt hatte, nur eine Replik, eine intimistische Reduktion dessen, was sich seit mehr als dreißig Jahren zwischen den geopolitischen Blökken abspielt, *als ob der Einschnitt von Jalta sich eigentlich nicht mehr zwischen den Staaten der NATO und denjenigen des Warschauer Paktes befände, sondern im Innern jedes Landes, jedes Gemeinwesens im Osten wie im Westen.*

Wie wären das Fortbestehen des »Sozialismus« in zahlreichen westlichen Ländern (geschweige denn in den Ländern der Dritten Welt) und der wachsende Einfluß des amerikanischen Kulturimperialismus in den Ländern des kommunistischen Blocks anders zu deuten?... Diese gegenseitige Durchdringung von Verhaltensweisen und Tendenzen betrifft nicht mehr nur ein paar *Hooligans* oder *Linke*, sondern eine Generation, eine *Generation von Kindern*, die der Arbeitslosigkeit, der Entwurzelung anheimgefallen sind oder mit maßloser Leichtfertigkeit die historischen Brüche und die Werte der Vergangenheit ignorieren, eine Art von unnützer Avantgarde oder vielmehr ein *Kontingent von Vorläufern* einer absehbaren Katastophe: der Katastrophe einer allgemeinen Nicht-Entwicklung, die heute vom Rahmen der verschiedenen politischen Regime und der Fortschrittsillusion der »mittleren Mächte« angesichts der armen Länder für kurze Zeit noch verdeckt wird, während die allgemeine Tendenz von der Verschwörung der »Großmächte« bestimmt wird, nicht nur im Bereich des Wettrüstens, der Ausbeutung der verschiedenen Wirtschaftssysteme, sondern auch hinsichtlich der *Nicht-Entwicklung der zivilen Gesellschaft* in ihren jeweiligen Einflußzonen.

Der von europäischen Sozialisten und den neuen amerikanischen Wirtschaftsexperten gemeinsam gehegte Wunsch, den »Vorsehungs-Staat« abzuschaffen, ähnelt zu sehr einer krankhaften Verwachsung, als daß er uns nicht beunruhigen würde. Ganz abgesehen von der Rolle der westlichen Banken bei der Normalisierung in Polen, beobachten wir, daß die Ereignisse, die sich seit den Abkommen von Moskau (SALT, 1972) und der Watergate-Affäre abgespielt haben, darauf hinweisen, daß einerseits die Sowjetunion von der militärisch-industriellen Entwicklung der Vereinigten Staaten gelernt und die Unterentwicklung der zivilen kommunistischen Gesellschaft weitergetrieben hat und daß umgekehrt die Amerikaner unter dem Vorwand des *Neokonservatismus* eine weitere Steigerung des Verfalls im Innern mitsamt den unerhörten strategischen Möglichkeiten, die sich durch Verzicht auf jede soziale Solidarität bieten, befürworten; das illustrieren die von

Reagan, dem ersten »pentagonalen« Präsidenten der Vereinigten Staaten, bereits ergriffenen Maßnahmen. Die zunehmende, nach Ansicht zahlreicher Leute – leider! – fortschrittliche Abschaffung einer politischen Argumentation, auf der dank zwangsläufiger Zuflucht zu den Vorstellungsklischees einer umfassend gewordenen Sicherheit noch vor kurzem die Legitimität der nationalen Verteidigung beruhte – *dieser Konservatismus, der sich weniger auf die Nation als auf die Notwendigkeiten der Abschreckung bezieht* –, führt unsere Epoche einer »transpolitischen« Über-Welt entgegen. Jenseits ideologischer Spaltungen übt in ihr ein Regime verhängnisvoller Glaubensvorstellungen die Macht aus und wird dabei von Antizipationssystemen gestützt, die sich kaum von den magischen Beschwörungssystemen des vergangenen Obskurantismus unterscheiden.

Es geht deshalb nicht darum, *»wieder zu lernen, was ein Feind ist«* (J. Freund), wie es allzu viele Franzosen, Anhänger einer illusorischen »nationalen Abschreckungsmacht« wünschen, indem sie so leichtfertig polnische Gewerkschafter gegen deutsche Pazifisten ausspielen, eher schon um den Versuch zu entdecken, worauf die Feindschaft, worauf das Wesen einer Bedrohung beruht, die von den Analytikern bislang nicht dingfest gemacht werden konnte, wahrscheinlich weil sie nicht mehr auf eine bestimmte Konstellation zurückgeführt werden kann, sondern weltweit verbreitet und somit über alle Rückgriffe auf herkömmliche »geopolitische« Erklärungen hinausgewachsen ist.

Seit mehreren Jahren ist festzustellen, daß sogenannte »lokalisierte Konflikte« sicher im Raum, keineswegs aber in der Zeit lokalisiert sind. Die begrenzten Kriege nehmen kein Ende, sondern werden unentwegt weitergeführt: Der Indochina-Krieg setzt sich in Kambodscha und Laos und an den Grenzen zu China hin fort. Der Konflikt in Nordirland schwelt schon über zehn Jahre, und der Bürgerkrieg mit Morden, Attentaten, mit der Reihe derer, die mehr oder weniger freiwillig für einen »politischen Status«, der den Häftlingen verweigert wird, gestorben sind*, geht trotz des Besuches des Papstes weiter. Dasselbe gilt für den Libanon, für Syrien, für den ganzen Nahen und Mittleren Osten, wo Iran und Irak einen Konflikt aufrechterhalten, den sie gar nicht beenden wollen. Und Israel hat sich seinerseits nicht gescheut, nach der Proklamation von *Jerusalem zur ewigen Hauptstadt* das schwerste Staatsattentat zu begehen, das jemals verübt worden ist, als es vor der Annexion des Golans in einem *Präventivschlag* das Kernkraftwerk von Tamuz** zerstörte.

Die Türkei, die in eine Situation verstrickt ist, die zu derjenigen Polens manche Vergleichspunkte aufweist, befindet sich heute in einem »inneren Kriegszustand«, ohne daß irgend jemand im Westen sich ernsthaft darüber beunruhigt; dabei spielen die Vereinigten Staaten die Rolle der Sowjetunion, indem sie General Evren bei der Unterdrückung der Gewerkschaften und der Gesellschaft Hilfestellung leisten. So enzünden sich da und dort neue Spannungsherde, ohne daß einer der alten wirklich erlischt; diese Endemie begrenzter Konflikte weist auf die nahe bevorstehende Zerrüttung des Nationalstaates hin, der innerlich zerrissen ist von Ansprüchen auf Autonomie im Innern, auf regionale Unabhängigkeit und von den Erfordernissen einer verstärkten »transnationalen« Abhän-

* Es sei hier an die Opferung von Bobby Sands und seiner Gefährten erinnert, die im Sommer 1981 inhaftiert worden waren.

** Der Bombardierung ging ein Attentat gegen die Baustellen von La Seyne bei Toulon vorauf, das die gleichfalls *präventive* Zerstörung der Verschalungselemente des Reaktors »Ozirak« zur Folge hatte, der für das Kernkraftwerk Tamuz bestimmt war.

gigkeit vor allem in ökonomischer und strategischer Hinsicht. Das Problem des Krieges liegt dann nicht mehr, wie manche noch behaupten, in einem unmittelbar bevorstehenden Dritten Weltkrieg, in einem Angriff des Ostens auf den Westen, der eine nukleare Konfrontation bedeuten würde, sondern in der Bedrohung durch einen *Bürgerkrieg*, der sich allmählich auf die ganze Welt ausweitet.

Die chronische Erkrankung wird also, wie in der Vergangenheit, wieder ein Tatbestand jenseits des Friedenszustandes der politisch untereinander abgestimmten Staaten; daher die Nutzlosigkeit der UNO bei der Vorbeugung wie bei der Lösung von Meinungsverschiedenheiten.

Die spontan wiederentdeckte Bedeutung der religiösen Fragen wirft übrigens ein Licht auf den Verfall der Ideologien, die bis dahin die Grundlage für die nationale Wirklichkeit bildeten. Es sei in diesem Zusammenhang an den Libanon erinnert, der offensichtlich nicht in der Lage ist, das Chaos zu meistern, oder an den Iran, wo der *konfessionelle Aufstand* jene Rolle gespielt hat, die für gewöhnlich dem militärischen Aufstand beim Sturz eines Regimes zufällt. Der wachsende Einfluß des islamischen Integralismus im gesamten Maghreb – von Polen einmal abgesehen, wo das Christentum das Fortbestehen der nationalen Identität gewährleistet – offenbart die Tragweite eines Verfalls, von dem die überkommenen politischen Formen der jüngsten Vergangenheit fast überall betroffen sind. Was die südliche Hemisphäre angeht – Afrika einmal ausgenommen –, so entwickelt Lateinamerika eine weitere Phase dieses Prozesses: diejenige eines endgültigen Verzichts auf den *Begriff eines äußeren Feindes*, einen Begriff, der indessen wesentlich ist zur Legitimierung der öffentlichen Gewalt, aber vor allem der Streitkräfte, dieses letzten Hilfsmittels jedes »Rechtsstaates«. Seit dem *interamerikani-*

schen Pakt für gegenseitige Hilfe, der im Jahre 1947 geschlossen wurde, haben heute in der Tat die jeweiligen nationalen Streitkräfte die Möglichkeit, jenseits ihrer Landesgrenzen als *transnationale Polizeikräfte* aktiv zu werden. (Hat Argentinien in Bolivien nicht den Putsch des Drogengenerals Meza unterstützt? Und Guatemala die Streitkräfte von Honduras, wobei letztere zusammen mit den Streitkräften von San Salvador an der Unterdrückung der salvadorianischen Flüchtlinge im »eisernen Dreieck« teilnahmen...) Lateinamerika reagiert nach Art einer neuen Gesellschaft, in der die Abkapselung jedes einzelnen Landes den Machthabern die Verwirklichung einer gesellschaftlichen Deregulation erlaubt. Die Normalisierung des Kriegszustandes im Innern wird unter der Bezeichnung *Zustand verstärkter nationaler Sicherheit* unerläßlich; im Augenblick, wo es keinen äußeren Feind mehr gibt, ist der Belagerungszustand kein Ausnahmezustand mehr, sondern eine juristische Verfügung, eine gesellschaftliche Entsprechung zu dem, was früher die Stadtmauer war, ein System der ununterbrochenen Grenzverteidigung für die bedrohte Nation, als ob in unserer Zeit des schnellen Austausches die nationale Politik nur noch im Schutze einer regulär gewordenen Schattenzone überleben könnte. Deshalb dieser *Mangel an Information*, diese Funkstille, diese Unterbrechung des Austausches und der Kommunikation, zu der man Völker, die von ihren eigenen Streitkräften belagert werden, so oft zwingt... Aus dieser Perspektive ist auch die entschieden ablehnende Haltung Brasiliens und Argentiniens gegenüber den Bemühungen der Vereinigten Staaten um die Schaffung eines *südatlantischen Paktes* zu analysieren, der diese beiden Länder sowie Uruguay mit Südafrika zusammenschließen sollte. *Die uneingeschränkte Sicherheit des amerikanischen Subkontinentes verbietet von nun an in der Tat eine Öffnung, eine geopolitische Erweite-*

rung und fördert eine ausschließliche transpolitische Intensivierung* mit dem Ziel der Versklavung der einheimischen Bevölkerungen, die zu »Staatsgeiseln« geworden sind. Diese Rückwendung zu sich selbst, diese Trägheit der südamerikanischen Staaten (sie wurde vor kurzem durch General Pinochets Äußerung bestätigt, diejenigen, die sich für eine politische Öffnung einsetzten, verlören ihre Zeit, denn es werde keine Öffnung geben) sind typisch für den von autoritären und totalitären Regierungen eingeschlagenen Weg, für die zwangsläufige Inversion einer öffentlichen Gewalt, die nicht in der Lage ist, einen offenen Krieg zu führen, weil ein sofortiger innerer Zusammenbruch erfolgen würde.

Es ist übrigens bezeichnend, daß man in Zentralamerika wie in Südostasien *früher gegen einen Eindringling kämpfte, heute aber mit Vorliebe gegen eigene Staatsbürger vorgeht, die das Land verlassen wollen.* Ob es sich um »Boat-People« aus Vietnam, Haiti und Kuba oder um »Land-People« aus San Salvador handelt, der zunehmende Verfall der Demokratie bewirkt, daß jeder Opponent *sowohl von einem Aufenthaltsverbot als auch von einem Ausreiseverbot betroffen ist*; daher die paradoxe Logik des erzwungenen Verschwindens von Personen als Druckmittel auf die Masse, als psychologische Massenfolter einer Bevölkerung, die einem ununterbrochenen »Belagerungszustand« ausgesetzt ist. Die politische Polizei wird dann zur Vorkämpferin einer weltlichen Gesellschaft, in der die Inquisition ihr Geschäft zugunsten einer Verwaltung der Angst wiederaufgenom-

* Der Malwinenkonflikt liefert dafür eine faszinierende Bestätigung: *Argentinien, das mit einem wirtschaftlichen Zusammenbruch größeren Ausmaßes rechnen mußte, besetzt am 2. April 1982 die Falklandinseln*... Angesichts des unerwarteten und unverhältnismäßigen britischen Gegenschlages legt der südamerikanische Kontinent einen ebenso vollkommenen wie paradoxen Zusammenhalt an den Tag: Selbst Nicaragua und Kuba engagieren sich auf seiten der argentinischen Militärjunta.

men hat, einer Verwaltung, die einer Erpresserbande, gleichzeitig aber auch einer Art Vollkaskoversicherung ähnelt – ein Heilskult ohne Gott, aber nicht ohne Idole.*

Die im Raum begrenzten, in der Zeit aber unbegrenzten lokalen Kriege des Abschreckungszeitalters haben also heute allmählich den gleichen psychologischen Effekt, den früher Kriminalität, Verbrechen und Vergehen von einzelnen gegenüber der Rechtsordnung hatten, und ersetzen diesen; deshalb gibt es keinen offiziellen Feind mehr, wohl aber unbestimmte Drohungen, einen allgemeinen Verdacht, der sich gegen die Zivilbevölkerung richtet und das Ausmaß einer Abschreckung der öffentlichen Meinung annimmt. *Es wird daher von nun an erforderlich, das »Bürgerliche Recht« zusammen mit dem System der Justiz einer Neubewertung zu unterziehen*; dem entspringen gewisse unverantwortliche Vorschläge – daß man etwa die politischen Häftlinge in Argentinien mit denen des *gemeinen Rechts* gleichsetzen solle, übrigens im Gegensatz zu dem, was sich in Nordirland abspielt.** Dieser von der »Gesellschaft für Menschenrechte« stammende Vorschlag zielt im Grunde darauf ab, die Verschwundenen wieder auftauchen zu lassen; gleichwohl ist er, so großzügig er heute erscheint, ein Hinweis auf die Zwiespältigkeit einer humanistischen Opposition angesichts der äußersten Perversität einer Gesellschaft, in der eine institutionelle Regulation nicht mehr existiert und durch eine Deregulation der gesellschaftlichen Verhaltensweisen ersetzt worden ist. Diese wird durch Enthaltung oder Zustim-

* »Seit etwa zwanzig Jahren experimentiert man in der Sowjetunion mit einer Art gewaltlosem Kampf gegen die Religion, indem man eine neue, atheistische Religion schafft.« B. Karlinsky, *Le Monde diplomatique*, 3. Januar 1982. Zu diesem Thema ist Leonid Pljuschtschs Buch über den sowjetischen »Philopaganismus« empfehlenswert.

** So erklärt die Nationale Kommission für Menschenrechte in Chile, die militärischen Machthaber wollten *»ein Gefühl kollektiven Terrors erzeugen, das die Unterwerfung und den freiwilligen Verzicht auf Geltendmachung der Menschenrechte zur Folge haben soll«*.

mung einer internationalen Gemeinschaft, deren Ohnmacht augenfällig ist, auch noch sanktioniert.

Letztlich sieht alles so aus, als wären die nationalen und internationalen Kräfte nicht mehr in der Lage, die wichtigen Probleme auf Dauer zu lösen, als verfügten mit »der Krise« die demokratischen Instanzen, die gerade noch imstande waren, statistisch durchschnittliche Situationen zu meistern, nicht mehr über die Möglichkeit einer Kontrolle extremer Situationen. Vielleicht handelt es sich dabei um ein Symptom eines irgendwie gearteten Verfalles?

Da nichts mehr lange *in einem Zustand* verharrt, träte dann eine »Chronopolitik« an die Stelle der »Geopolitik«, wobei das Intensive das Extensive herkömmlicher (assoziativer, föderativer...) Gesellschaften, deren Niedergang bereits die Entkolonialisierung anzeigte, plötzlich in den Hintergrund drängen würde...

Angesichts eines solchen Erlahmens, dessen Ausmaß durch den langen vietnamesischen Konflikt offenkundig wurde, kommt es nach der Entspannung oder »der Krise des Krieges« jetzt allmählich zu einem »Krieg der (Wirtschafts-, der Energie-) Krise«, zu einem Krieg der Zeit, jedes einzelnen Augenblicks, wobei seit Bestehen eines bis an den Rand gefüllten nuklearen und konventionellen Waffenarsenals keine Waffe oder Armee zwischenstaatlichen Unstimmigkeiten mehr ein Ende setzen, sondern nur noch *eine politische Destabilisierung einleiten kann. Diese wäre mit einem Krieg vergleichbar, der endlos dauerte, und zwar nicht infolge eines Machtanspruchs, sondern infolge eines Mangels an Macht.* Es käme dann zu einer sehr lange anhaltenden »transpolitischen« Machtlosigkeit, einer Art Kettenreaktion, zu einer Auflösung des Rechtsstaates, einer Apokalypse des Staates im Reinzustand jenseits des alten Prinzips der Festlegung von Rechten und Pflichten jedes einzelnen durch eine Verfassung oder ein grundlegendes

Gesetz über Staatsorgane, das so präzis wäre wie die geographische Gestalt der Nation, und zwar zum fragwürdigen Vorteil einer »transnationalen« Verwaltung von Zeit und Energien, innerhalb der Ordnung der Dauer wahrscheinlich dem früheren Materialismus innerhalb der Ordnung der Geschichte vergleichbar.

Für die begrenzten Konflikte von heute ist der Begriff »Krieg« nicht mehr angebracht, weil sie eine *Degeneration* des Krieges darstellen. Während der »totale Krieg« sich infolge der absoluten Eigenschaften der neuen Vernichtungsmittel räumlich nicht mehr ausdehnen konnte, ist er in seiner entarteten Form zeitlich unbegrenzt ausdehnbar. Wir befinden uns jetzt im Zeitalter der großen Befriedung; nicht, wie behauptet, in einem Zeitalter der »konventionellen Kriege«, sondern in einem der *nicht-konventionellen Superkriminalität*, eines Staatsterrorismus jenseits aller politischen (inneren oder diplomatischen) Formen, da er unterschiedslos Fremde und Einheimische betrifft; wir befinden uns damit in einem Zeitalter der Blockierung des »richtigen Krieges« zugunsten der Entwicklung eines tendenziellen Krieges, in einer Zeit der Banalisierung der statistischen Ausrottung, wo der Große Krieg unmöglich wird und nur noch zufällig stattfinden kann. So *verdrängt bei Hemmung des Handlungsvollzuges die Vorbereitung einer globalen Logistik die Auslösung eines Weltkrieges*; daher die Inflation, die Forschung und die Entwicklung des Waffenhandels trotz unkalkulierbarer Risiken einer Destrukturierung, eines wirtschaftlichen Zusammenbruches nicht nur der Dritten Welt, sondern auch der mittleren Mächte.*

An die Stelle der durch und durch »politischen« Erfin-

* Man braucht nur den Zustand wirtschaftlichen Verfalls in den Ostblockländern, aber auch in England in Betracht zu ziehen.

dung eines *relativen Friedens* tritt so die transpolitische Inversion eines *relativen Krieges*. Auf die großen Invasionen, die räumlichen Eroberungskriege im Zeitalter der *Ausdehnung* nationaler und kolonialer Mächte folgt der unmerkliche, *intensive* »Krieg der Zeit« einer anationalen Macht ohne wirkliche Vertretung, einer Macht, die sich nur noch durch wiederholte und zunehmende Kriminalität, durch »Verbrechen gegen die Menschheit«, die keine Autorität mehr gutheißen kann, in Erinnerung ruft. Man sollte deshalb von unseren liberalen Illusionen bezüglich der *Entkolonisierung*, aber auch von unserer Euphorie hinsichtlich der *Dezentralisierung* in manchen Ländern (Italien, Frankreich...) Abschied nehmen. Die Deregulation, deren (unter anderen) wirtschaftliche Folgen wir heute zu spüren bekommen, kündigt nicht etwa die Heraufkunft eines Goldenen Zeitalters regionaler Selbstverwaltung an, eher schon eine Ära endloser Konflikte in einer Welt, die nicht auf die Zeit kommunaler Selbstverwaltung, sondern auf den Obskurantismus eines *wiedergefundenen Feudalismus* zurückgreift, wobei die Dilettanten des Terrorismus den Professionellen des Schreckens wohl bald den Platz werden räumen müssen: den Staatschefs nämlich, die ihre Streitkräfte, ihre Leibgarden*, ihre Geheimagenten mit polizeilicher Funktion einfach wie »Kriegsherren« einsetzen. Das hat nichts mehr mit irgendeinem *militärischen Engagement* wie dem der Vereinigten Staaten in Vietnam oder der Sowjetunion in Afghanistan zu tun; die Situation wäre eher mit dem Zustand der »kämpfenden Reiche« im alten

* Man sollte hier nicht nur die militärischen Operationen auf den »äußeren Kriegsschauplätzen«, in Afrika oder anderswo, analysieren, sondern vor allem die Herausforderungen von Staatschef zu Staatschef (zum Beispiel Khadafi–Reagan) sowie *Staatsattentate* wie den Piratenakt Argentiniens auf den Falklandinseln, dem bekanntlich auf Anstiftung Südafrikas ein ähnlicher Versuch einer Besetzung der Seychellen im Indischen Ozean vorausgegangen war.

China vergleichbar. Die Fortdauer der lokalen Vergehen und Konflikte kündigt eine lange Nacht der Bauernaufstände und transnationalen Kreuzzüge, einen voller Angst erwarteten *Staat im Reinzustand* an, der imstande wäre, mittels eines »militärisch-wissenschaftsgläubigen«, mit den Attributen des letzten Imperiums geschmückten Messianismus die Welt zu beherrschen...

Wahrscheinlich wird alles über die *proxemische Einschätzung* der gegnerischen Partner laufen, anders ausgedrückt, über die Eignung ihrer globalen Logistik, in *Echtzeit* zu handeln, und zwar mit äußerster Präzision auf nuklearer wie auf konventioneller Ebene. Die sowjetische Befürwortung der Intervention und die vor kurzem erfolgte Aufstellung einer »Streitkraft für schnelle Interventionen« von mehr als 200000 Mann durch die Amerikaner sowie die Rolle, die neuerdings die Gendarmen zahlreicher Expeditionskorps spielen, beweisen die Rückkehr zur terroristischen Aktivität, verbunden mit dem Aufkommen neuer Maschinen und Waffen, deren technische Merkmale die hochentwickelten Munitionen sind, zur Genüge.*

An die Stelle eines Gleichgewichts des Schreckens, dieses Triumphes der Abschreckungsstrategie, tritt somit das beständige Ungleichgewicht einer Strategie der Spannung, mit der Folge, daß die globale Logistik für eine gewisse Zeit die interkontinentale Ballistik verdrängt. Das begünstigt ein dramatisches Umschlagen der öffentlichen Meinung, das Bemühen um Zusammenhalt der Bevölkerung, eine kollektive Vergiftung angesichts der Wahrscheinlichkeit eines weltweiten Konflikts beziehungsweise eines drohend bevorstehenden

* Die »Cruises missiles«, die Artillerie mit Neutronenmunition, die neuerdings wiedereingeführten chemischen Waffen sowie der größte Teil der »taktischen« Atomwaffen, *nicht zu vergessen Raketen wie die »Exocet«, die den Zerstörer »Sheffield« versenken konnte...*

Atomkrieges* sowie eine psychologisch notwendige Überschreitung des Status quo, worauf uns schon die erheblichen Risiken der Entwicklung der Kernenergie vorbereitet hatten; das *famose egalisierende Vermögen der Atomkraft* gerät dabei in Vergessenheit, wird – wie vorher die Goldparität des Dollars – übergangen.

Die Energiekrise treibt also die Energie der Krise voran. Das *unregelmäßige Funktionieren* ist im Westen als Führungsprinzip anerkannt worden. Auf die Währungs- und Tarifschwankungen, dieses Verunsicherungsprinzip zum Zwecke wirtschaftlicher Pressionen, folgt eine *Destabilisierung der Entspannung*, wobei man offenbar nach dem Verzicht auf das Edelmetall als Währung auch auf die »Atomwährung« Verzicht leistet, in einer Art politischer Fluktuation, bei der »der Schrecken Erfüllung des Bewegungsgesetzes ist« (Hannah Arendt), und zwar unabhängig von jeder tatsächlichen Lokalisierung, unabhängig von jeder ideologischen Unterscheidung. Die militärische Anarchie wird dabei nicht so sehr – wie früher – in der langen Dauer der Geschichte wirksam, sondern in einer *Zeit plötzlicher Entfaltung* außerhalb jeder Sanktion, da die Geschwindigkeit eine politisch nicht sanktionierte Gewalt ist. Man ahnt allmählich, welchen Doppeleffekt die zu Unrecht so genannte »Krise« hat. Während die Energiekrise tendenzmäßig die Wichtigkeit der *geostrategischen Nähe* beweist, tendiert die Energie der Krise mit der Suche nach logistischen Stützen**, mit der Wiederbelebung von Unterstützungsmaßnahmen zur Sicherstellung des Nachschubs

* Präsident Reagans Erklärungen über die Wahrscheinlichkeit eines »begrenzten Atomkrieges« in Europa sind Zeichen dieser Eskalation: *In den sechziger Jahren fragte man sich, wo die Schwelle einer Nuklearisierung eines mit konventionellen Waffen begonnenen Konflikts liegen würde; zu Beginn der achtziger Jahre stellt man sich die Frage nach der Begrenzung eines Krieges, den man mit taktischen Kernwaffen vom Zaun gebrochen hat.*

** Insbesondere im Indischen Ozean mit der zunehmenden Bedeutung der In-

umgekehrt dazu, den Begriff der *geopolitischen Nähe** als solchen in Frage zu stellen. Im Grunde wohnen wir den Anfängen eines schwerwiegenden Ereignisses bei: dem Verfall der *territorialen Politik*. So sagte ein Wachmann des israelischen Parlaments in Jerusalem: *»Israel ist zu klein, um Frieden schließen zu können.«* Heute ist die ganze Welt zu eng, um den *relativen Frieden*, diese Neuerung einer vergangenen Epoche, in der man nicht einmal über die Ausdehnung der Erde informiert war, mittels der Geopolitik aufrechterhalten zu können...

Das zur Konzentration neigende Universum ist somit nicht mehr eine Welt der Konzentrationslager, der Gulags – das waren erst »verkleinerte Modelle« der zunehmenden Einengung des politischen Territoriums –, *deshalb diese allgemein grassierende Auflösung*, die mit der Illusion der Entkolonisierung einsetzt, in eine wirtschaftliche und währungspolitische Deregulation übergeht**, sich mit dem Anspruch auf regionale Autonomie ausdehnt und zu dieser Entstädterung führt, die da und dort, insbesondere in Amerika zu beobachten ist*** und in naher Zukunft in der »transpolitischen« Anarchie aufgehen wird, in der *Trägheit*

seln Diego Garcia, der Seychellen usw., aber auch im Südatlantik (die Himmelfahrtsinsel, die Malwinen und sogar die Antarktis, diese Drehscheibe dreier Ozeane). Vgl. Paul Virilio, »Le pôle Sud, toit stratégique de la citadelle planétaire«, in *Libération*, 11. Mai 1982.

* Daher die gegenwärtige Infragestellung der Beschlüsse von Jalta sowie die Einleitung amerikanisch-sowjetischer Absprachen hinsichtlich der Regelung von Meinungsverschiedenheiten, ihre Einflußbereiche betreffend. Zitiert sei hier das Beispiel der Vereinigten Staaten, die »bereit sind, auf ein Gespräch mit der Sowjetunion einzugehen, *um die Krise in Mittelamerika zu entschärfen«* (Washington, 15. März 1982).

** Vgl. einen Artikel von Paul Fabra in *Le Monde* vom 21. Juli 1981, »L'omission monétaire«, Bericht des Internationalen Währungsfonds über die weltwirtschaftlichen Aussichten.

*** In dieser Hinsicht ist der Aufruhr vom Sommer 1981 in Stadtgebieten wie Liverpool, Sheffield und in Brixton, einem Vorstadtgebiet Londons, ein deutlicher Hinweis auf die »postindustrielle« Tendenz.

eines relativen Krieges, dessen negative Utopie uns Kambodscha vor Augen geführt hat. Der Haß gegen das Naheliegende, Vertraute, der äußerste Horror davor sind nur die mittelbaren, politisch nicht beachteten Folgen in Kürze zu erreichender logistischer Kapazitäten, Endpunkte der Welt. Kein Aufschub mehr, kein Relief mehr, das Naheliegende verödet, deshalb diese Rückwendung der Staaten zu sich selbst, diese träge Abkapselung von *Gesellschaften, die unendlich viel zu klein sind, um einen zivilen Frieden schließen zu können.*

Der Theologe Dietrich Bonhoeffer schrieb, *Unmittelbarkeit sei Betrug*. Wir können die perversen Wirkungen dieses Betruges ermessen angesichts der Tatsache, daß das Gemeinschaftliche heutzutage durch die Unmittelbarkeit dessen disqualifiziert wird, was nicht gemeinschaftlich ist. Wenn beispielsweise ein Benutzer der *Citizen band* erklärt, dank seinem Sender-Empfänger könne er »vorwiegend mit Leuten sprechen, die er nicht kenne«, und Verbindungen aufnehmen, die *»außerhalb seines geographischen Umfeldes«* lägen, so will das heißen, daß das, was nicht *da* ist, weit mehr zählt als das, was anwesend ist... Der sogenannte »Zwang des Audiovisuellen« ist letztlich nur ein Zeichen des *Verfalls einer nachbarschaftlichen Einheit* und damit auch der unmittelbar bevorstehenden Ausschaltung territorialer Politik; daher ist die geopolitische Ausdehnung seit über zwanzig Jahren zugunsten einer ungeahnten transpolitischen Intensivierung in schleichenden Mißkredit geraten. Verfall des Rechtsstaates, beschleunigte Deregulation der verschiedenen Regierungssysteme, die gerade jetzt, trotz der Vorspiegelung internationaler Märkte, zu einer Umkehrung des aggregativen, föderativen* Prinzips führen;

* Vgl. den seltsamen Slogan der belgischen Separatisten der siebziger Jahre: *»Sich verbünden, um sich zu trennen«*, sowie Marie-France Garauds Plan, Frankreich in einen *»Bundesstaat«* umzuwandeln. (Juni 1984).

erwünschte Auflösung, Figur einer *trügerischen Dezentralisierung, die nichts weiter ist als die Fortsetzung der liberalen Entkolonisierung.* Daher die unendlich vielen, im Namen irgend welcher Freiheiten vollzogenen »Trennungen« – der Geschlechter, der Generationen, der Ethnien und sozialen Gruppen bis hin zu den größten nationalen Gebilden – zugunsten einer Verwaltung oder vielmehr eines *Imperiums der reinen Zeit,* dessen Merkmale bereits an der Entwicklung der industriellen Produktion abzulesen sind, etwa am unsicheren Status der *Zeitarbeiter,* die einer konjunkturell bedingten Arbeitslosigkeit, aber auch *intensiven Zeitplänen* unterworfen sind, und zwar ohne Rücksicht auf physiologische Zyklen oder kulturelle Rhythmen; so wird ja sogar erwogen, den freien Sonntag abzuschaffen, was *die Nutzung einer kontinuierlichen Zeit gewährleisten würde. Das hätte für die transpolitische Intensivierung dieselbe Bedeutung wie früher die koloniale und föderale Ausbreitung für die Geopolitik.*

Die industrielle Rückentwicklung ist die beste Veranschaulichung des Phänomens einer panikartig erfolgten Streuung, wobei die zunehmende Machtkonzentration umgekehrt mit einer geopraphischen und transnationalen Dekonzentration der Unternehmen, mit der größten wirtschaftlichen und gesellschaftlichen Anarchie, die jemals geherrscht hat, einhergeht.

Von daher versteht man die schlaue Gängelung der Befreiungsbewegungen besser; ihr ist es zuzuschreiben, daß heute ganze Völker nicht nur als *Wanderarbeiter,* die der industriellen Deportation unterworfen sind, als *interimistische Proletarier,* Arbeitslose eines vorprogrammierten *lock-out* ihr Leben fristen, sondern auch, um immer häufiger, als Flüchtlinge, Verbannte im eigenen Land, als Feinde oder vielmehr als innere Bedrohung einer ungreifbaren Macht, *wobei die Abwesenden verhängnisvollerweise recht haben...*

Im Grunde führt dieser Obskurantismus die Zweiteilung in Körper und Geist weiter; daher der Konflikt, der sich anbahnende unerhörte Kampf zwischen »Priester« und »Krieger« um die Vorherrschaft, wobei es nach dem globalen Erlöschen der geopolitischen Begehrlichkeiten und Zwänge um die *transpolitische Überschreitung* geht. Von nun an breitet sich die Enthaltsamkeit in ungeahnte Gebiete aus. Im Zuge der Tendenz »hochentwickelter Techniken« zur Aufhebung von Raum und Langzeit *ist weniger mehr,** die ökologische Inversion wird zum Kriterium einer globalen (ökologistischen) Logistik, *»wobei der Staat gestärkt daraus hervorgeht, daß weniger gemacht und dadurch mehr erzielt wird«.*** All das, weil die Datenfernverarbeitung Perspektiven des Inquisitorischen eröffnet, die in keinem vergleichbaren Verhältnis zu irgendeiner anderen Kontrollinstanz stehen; daher der Verfall des tatsächlichen Zusammenlebens und Zusammenwohnens*** zugunsten einer zweifelhaften allgemeinen »postpolitischen« Verfremdung. Die Abkapselung von einst wird dabei schlicht und einfach zu einem Verzicht, einem umfassenden »Loslassen« im Namen der Befreiung von Bevormundungen: eine Lüge, eine Vorspiegelung von Unmittelbarkeit, die überzählige Bevölkerungen, die bald keine »Zivilrechte« mehr haben werden, versklaven wird. Wir sollten uns nicht länger Illusionen machen, sollten nicht länger für ei-

* Mies van der Rohe.

** Gaston Defferre, Innenminister und Minister für Dezentralisierung der Regierung Mauroy.

*** Daher die Krise der *Raumordnung*, die Unsicherheit hinsichtlich der Zukunft großstädtischer Agglomerationen, die noch im industriellen Zeitalter entstanden sind. Die (amerikanischen und sowjetischen) *Zivilverteidigungspläne* sind dafür ein Symptom, als ob das eigentliche Ziel dieser antinuklearen Schutzmaßnahmen im Grunde eine zunehmende Konditionierung der Bevölkerung auf eine Räumung der Städte wäre, eine Räumung, die infolge einer drohend bevorstehenden »postindustriellen« Rückentwicklung erforderlich geworden ist.

nen Wunsch nach Emanzipation, einen Willen zur *Autonomie* halten, was in Wirklichkeit nur eine verzweifelte Suche nach *Trägheit* ist, die sich bereits über die geopolitischen Grenzen hinaus erstreckt und jetzt Begrenzungen jeder Art erfaßt hat. *Die unmerkliche Disqualifizierung der nächsten Umgebung durch beschleunigte Transportmittel und Übermittlungsverfahren wirkt sich heute entscheidend auf die Politik aus.* Die wirklich originelle Erfindung einer Einschreibung von Gesetzen, Rechten und Pflichten jedes einzelnen nicht nur auf Tontafeln, sondern direkt in die Anlage einer Stadt oder eines Katasters hat die Geschichte der Nationen und das Gedächtnis der Völker in einem Maße geprägt, daß offenbar niemand bemerkt, wie sie zugunsten einer Verplanung von Zeit, einer *Chronopolitik der Dringlichkeit*, die jede andere Vorstellungsweise ausschließt, zunehmend verschwindet.

Am Beispiel des »demokratischen Kamputschea« kann hier das Ende der politischen Territorialität analysiert werden: Mehr als dreißig Jahre nach Auschwitz stellt es in der Tat das lebensgroße Modell eines *selbstmörderischen Staates* dar, der in weniger als drei Jahren fast die Hälfte seiner Bevölkerung ausgerottet hat, und zwar ohne jemals zur Rechenschaft gezogen zu werden; gewisse Verantwortliche des Angkar wagen es sogar, mit Zustimmung des Westens, vor der UNO aufzutreten...

Auf Grund der ausschlaggebenden Bedeutung der sozialistischen Ideologie beim kambodschanischen Experiment kann man leider Lehren allgemeiner Art ziehen, die auf zahlreiche gegenwärtige Situationen anwendbar sind. Von den ersten Tagen der Machtübernahme durch die Roten Khmer an wohnt man nicht, wie behauptet wurde, einem Phänomen der Konzentrierung bei, das (angesichts der Winzigkeit des Landes) mit der Konzentrierung der Vernichtungslager in Nazideutschland vergleichbar wäre, sondern einer in absolut umgekehrter Richtung verlaufenden *Dekonzentrationsbewegung*, die gleichzeitig alle Siedlungen erfaßt. Wenn man sagt, *das Volk werde in Marsch gesetzt*, so ist das keine Metapher mehr, sondern totale logistische Wirklichkeit. Der Exodus ist zur absoluten Waffe einer Revolution geworden, in deren Verlauf die *Entstädterung* nicht mehr ein Mittel der Klassenjustiz, sondern der »Klassenrache«* ist, da sie die Spreu vom Weizen, anders ausgedrückt, die neue Stadtbevölkerung von der alteingesessenen Landbevölkerung absondert. Die »Befreiung« Kambodschas geht also mit dem Ende des Gegensatzes von Stadt und Land sowie der radikalsten *Dezentralisierung*, die es jemals gegeben hat, einher. Mit der Evakuierung, mit dem Umzug der politischen Hauptstadt *wird die Revolution als Religion wirksam und das Land zum Fegefeuer*, in dem die Justiz nur noch summarisch tätig wird für ein Volk, das von Konsum, vom Geld und von den Sitten einer nahegelegenen, als reaktionär angeprangerten städtischen Siedlung verdorben wurde.

»Beachtet den Unterschied zwischen Revolution und Religion«, so erklären die Roten Khmer, »der Buddhismus verurteilte den Sünder, lange nachdem er seine Sünde begangen hatte. Die Züchtigung wurde auf später verschoben, in ein angeblich anderes Leben; damit war ein Aufschub gewährt, der ewig dauern konnte. Das ermutigte die Leute, weitere Sünden zu begehen, wußten sie doch nie, zu welchem Zeitpunkt man sie bestrafen würde. *Nun hat die Revolution diese Wartezeit abgeschafft, der Mensch, der sich eines schweren Vergehens schuldig gemacht hat, wird sofort gezüchtigt; es gibt keine Wartezeit. Das ist die wahre Gerechtigkeit: Die Revolution läutert euch schneller als die Religion.*«**

* Pin Yathay, *L'utopie meurtrière*, récit d'un rescapé du génocide cambodgien, Paris, 1980.

** »L'utopie meurtrière des Khmers rouges«, ein Artikel von Pin Yathay in *La quinzaine littéraire*, Sondernummer vom 1. August 1981: »La cité idéale«.

Da die logische Folge dieses Postulats die Abschaffung der Gefängnisstrafe war, sollte die Deregulation bald nicht nur die städtische Morphologie, die von einer verabscheuten Vergangenheit ererbte territoriale Infrastruktur erfassen, sondern die institutionellen Verordnungen insgesamt; deshalb verschwanden mit den Gefängnissesn auch persönliche Papiere und Geburtsurkunden...

Die Utopie des Militärsozialismus der Khmer tritt also vornehmlich als Atopie einer eschatologischen Macht in Erscheinung, die entschlossen ist, das Jüngste Gericht vor der Zeit abzuhalten.

Die Augenblicklichkeit stellt so für den »Krieger« dar, was die Ewigkeit für den »Priester« ist. Keine Verzögerung mehr, kein Relief mehr! Die Nivellierung des »Basisvolkes« macht die Trägheit einer absoluten *Selbsterhaltung* erforderlich, zumal in abgelegenen Dörfern, wo keine Ortsveränderungen erlaubt sind, Freizeit nicht geduldet wird und der größte Teil gemeinschaftlicher Aufgaben in gigantischen Bewässerungsarbeiten besteht, in einem hermetisch abgeriegelten Land, wo Kommunikationsmittel geächtet, Reisen verboten sind... *Die Diktatur der Freiheitsbewegung führt somit zur Fixierung*, zu einer pathologischen Fixierung, welche die Geisteshaltung und alle Aktivität im Innern einer *klassenlosen Gesellschaft heimsucht*, die weder Ausdehnung noch Dichte kennt und in der alles unmittelbar geschieht; eine irgendwie geartete fundamentale Abgrenzung, irgendeine hierarchische oder gesellschaftliche Unterscheidung entfällt deshalb praktisch, werden doch sogar die Steuern abgeschafft.

Da die geographisch geringe Ausdehnung Kambodschas und seine dünne Besiedlung die »Reduktion« erleichtern, wird das wirkliche Land zu seiner eigenen Darstellung, *einer Darstellung ohne Dimensionen*, wodurch jedes Stück Ackerland mit dem demokratischen Kamputschea identisch ist. Die verhängnisvolle Allgegenwart des Angkar verwirklicht eine »stereopolitische« Abkapselung; die *Selbstbestrafung* ist das dringende Anliegen einer Bevölkerung, die zum Rohstoff eine Säuberung ohne Ende geworden ist... Die Khmer-Bauern haben ein Bestreben, das aus einem notwendigen Widerstand des Volkes hervorging, lediglich zum äußersten, das heißt, ins Absurde gesteigert, was man *immer dann feststellen kann, wenn sich Volksaufstände auf Dauer organisieren.* Die »Militanten«, die Systemveränderer einer ungerechten Ordnung, bilden dann wieder »militärische« Kasten. Der politische Charakter ihrer Opposition wird zunehmend von einem militärischen oder sogar radikal militaristischen System verdrängt; was sich heute an der IRA in Irland und an der baskischen Separatistenbewegung ETA in Spanien beobachten läßt, *spielt sich heute infolge zu lange andauernder Antagonismen überall ab,* was mittelbar auf die nukleare Abschreckung zurückzuführen ist. Weil sie keine Abschreckungswaffen herstellen oder erwerben können, müssen bewaffnete politische Oppositionsbewegungen den Kampf unbedingt in die Länge ziehen. *Welches auch immer die ursprünglichen ideologischen Motivationen sein mögen, für alle diese Bewegungen ist der Sieg mit der endlosen Verlängerung des Kriegsspiels identisch*, eines permanenten Krieges, was eine andere Bezeichnung ist für eine »bewaffnete Revolution«, die damit zu einem Teufelskreis wird, in welchem die Protagonisten mit dem Rückhalt des Einsatzes ihres letzten »Bekenntnisses« um jeden Preis ihre Waffen und eine Macht bewahren wollen, die sie sich im Laufe jahrelanger Bruderkämpfe erworben haben.* Der ununterbrochene Kleinkrieg der »militärisch Militanten« entspricht somit genau der Dauerwirkung

* Zur Überprüfung dieser Behauptungen braucht man heute nur das Schicksal der Libanesen zu bedenken, die eigenen Aussagen zufolge *nicht in der Lage sind, den Bürgerkrieg zu beenden.*

von Stammeskriegen in den von Pierre Clastres* untersuchten Gesellschaften.

Im Gegensatz zu den extensiven »großen Kriegen«, die historisch den einigend wirkenden politischen Staat begründet haben, opponiert der intensive »kleine Krieg« der Guerilla gegen den Staat, das heißt gegen die Einrichtung einer dauerhaften politischen Befriedung, eine Auswirkung, der die Geopolitik Rechnung trug, indem sie die jeweiligen Einflußzonen festlegte und mit dem Stadtstaat zunächst ein Theater für strategische Operationen (den Festungsgürtel errichtete), das auf der Herrschaft des Zentrums über die Umgebung beruhte, und dann durch Grenzziehung ein nationales Territorium schuf, in welchem die Stadt das Land beherrschte und die Hauptstadt sich zum politisch überdeterminierten Pol auswuchs.

Mit der Beendigung ausgedehnter Konflikte sind also heute wieder die Bedingungen für eine intensive örtliche Unterdrückung gegeben, *der Befreiungskrieg ist nur noch eine Freisetzung des Krieges,* wodurch sich die Verfechter politischer Gewaltlosigkeit bestätigt finden.

Im Gegensatz zu starken Bataillonen oder »Armeeverbänden«, die strategisch von einem Generalstab abhängig sind, macht es der auf der Wiederkehr des »taktischen« Primats und der Autonomie zahlenmäßig beschränkter »Basisgruppen« beruhende freie Krieg erforderlich, daß die für die Aktion notwendige Ordnungsmacht sich in Netze *militärischer Selbstverteidigung* verzweigt, wobei die Befehlsgewalt durch unendlich viele Beauftragte, kleine »Kriegsherren«, gewährleistet wird, deren separatistische oder fraktionistische Forderungen, wie es gegenwärtig

* Es handelt sich um die beiden letzten Veröffentlichungen des Autors vor seinem Unfalltod: *Archéologie de la violence* und *La guerre contre l'État* in der Zeitschrift *Libre*, 1977.

der Fall ist, offensichtlich Symptome dieses Neofeudalismus sind. Die jüngste Ausbreitung des Terrorismus ist übrigens auf diese wiedergefundene taktische Autonomie, dieses *örtliche Trägheitsmoment* von »Militanten an der Basis« zurückzuführen, die keiner demokratischen Kontrolle unterstehen, weil sich das Gleichgewicht des Terrors von nun an durch das *weltweite Trägheitsmoment* einer Abschreckungsstrategie geltend macht. Diese entzieht sich ihrerseits zunehmend der politischen Kontrolle durch die verschiedenen Regierungen,* und zwar im Zuge der ständigen Entwicklung von *taktischen* »Theater«-*Atomwaffen*, Mittelstreckenraketen, automatisch gesteuerten seegestützten Raketen und vor allem der »Waffen mit starker Strahlenintensität«, die in der Lage sein sollen, die Defensive wiederherzustellen, indem sie einen *begrenzten Atomkrieg*, anders ausgedrückt, die logistische Ergänzung eines hausgemachten Terrorismus ermöglichen, wobei der Nationalstaat schon bald zur Zielscheibe eines doppelten Angriffes, zur Geisel eines doppelten Einsatzes werden könnte: im Namen der *Ideologien der Befreiung* einerseits und im Namen der scheinbar notwendigen Abschreckung zur *Verteidigung der übergreifenden freien Welt* andererseits; die ideologischen Optionen von Staaten wären dann der Erpressung durch die »Hauptnationen« ausgesetzt, wie man nun die militärisch überdeterminierenden Großmächte in Ost und West bezeichnen könnte.

So breitet sich die Abschreckung auf allen geostrategischen Ebenen der nuklearen oder konventionellen Rüstung und auf allen geopolitischen Stufen aus, von den

* Man hat die Entwicklung des »Terrorismus« bis jetzt zuweilen als Angelegenheit extremistischer Minderheiten gedeutet, während er doch nur *die Extremisierung widerspiegelte, von der das Kräfte- und Machtverhältnis zwischen Militärs und Politikern zunehmend geprägt ist.*

herkömmlichen diplomatischen Mitteln bis hin zu individuellen Aktionen und anderen »Staatsattentaten«.*

Im Sommer 1981 erklärte der amerikanische General Bennie Davis, Stabschef des strategischen Kommandos der Interkontinentalraketen: »*Wir werden den an Ort und Stelle Verantwortlichen immer mehr Machtbefugnis übertragen.*« Dieser Spielraum, der jetzt Befehlshabern vor Ort** eingeräumt wird, ja sogar Piloten***, bestätigt – falls es einer solchen Bestätigung überhaupt noch bedarf – *die Zunahme eines Interventionismus, der okkasionell geworden ist, bestätigt den Begriff einer zufälligen oder präventiven kriegerischen Handlung*, die Rückkehr zu einem durch lang anhaltende (nationale und internationale) Spannungen geschürten »taktischen« Aktivismus, den Endemismus eines *relativen Krieges*, in dem jede andere Strategie außer der des »Test-Zufalls« oder des Attentats, die, wie zahlreiche Affären neueren Datums beweisen, immer häufiger werden, allzu unsicher wäre.

Kann man der Ausweitung der Abschreckung ins Gesicht

* Die Geiselnahme in der Botschaft von Teheran und die mißglückte Intervention der Amerikaner in Iran (vgl. zu diesem Thema P. Virilio. »Tabas, la stratégie de l'accident«, in *Libération*, 7. Mai 1980). Und auch das Piratenstück der argentinischen Diktatur auf den Falklandinseln, das drei Tage nach der Volksdemonstration von Buenos Aires stattfand, deren Slogan »Brot, Frieden und Arbeit« war... Eine genaue Liste der verschiedenen *Staatsattentate* würde übrigens lang geraten. In der Tat wohnen wir seit etwa zehn Jahren einer beunruhigenden *Zunahme von kriegerischen Handlungen ohne Krieg* bei, Zerstörungen, Pfand- und Geiselnahmen usw.; diese Praktiken, die zunächst auf den Nahen Osten beschränkt waren, breiten sich jetzt in Europa und in der ganzen Welt aus.

** Nach der Affäre um das sowjetische Unterseeboot *Whisky 137*, das vor Karlskrona in Schweden mit Atomsprengladungen an Bord auf Grund lief, äußerte General Gallois desillusioniert: »*Dieser Vorfall ist der beste Beweis dafür, daß es unmöglich ist, Atomwaffen unter Kontrolle zu halten.*«

*** Vgl. das Luftscharmützel der Staffel »Schwarze Asse« des amerikanischen Flugzeugträgers *Nimitz*, die in der Großen Syrte libysche Maschinen abgeschossen hatte, *ohne daß Präsident Reagan über die Situation informiert worden wäre.*

sehen, ohne – allerdings ein bißchen spät – zu begreifen, daß die sogenannte »Abschreckung« einfach *die Strategie eines Krieges war, der nicht dadurch in Erscheinung trat, daß er verwirklicht worden wäre, sondern vielmehr dadurch, daß er vorbereitet wurde? Logistisch vorbereitet, was im Grunde seine Fortführung über alle* (wirtschaftlichen und politischen) *Grenzen hinweg bedeutet,* die verhängnisvolle Neigung der Industriegesellschaften zu einem *Nullwachstum,* wobei die ökologischen Forderungen des Club of Rome plötzlich durch die »ökologistischen« Zwangsläufigkeiten der Armee, die dringenden Erfordernisse einer umfassenden Abschrekkung untermauert wurden?

Der Verzicht auf die Doktrin *massiver Repressalien* zugunsten eines *angemessenen Gegenschlages* (flexible Reaktion) war bereits zu Beginn der sechziger Jahre ein Zeichen für die zunehmende Bedeutung nicht mehr der Waffen, deren Zerstörungskraft immer mehr begrenzt werden sollte, sondern einer wissenschaftlichen und industriellen »Kriegsmaschinerie« angeblich zur Abschreckung des Gegners und Partners in einem Kriegsspiel militärisch-wirtschaftlicher Art, das als Projekt noch von General Eisenhower selbst, einem Fachmann für Logistik, anläßlich seines Abschieds vom Weißen Haus angekündigt worden war.*

Aus dieser Perspektive würde die gegenwärtige Manipulation der öffentlichen Meinung vor allem auf einen Werbefeldzug für einen neuen Sprung nach vorn hinweisen, auf die Ankündigung einer neuen »militärisch-indu-

* »Dieses Bündnis darf unsere Freiheiten und demokratischen Methoden nie gefährden. Nur vorsichtige, wachsame Bürger können eine harmonische Koexistenz zwischen unserer kolossalen industriellen und militärischen Verteidigungsmaschinerie einerseits und unseren pazifistischen Zielen andererseits auf eine Weise gewährleisten, daß Sicherheit und Freiheit gedeihen können.« Rede General Eisenhowers, Präsident der Vereinigten Staaten, am 17. Januar 1961.

striellen Revolution«, die Heraufkunft des dritten Atomzeitalters*, und dies mitten in der Rezession, in einer weltweiten Wirtschaftskrise...

Ist die unausgesetzt diskutierte Bedrohung einer eventuellen Versiegelung des europäischen Bodens nicht Ausdruck einer psychologischen Aufforderung zur Organisation eines neuen

* Vgl. das Buch von C. Delmas, *Le second âge nucléaire,* Paris 1974. Für die dritte Epoche, anders ausgedrückt, für die Veraltung dieses Waffensystems wären dann unseres Erachtens Waffen mit starker Strahlenintensität, Neutronenwaffen, Teilchenkanonen, Laser und andere Doomsday-Maschinen typisch... Zu diesem Thema hat das Pentagon erklärt, es sei schon bald zu plötzlichen Atomangriffen in der Lage: *das Programm Raigum.*

Man versteht in diesem Zusammenhang die Aktualität der Diskussionen über den atomaren Erstschlag, die Apelle an Präsident Reagan seitens McNamaras, George Bundys, Kennans und Smiths (letzterer war seinerzeit an den Verhandlungen der SALT-1-Abkommen beteiligt) mit der Aufforderung, unverzüglich auf *die Doktrin des atomaren Erstschlages* zu verzichten, da »die bis jetzt traditionelle Weigerung der Westmächte, sich dazu zu verpflichten, niemals als erste von Atomwaffen Gebrauch zu machen, *unnanehmbare Risiken für das Leben der Nation* mit sich bringe« und da eine diesbezüglich veränderte Haltung heute »das beste Mittel« sei, »die Einheit und Wirksamkeit des atlantischen Bündnisses aufrechtzuerhalten«.

In Wirklichkeit geht es diesen *Kriegstreibern* nicht darum, den *Frieden zu preisen* (man verdankt den Herren McNamara und Bundy, daß es nicht mehr nur Hunderte, sondern Tausende von strategischen Vektoren gibt, und den Herren Nixon und Smith die diesmal qualitative Eskalation hochpräziser Atomvektoren sowie die Mehrfachsprengköpfe), wohl aber um die *Vortäuschung politischen Handelns* mit den damit verbundenen moralischen, Wahlen und anderes betreffenden Vorteilen, wo doch heute jeder der Partner/Gegner infolge der gewaltigen Geschwindigkeit nuklearer Freisetzung gezwungen ist, *entweder auf die qualitative Eskalation*, anders ausgedrückt, auf die Perfektion des ersten Überraschungsangriffs zu verzichten (Programm Raigum) oder aber, und zwar *ein für allemal, auf das politische Entscheidungsvermögen*; daher der Hinweis auf die unannehmbaren Risiken für das Leben der Nation... Es handelt sich hierbei nicht um das Risiko der sowjetischen Raketen, auch nicht um das finanzielle Risiko des Wettrüstens oder der damit verbundenen Zivilverteidigung (Präsident Reagans Siebenjahresplan), es handelt sich in erster Linie um die *transpolitische Apokalypse*, um das Wegfallen jeder Entscheidungsfrist bezüglich der Auslösung von Feindseligkeiten, um das Wegfallen einer Initiative des Staatsschefs als höchster Instanz einer Entscheidung über den atomaren Angriff oder Gegenschlag – und dies ausschließlich zugunsten einer plötzlichen Ingangsetzung der *Maschinerie des Jüngsten Gerichts*, wobei die ehemalige »Kriegsmaschine« plötzlich zur »Kriegserklärungsmaschine« wird... (vgl. zu diesem Thema das letzte Kapitel von P. Virilo, *Geschwindigkeit und Politik,* Berlin 1980).

Jalta?... Eines sicher etwas eigenartigen »Jalta«, von dem man aber anläßlich der *bilateralen* Beschlüsse von Moskau im Jahre 1972 neben den *multilateralen* Beschlüssen von Helsinki bereits einen Vorgeschmack bekam, ohne hier näher auf das Geheimtreffen von Russen und Amerikanern in Genf oder die faktische Nutzlosigkeit der europäischen Sicherheitskonferenz in Madrid eingehen zu wollen... Ein »Jalta«, das sich diesmal nicht so sehr mit der Absteckung geopolitischer Einflußzonen befassen würde, sondern eher mit der Begrenzung der Souveränität der vom System der Blöcke vereinnahmten Nationen... *Ein »Jalta«, bei dem das Entwicklungsniveau der Destruktionsweise plötzlich dasjenige der Produktionsweise dominiert,* ein *New-deal* des militärischen Konsums, einer Ökonomie des reinen Krieges zwischen Partner-Gegnern, die den Gipfel des politischen Leerlaufs erklommen haben und angesichts der Unmöglichkeit, »ein Wettrüsten, das über keine Ziellinie verfügt« (General Buis), länger durchzuhalten, in der Folge den Zusammenbruch ihrer »Verbündeten«, den Konkurs ihrer »Satelliten« herbeiführen.

Hier sei angemerkt, daß die atomare Abschreckung den totalen Krieg zwar verhindert, aber nie von der Aufrüstung abgeschreckt,daß sie im Gegenteil zur exponentiellen Entwicklung der Kriegstechniken beigetragen hat. In weniger als zehn Jahren haben die Abkommen über die Begrenzung strategischer Waffen im wesentlichen *zu immer kleineren nuklearen Mehrfachsprengköpfen und infolgedessen zu einer immer perfekteren Steuerung der Freisetzungsvektoren, die eine äußerste Präzision erreicht haben,* geführt – einschließlich der verheerenden Folgen hinsichtlich der faktischen Wirksamkeit des »ersten Schlages« und der Glaubwürdigkeit der strategischen Abschreckung selbst...

Dabei geht es nicht mehr um das Problem einer *quantitativen Strategie*, wie gewisse nicht hinreichend informierte

Autoren behaupten*, es geht schon lange um das Problem einer *qualitativen Strategie***, die die nukleare Abschreckung ununterbrochen destabilisiert und zur Heraufkunft einer für die mittleren Mächte untragbaren Kriegswirtschaft beiträgt, da sie in einen bis zum äußersten ausgetragenen absoluten Wirtschaftskrieg verwickelt werden, in dem es weder *Freund* noch *Feind*, sondern lediglich *Bedrohungen* gibt, vor allem die *Bedrohung durch Waffen, die zu den eigentlichen Feinden souveräner Gesellschaften geworden sind*, und zwar nicht mehr zu Feinden der Gesellschaften, gegen die diese Waffen im Falle eines Angriffs eingesetzt würden, sondern paradoxerweise zu Feinden gerade jener Gesellschaften, die sie herstellen oder die *zum Zweck ihrer Verteidigung* leichtsinnig an der Waffenproduktion mitwirken.

Der Begriff der *Bedrohung*, der heute für die strategische Zwielichtigkeit der Sicherheitsdoktrin bezeichnend ist, hat im Gegensatz zur ehemaligen Landesverteidigung mit ihrer politischen Evidenz eine Einbeziehung dieser »transpolitischen« Dimension der globalen Logistik, *einer Strategie der ständigen Weiterführung des Krieges bei zunehmender Bedeutung der militärisch-wirtschaftlichen Programmierung* nicht leisten können. *Diese wird früher oder später zur Nicht-Entwicklung der Staaten beitragen, die mit der Forschung und Weiterentwicklung einer angeblich für den potentiellen Gegner*, in

* Insbesondere C. Castoriadis in seinem Buch *Devant la guerre, les réalités*, Paris 1981.

** Die Fertigungsfristen bei mit Atomraketen ausgerüsteten U-Booten sind äußerst aufschlußreich: »13 Monate nach der ›Redoutable‹ (dem ersten französischen SNLE) hatte man die ›Terrible‹ entwickelt, dieser folgte 17 Monate später die ›Foudroyant‹, dieser 31 Monate später die ›Indomptable‹, dieser wiederum 42 Monate später die ›Tonnant‹, der etwa 60 Monate (5 Jahre) später die ›Inflexible‹ folgte, worauf mit einer Frist von *9 Jahren* bis zur Fertigstellung des neuen Unterseebootes, das erst im Jahre 1985 verfügbar sein wird, gerechnet werden muß.« So Jacques Isnard, »La défense nucléaire«, ein am 6. Dezember 1981 in *Le Monde* erschienener Artikel.

erster Linie und vor allem aber für das Wachstum und den Fortschritt der Gesellschaft, die auf diese Weise geschützt werden soll, *abschreckend wirkenden Destruktionsweise befaßt sind*..

So wie im Jahre 1945 die »Verbündeten« durch die Abkommen von Jalta unter dem scheinheiligen Vorwand, damit bleibe das geopolitische Gleichgewicht zwischen den Blöcken in Ost und West gewahrt, ganze Nationen unterwarfen, haben dann die Abkommen von Moskau im Namen der Notwendigkeit eines Gleichgewichtes der amerikanisch-sowjetischen strategischen Kräfte dazu beigetragen, daß die »technologistischen« Risiken zunahmen. *Die Bedrohung durch die Abschreckungswaffen ist noch größer geworden und fördert im Zuge der Perfektionierung der Rüstung die Kapazitäten des reinen Krieges*, den Krieg gegen die politische Autonomie von Ländern, die nach und nach völlig ausgeschaltet werden, da sie bei der wechselseitigen militärisch-industriellen Überbietung finanziell bald nicht mehr mithalten können. Diese ist schon an sich eine erhebliche Gefahr für das wirtschaftliche und politische Überleben der betreffenden europäischen Staaten, die sich in einer Lage befinden, die derjenigen der Länder der Dritten Welt nur zu sehr ähnelt.

Die SALT-Abkommen und die bilateralen Verhandlungen in Genf zur Vorbereitung künftiger START-Abkommen* stellen in Wirklichkeit nicht etwa die Heraufkunft einer weltweiten Abrüstung, sondern *die Ankündigung der dritten Revolution in der Destruktionsweise dar.*

Während die erste *militärisch-industrielle* Revolution von 1870 über die Seestreitkräfte und das Eisenbahnwesen den Aufschwung des europäischen Kolonial-Imperia-

* START, Abkürzung für die Verhandlungen über die *Reduzierung* der strategischen Rüstung, während die SALT-Abkommen nur ihre *Begrenzung* betreffen.

lismus verursachte, worauf kurz nach Ende des ersten weltweiten Konflikts der rasche wirtschaftliche Zusammenbruch dieses Kontinents mitsamt den Folgen der Kriegswirtschaft auftraten, zog die zweite, die *militärisch-industrielle und wissenschaftliche* Revolution nach dem Zweiten Weltkrieg gleichzeitig die Entkolonialisierung wie auch die wirtschaftliche und kulturelle Abhängigkeit dieser europäischen Nationen in den Einflußbereichen der Blöcke der totalen friedlichen Koexistenz nach sich, letzteres dank der terroristischen Modernisierung der Atomwaffe und der stratosphärischen Rakete.

Im Sinne dieser Tendenz führte dann die dritte Revolution zur vollständigen und endgültigen Überlegenheit der Destruktionsweise über die verschiedenen Produktionsweisen, zur Kriegserklärung, zur Erklärung des reinen Krieges an die ganze Welt, wobei jenseits ideologischer Feinde, die verschwunden waren, die Bedrohung durch politisch unkalkulierbare Zerstörungsakte auftauchen sollte.

Abschreckung auf allen Ebenen würde dann bedeuten, daß die Herrschaft des reinen Krieges aus der eschatologischen und »postindustriellen« Perspektive der (wirtschaftlichen und gesellschaftlichen) Nicht-Entwicklung der Produktivkräfte auf sämtliche produktive Aktivitäten ausgedehnt würde – eine Verseuchung des politischen Denkens, aber auch und vor allem eines endgültig in die Negativität verstrickten wissenschaftlichen Diskurses, dessen abgrundtiefe Perversität sich in gewissen Praktiken militärischer Kontrolle intellektueller Mittel bereits geltend macht.*

* Das Endziel der militärischen Forschung: »Es gilt, alle wissenschaftlichen Informationen zusammenzufassen und eine allseitige Überwachung zu gewährleisten, wie das beim Radar, das den Horizont absucht, in bezug auf ein von ihm gelenktes Waffensystem der Fall ist.« J.-E. Dubois (Leiter der militärischen Forschung), zitiert in G. Menahems Buch *La science et le militaire*, Paris 1976.

Im Grunde ist im Zuge dieses Wettstreits kurzfristig ein *letztes Jalta* zwischen »Großmächten« erforderlich, die in ihren Einflußsphären von politischer Ohnmacht bedroht sind. Ein »Jalta«, das nicht, wie in der Vergangenheit, in Verhandlungen zwischen »Alliierten, die zukünftige Feinde« sind, bestände, sondern in Verhandlungen zwischen »Feinden, die zukünftige Verbündete« sind angesichts der nicht einkalkulierten Gefahr einer zutiefst rätselhaften internen Gegnerschaft: der *Wissenschaft*, der unwahrscheinlichen Entwicklung des Wissens. Da die eigentliche Rückentwicklung der »Destruktionsweise«, die allgemeine Abschreckung auf allen Ebenen der Rüstung, *indessen überhaupt nicht von der Erfindung neuer Waffen abschreckt,* nie abschreckt von der zufälligen Entdeckung endgültiger Mittel, die von jedermann irgendwann und irgendwo angewendet werden können (Logik eines logistischen Terrorismus, der seinerseits absolut geworden ist), würde es bei diesen künftigen Verhandlungen in der Tat darum gehen, *sich bezüglich der Aufteilung der Verantwortung bei der Kontrolle der Wissenschaften zu einigen, bevor es zu spät ist.* Angesichts des letzten »erklärten Feindes« soll die mit wissenschaftlicher Produktion befaßte Kriegsmaschinerie allmählich von der militärischen Intelligenz gesteuert werden. Verzweifelter Versuch einer Durchsetzung nicht etwa der *Option Null* einer Nichtentwicklung der Rüstung, sondern der *Ausschaltung* der wissenschaftlichen Entwicklung; endgültige Krise einer »zivilen wissenschaftlichen Errungenschaftsgemeinschaft«, deren erstes Symptom das Scheitern der universitären Forschung ist; offenkundiges Zeichen des Verfalls der politischen Intelligenz; Niedergang eines von jedermann verratenen »Vorsehungs-Staates«; Inthronisierung eines »Verhängnis-Staates«, dessen Bestimmung es ist, mit dem Fortschritt der Wissenschaften die zivile Nutzung, die Sozialfürsorge zugunsten eines überzogenen militärischen Verbrauchs abzuschaffen.

Die aktuelle Debatte über die Gefahren des *Transfers von Technologie* in die Dritte Welt, aber auch in die Ostblockländer, an der der amerikanische Verteidigungsminiter Caspar Weinberger teilnahm*, läßt deutlich die Tendenz erkennen, daß nach der Spaltung der Welt auf Grund *ideologischer* Gegebenheiten nach und nach eine auf *technologischen* Überlegungen beruhende Spaltung erfolgen wird. Während früher, wie Raymond Aron darlegte, infolge *technischer* Maßlosigkeit die Ideologien die Nachfolge der Kriegsziele antraten**, wird künftig die *wissenschaftliche* Maßlosigkeit den technologistischen Götzendienst (den gnostischen Glauben an eine Transzendenz der Wissenschaft) begründen, der einen Ersatz für die politische Ökonomie darstellt. Der von den Apologeten der Atomrüstung fälschlicherweise als »Abschreckung« bezeichnete *reine Krieg* beinhaltet im Grunde einfach die Entstehung eines Kultes, die Begründung eines *militärisch-wissenschaftlichen*, auf den logistischen Leistungen von Vernichtungsvektoren beruhenden *Messianismus* ohne Kontrolle seitens einer politischen, durch den Materialismus fehlgeleiteten Intelligenz. Diese wurde durch den Materialismus zunehmend von der Betrachtung des (individuellen und kollektiven) Todes abgelenkt, von einer Betrachtung indessen, die in enger Beziehung zum Ursprung des Politischen stand. Wir wohnen heute ohnmächtig einer katastrophischen Bastardisierung bei, vollzieht sich doch eine Fusion/Konfusion zwischen der mystischen Apokalypse und der apokalyptischen Mystifizierung eines *Kultes der Waffenlage-*

* Im Februar 1982 in der »Gesellschaft für Wehrkunde«, München, einer privaten, auf strategische Probleme spezialisierten Vereinigung.

** R. Aron, *Les guerres en chaîne,* Paris.

rung, der vieles mit dem »Cargo-Kult« der Papuakultur gemeinsam hat.*

Die Teilnahme, die Rekrutierung jedes einzelnen vollzieht sich nicht mehr innerhalb irgendeiner Körperschaft zur Verteidigung der Nation, sondern besteht in der Bekehrung der Massen, die den *Glauben an die Atomkraft*, die Hoffnung auf das Heil dank absoluter Rüstung** annehmen müssen, wobei die ununterbrochen gesteigerte Zerstörungsleistung die Rolle eines allgemeinen Brennpunktes, eines *Kratos* des transpolitischen Gemeinwesens spielt, das nicht mehr an das Territorium und an Körperlichkeit glaubt, sondern jenseits aller Gesetzlichkeit durch einen »Glaubensakt«, durch ein Autodafé, das jede politische Diskussion verbietet, entsteht und zu einer Herrschaft des panischen Aberglaubens führt, der nicht mehr, wie früher, im Zeichen eines *Überlebens der Seele nach dem Tod*, sondern im Zeichen eines *unmittelbaren Überlebens der Körper* steht.

* Der »Cargo-Kult« ist eine religiöse, zuerst heidnische, dann synkretistische Erscheinung, die auf das Jahr 1871 zurückgeht und sich über mehrere Perioden erstreckt, die merkwürdigerweise durch große, weltweite Konflikte gekennzeichnet sind. *Ursprünglich ist er, deshalb sein Name, mit einer Art Verehrung der Schiffe verbunden, später nach Einrichtung von Luftstützpunkten im Pazifik mit einer Art Kult der Luftfahrzeuge.* Über Einzelheiten bezüglich dieser »Cargo-Bewegung« vgl. P. Lawrence, *Le culte du cargo*, Paris 1974.

** Im Sommer 1981 erklärte der Erzbischof von Seattle, Hunthausen: *»Die gegenwärtige Krise ist nicht nur eine politische.* Ich habe viele scharfsinnige politische Analysen über die atomare Lage zur Kenntnis genommen; gemeinsam ist ihnen indessen die Verzweiflung. Das atomare Wettrüsten kann in ein paar Augenblicken die zu fast unendlicher Wirksamkeit gesteigerte Gewalt Dutzender von Jahrtausenden zusammenballen. *Doch die Politik selbst ist nicht in der Lage, das Böse in ihrem Schoß zu besiegen*, sie bedarf einer anderen Dimension.« Er schloß, indem er in bezug auf das Programm TRIDENT die tragische Verirrung der Doktrin des Erstschlages anprangerte: *»Wir müssen es ablehnen, unser nukleares Idol zu beweihräuchern (und heutzutage sind die Dollars der Steuern dieser Weihrauch).«*

Ein paar Monata später, im Frühling 1982, beschloß das Pentagon trotz der Entrüstung der amerikanischen Kirchen, das neueste Atom-U-Boot *Corpus Christi* zu taufen.

Was sich also bei dieser »ökologischen« Rückkehr zu Maßnahmen des simplen Überlebens und zu einer Nicht-Entwicklung, was sich bei dieser Parodie auf einen religiösen Staat abspielt, ist eine Überschreitung der fortschrittlichen Perspektive, das Ende der Hoffnung auf irgendein »Paradies auf Erden«, auf irgendeinen wirtschaftlichen und sozialen Erfolg; es ist gleichbedeutend mit der finsteren Inthronisierung eines *weltweiten Fegefeuers* für überzählige Bevölkerungsschichten ohne Bürgerrechte, ist gleichbedeutend mit Gnadenfrist, mit permanentem In-der-Schwebe-Sein, mit der Auflösung des alltäglichen Lebens, mit einem Skandal, den zahlreiche, neuerdings erfolgte Ausschreitungen belegen. *Man kann sich eine Gesellschaft, die den Körper leugnet, wie man in zunehmendem Maße die Seele geleugnet hat, schwer vorstellen, doch gerade auf eine solche Gesellschaft treiben wir zu.*

Fischer Wissenschaft
Eine Auswahl

Max Horkheimer
Zur Kritik der instrumentellen Vernunft
Band 7355

Wolfgang Kersting
Politische Philosophie der Gegenwart
Band 12508

Alfred Lorenzer
Intimität und soziales Leid
Archäologie der Psychoanalyse
Band 11749
Das Konzil der Buchhalter
Die Zerstörung der Sinnlichkeit
Eine Religionsgeschichte
Band 7340

Herfried Münkler
Gewalt und Ordnung
Das Bild des Krieges im politischen Denken
Band 10424
Machiavelli
Die Begründung des politischen Denkens der Neuzeit aus der Krise der Republik Florenz
Band 7342
Politische Bilder, Politik der Metaphern
Band 12384

Jean Piaget
Biologie und Erkenntnis
Band 11200

Leo Spitzer
Texterklärungen
Aufsätze zur europäischen Literatur
Band 10082

Jean Starobinski
Montaigne
Denken und Existenz
Band 7411
Montesquieu
Band 12774
Das Rettende in der Gefahr
Kunstgriffe der Aufklärung
Band 11242
Rousseau
Eine Welt von Widerständen
Band 10255

Matthias Waltz
Ordnung der Namen
Die Entstehung der Moderne: Rousseau, Proust, Sartre
Band 11920

Hayden White
Metahistory
Die historische Einbildungskraft im 19. Jahrhundert in Europa
Band 11701

Fischer Wissenschaft

Eine Auswahl

Michel Foucault
Von der Subversion des Wissens. Band 7398

François Furet/Denis Richet
Die Französische Revolution
Band 7371

Dirk Hoeges
Kontroverse am Abgrund: Ernst Robert Curtius und Karl Mannheim
Intellektuelle und »freischwebende Intelligenz« in der Weimarer Republik
Band 10967

Ralf Konersmann
Lebendige Spiegel
Die Metapher des Subjekts
Band 10726
Der Schleier des Timanthes
Perspektiven der historischen Semantik. Band 11923

Werner Krauss
Vor gefallenem Vorhang
Aufzeichnungen eines Kronzeugen des Jahrhunderts
Band 12771

Wolfgang Küttler/Jörn Rüsen/Ernst Schulin (Hg.)
Geschichtsdiskurs
Band 1: Grundlagen und Methoden der Historiographiegeschichte. Band 11475

Wolfgang Küttler/Jörn Rüsen/Ernst Schulin (Hg.)
Band 2: Anfänge modernen historischen Denkens
Band 11476
Band 3: Die Epoche der Historisierung
Band 11477 *(in Vorbereitung)*

Jacques LeGoff/Roger Chartier/Jacques Revel (Hg.)
Die Rückeroberung des historischen Denkens
Band 12033

Hans Medick
Mikro-Historie
Band 11065 (*in Vorbereitung*)

Ulrich K. Preuß
Revolution, Fortschritt und Verfassung
Band 11921

Thorstein Veblen
Theorie der feinen Leute
Band 7362

Paul Veyne
Die Originalität des Unbekannten
Für eine andere Geschichtsschreibung
Band 7408

Themen der Gesellschaft

Cornelius Borck (Hg.)
Anatomien medizinischen Wissens
Medizin, Macht, Moleküle. Band 12959

Friedhelm Hengsbach / Matthias Möhring-Hesse (Hg.)
Eure Armut kotzt uns an!
Solidarität in der Krise. Band 12945

Hans-Joachim Höhn (Hg.)
Krise der Immanenz
Religion an den Grenzen der Moderne. Band 12960

Olwen Hufton (Hg.)
Menschenrechte in der Geschichte
Aus dem Englischen/Französischen von Michael Bischoff
Band 13135 (*in Vorbereitung*)

Hans Joas / Wolfgang Knöbl (Hg.)
Gewalt in den USA
Band 11948

Stephen Shute/Susan Hurley (Hg.)
Die Idee der Menschenrechte
Aus dem Englischen von Michael Bischoff. Band 12995

Michael Walzer
Zivile Gesellschaft und amerikanische Demokratie
Otto Kallscheuer (Hg.)
Aus dem Amerikanischen von Christiane Goldmann
Band 13077

Fischer Taschenbuch Verlag

fi 999 / 8

Philosophie der Gegenwart

Cornelius Borck (Hg.)
Anatomien medizinischen Wissens
Medizin Macht Moleküle
Band 12959

Hans-Joachim Höhn (Hg.)
Krise der Immanenz
Religion an den Grenzen der Moderne
Band 12960

Axel Honneth (Hg.)
Pathologien des Sozialen
Die Aufgaben der Sozialphilosophie
Band 12247

Andreas Kuhlmann (Hg.)
Philosophische Ansichten der Kultur der Moderne
Band 12167

Herta Nagl-Docekal (Hg.)
Der Sinn des Historischen
Geschichtsphilosophische Debatten
Band 12776

Ulrich K. Preuß (Hg.)
Zum Begriff der Verfassung
Die Ordnung des Politischen. Band 12246

Jürgen Trabant (Hg.)
Sprache denken
Positionen aktueller Sprachphilosophie
Band 12777

Fischer Taschenbuch Verlag

fi 557 / 10